国家万人计划教学名师阚雅玲团队系列丛书

高职特色学院与专业群建设

GAOZHI TESE XUEYUAN YU ZHUANYEQUN JIANSHE

——一个高职二级学院的校企合作发展历程和实践探索

阚雅玲　谭福河
门洪亮　占　挺　著

广东高等教育出版社
Guangdong Higher Education Press
·广州·

图书在版编目（CIP）数据

高职特色学院与专业群建设：一个高职二级学院的校企合作发展历程和实践探索/阚雅玲等著. —广州：广东高等教育出版社，2020.7
（国家万人计划教学名师阚雅玲团队系列丛书）
ISBN 978-7-5361-6706-3

Ⅰ. ①高… Ⅱ. ①阚… Ⅲ. ①高等职业教育-概况-中国
Ⅳ. ①G718.5

中国版本图书馆 CIP 数据核字（2020）第 015161 号

GAOZHI TESE XUEYUAN YU ZHUANYEQUN JIANSHE

出版发行	广东高等教育出版社 地址：广州市天河区林和西横路 邮编：510500　营销电话：(020) 87551597　87551163 http://www.gdgjs.com.cn
印　　刷	佛山市浩文彩色印刷有限公司
开　　本	787 毫米×1 092 毫米　1/16
印　　张	12
字　　数	283 千
版　　次	2020 年 7 月第 1 版
印　　次	2020 年 7 月第 1 次印刷
定　　价	38.00 元

前　言

我在任广州番禺职业技术学院（以下简称“番职院”）管理学院院长10年间，带领团队建设了华好学院、百果园学院、职业店长学院，以及店长职教集团下属的名创优品学院、天虹学院、丝域学院、绿叶居学院7个特色学院。回顾我们的校企合作历程，先后走过了以“顶岗实习”为代表的1.0阶段，实施“2.5+0.5”的人才培养；以“企业订单班”为代表的2.0阶段，实施“2+1”的人才培养；2011年与广东华好集团合作成立“双主体”办学的华好学院，实施以学校为主导的“双元”培养，进入校企深度合作的3.0阶段；2014年与深圳百果园实业发展有限公司合作，校企共同成立百果园学院，实施现代学徒制试点培养职业店长，进入了深度合作的4.0阶段；2016年将百果园学院升级为职业店长学院，将百果园职教联盟升级为店长职教集团，职教集团下设名创优品学院等多个以企业冠名的企业学院，进入了校企合作有深度又有广度的5.0阶段。

回首这10年的校企合作发展历程，深感不易，也倍感欢欣。特别是特色学院的成立与建设，让我们确立了“职业店长”人才培养目标，实施现代学徒制，解决了高职营销、管理类专业人才培养目标定位不清晰、人才培养模式不能实现与行业企业需求“精准对接”等问题；构建了“不同专业按类型、企业学院按行业、职教集团按区域”的店长人才培养体系，解决校企、校际之间人才培养协同度低，难以满足零售行业和企业对店长人才大批量、跨区域、持续性的需求问题；研制了现代学徒制专业教学标准，与门店经营与管理标准充分对接，形成店长人才培养基本规范，解决因教学标准的缺失和教学资源的缺乏，给连锁式特色学院集团化培养店长人才带来的质量问题。

2012年，我们的校企合作被选为高职仅有的5个典型案例，我代表学校在教育部组织的国家示范院校校企合作高峰论坛上做了题为《创新合作办学机制　校企共建华好学院》的经验介绍；2015年，我们应邀参加教育部组织的现代学徒制国际研讨会，并做了题为《校企共建百果园学院　深度探索现代学徒制》的大会发言。

2016年，在教育部首批现代学徒制经验交流会上华好学院再次被选为典型案例，我们做了经验介绍。2017年，“基于一个职业成立店长职教集团的创新与实践”被选为典型案例，我们在全国职业教育集团化办学研讨会上做典型发言。2018年，我们受中国连锁经营协会委托，开发了《连锁经营行业推进现代学徒制指导意见》，在中国连锁企业人力资源峰会上正式发布。2018年，我们申报的“基于现代学徒制的零售店长人才培养体系构建与实践”获广东省教学成果特等奖、国家教学成果二等奖。

本书是我和我的团队10年校企合作，共建特色学院、谋求专业发展和提升人才培养质量的回顾与总结。我们以写实的方式记录校企合作的历史，再现每个特色学院从筹备、成立到建设的总体过程，希望能为从事职业教育特别是校企合作研究的专业人士提供第一手的资料，也为拟成立特色学院的同行们抛砖引玉，提供一些校企合作的具体流程、方法以及文案和模板。书中也有一些校企合作中鲜为人知的困惑、纠结与无奈，希望能为学界和业界提供一些启发和思考。由于我们水平非常有限，再加上很多探索都没有现成的经验可以借鉴，刍议之言必有疏漏，诚望各方同仁批评指正。

全书共5章，第1章是概述，对校企合作的主要类型、我校校企合作的发展历程、华好学院与百果园学院的比较分析、校企合作中企业选择的因素、校企合作人才培养的工作指引、对特色学院以及专业群的认识等进行了概述。第2~5章分别对华好学院、百果园学院、职业店长学院以及店长职教集团下属的企业学院筹建的背景与准备、成立的文件与协议、运行的流程与策略、建设的过程与成果等进行了梳理与阐释。全书由阚雅玲、谭福河、门洪亮和占挺共同完成。谭福河在我任管理学院院长时，他是分管校企合作的副院长，是店长职教集团的秘书长。门洪亮是市场营销专业教研室主任，负责百果园、绿叶居、丝域三个企业学院的现代学徒制项目，是国家首批现代学徒制试点项目的主要负责人。占挺是工商管理专业教研室主任，是天虹学院的现代学徒制项目负责人。

在此，感谢我的团队、我的同事给予我们在校企合作中的大力支持以及不懈的努力和辛勤的付出；感谢合作的各个企业与我们同舟共济，特别要感谢华好集团与我们尝试成立第一个“双主体”办学的特色学院，感谢华好学院的每一位教师为职业教育的改革与发展所付出的一切。最后真诚地感谢学校领导给予我们的信任与支持，以及尝试的空间和发展的条件。

阚雅玲

2019年8月

目　录

第1章　概述

产教融合、校企合作是职业教育的本质特征，职业教育与区域经济发展关系紧密，在提高劳动生产率、增加有效就业、推动技术进步和应用创新等方面的贡献显著，是与社会经济发展具有伴生关系的教育类型。高等职业教育作为职业教育的重要组成部分，对区域经济发展具有举足轻重的作用。高职院校为了培养满足产业结构转型升级和企业技术创新需要的发展型、复合型和创新型技术技能人才，必须加快建设能够与区域经济发展和产业转型升级相对接的特色学院，全面优化提升专业服务能力和资源利用率，提高专业群与区域产业集群的契合度；将校企合作作为落实人才培养任务的基本路径，寻求政校行企协同联动，邀请行业企业参与专业建设全过程，完善专业人才培养机制，使专业快速响应市场需求变化，提升专业人才培养质量，解决企业人才需求与学生就业的有效对接。

1.1　校企合作的主要类型

依据校企合作在组织架构方面的特点，我们将目前国内的校企合作划分为九种类型，分别是校产一体模式、院园融合模式、校企共同体模式、企业课堂模式、技术联盟模式、企业学院模式、教育型企业模式、模拟工厂模式、三元众筹模式。表1－1中所列院校对其校企合作特别是现代学徒制试点均发表了文章与报道，关于每种模式的具体情况不再赘述，在此仅对其合作的关键因素进行概括分析。

表1－1　不同类型校企合作的特征

类型	典型院校	合作企业	目标定位	企业特征	人才定位
校产一体模式	陕西机电职业技术学院	校办产业集团	体制创新	专业结合紧密、与校办产业有关联、行业龙头、合作意愿强、注重产品品质、技术创新、重视人才培养	高素质技术技能人才

续上表

类型	典型院校	合作企业	目标定位	企业特征	人才定位
院园融合模式	中山火炬职业学院	中山火炬开发园区	园区人才供给质量	园区企业、有社会责任担当、就业吸引力强、重科技含量、重产品质量、重管理水平、实训岗位多、重视人才培养	高素质技术技能人才
校企共同体模式	杭州职业技术学院	浙江西子航空工业有限公司	体制创新	行业领先、产业集群背景、企业参与积极性高、重视人才培养	航空领域“金蓝领”
企业课堂模式	东莞机电工程学校	东莞钜升塑胶电子制品有限公司	课堂教学与岗位工作对接	行业龙头企业、技术代表行业水平、企业高度参与	模具生产制造优秀人才
技术联盟模式	南京工业职业技术学院	西门子智能制造中心	技术创新	拥有先进制造技术的技术型企业、对产业集群有技术引领、用人需求明确	地方中小型企业技术技能人才
企业学院模式	广州番禺职业技术学院	深圳市百果园实业发展有限公司	体制创新	零售连锁业领军品牌、完善的帮教体系、稳定的店长人才需求、高层重视校企合作	零售连锁业店长人才
教育型企业模式	广东建设职业技术学院	珠海兴业教育科技有限公司	学生就业	教育型企业的服务能力、行业领先企业、重视企业人才培养、有社会责任担当	建筑工程类高端技术人才
模拟工厂模式	青岛工贸职业学校	青岛市泰德轴承股份有限公司、青岛海通车桥有限公司、德国博世公司青岛分公司等	技能训练	行业权威、技术领先、师傅素质高、指导能力强	数控、智能制造和模具专业技术骨干人才
三元众筹模式	佛山盐步职业技术学校	广东省拉链商会、盐步地区拉链制造企业	学生就业	协会领导力、区域行业知名企业、有社会责任担当、重视人才培养、重视校企合作	内衣、拉链磨具制造人才

不同类型校企合作的关注点各有侧重。虽然在具体操作方面有差异，但在选择企业方面，职业院校的关注点有很多相同之处，譬如要求企业在行业内有影响力、具有社会责任担当、注重人才培养、具有参与校企合作的积极意愿等。这与国家产教融合、校企合作等方面的政策中关于选择合作企业的要求是一致的。在此基础上，对于合作企业的关注也展现出明显的个性化需求。校产一体模式倾向于选择与校办产业有关联的企业进行合作，院园融合模式将园区内企业作为首选，校企共同体模式强调企业的产业集群背景，企业课堂模式对企业技术在行业的龙头地位有特别关注，技术联盟模式选产业集群内核心技术企业为合作对象，企业学院模式要求企业要有师徒帮教体系，教育型企业模式对教育型企业的行业人才供需匹配能力格外关注，模拟工厂模式将师傅的指导能力作为一个重要因素，三元众筹模式在乎行业协会的领导力。

不同类型校企合作的使命具有鲜明的校本特色。特别是职业院校选择合作企业参与现代学徒制看重的是企业对解决学校发展问题的某些独特能力，期待企业能够承担职业教育的部分使命。院校所处区域环境各有特色，发展定位不同，对合作企业的期许自然会有差异。譬如：对于地处发达地区且属于职业院校第一梯队的南京工业职业技术学院、杭州职业技术学院、广州番禺职业技术学院，学生就业不是问题，这类院校开展校企合作的目的是要提高办学层次，希望合作企业能在办学的体制机制改革、技术创新与社会服务方面发挥引领作用，在选择企业的时候，除了考察企业与人才需求有关的特征之外，会重点评估与企业深度合作的可能性。

不同类型校企合作的关系具有鲜明的选择性认知印记。例如，现代学徒制教学组织模式并没有标准范式，这为校企合作双方选择性认知提供了更多可能。以学生的“双重身份”为例，学生是否签署劳动合同是“双重身份”形成的前提，但现代学徒制政策文件并没有明确要求在什么时间签订劳动合同，这就意味着从入学到毕业任何一个时点都是可以的，由此就形成了对“双重身份”的多种理解以及对应的实践操作。有的学校要求企业在录取环节就要与学生签订劳动合同，学生从一开始就是双重身份，这是现代学徒制；也有的学校与企业商定在学生毕业的前一年或前半年签订劳动合同，这也被称为现代学徒制。对现代学徒制的选择性认知带来对合作企业的选择性认知。职业院校倾向于根据自身的条件与发展需求对现代学徒制做出界定，而后选择对应的企业。此间的选择亦是具有动态性与互动性。合作企业或是院校会根据现实情况，对现代学徒制的教学组织模式进行调整。从某种意义上讲，对于具有现代学徒制合作基础的校企双方而言，在特定阶段，校企双方互选的问题会让位于校企双方联合设定现代学徒制的问题。现代学徒制校企合作中的选择性认知具有合理性与现实基础，但也隐含着风险，即现代学徒制有可能沦为一般意义上的校企合作形式，进而失去其存在意义。

1.2 我校校企合作的发展历程

以我校管理学院为例，2010 年以前，校企合作停留在以“顶岗实习”为代表的 1.0 阶段，与 60 余家企业广泛合作实施“2.5 +0.5”的人才培养；从 2010 年起选择 20 余家具有教育价值的企业开始探索“2 +1”的“企业订单班”培养，进入了校企合作的 2.0 阶段；2011 年与广东华好集团（原名广东华好投资有限责任公司）合作成立双主体办学的华好学院，实施以学校为主导的“双元”培养，进入了校企深度合作的 3.0 阶段，2012 年起与百果园公司合作，先后通过 1.0、2.0、3.0 的阶段合作，2014 年校企共同成立百果园学院，实施现代学徒制试点培养职业店长，进入了校企深度合作的 4.0 阶段；2016 年将百果园学院升级为职业店长学院，将百果园职教联盟升级为店长职业集团，职教集团下设多个以企业冠名的企业学院，进入了校企合作既有深度又有广度的 5.0 阶段。不同阶段的校企合作对比如表 1 -2 所示。

表 1 -2　校企合作从 1.0 阶段到 5.0 阶段的转型升级

校企合作阶段		校企合作与人才培养模式	优劣势分析与比较
校企合作从单纯广度走向既有深度又有广度	1.0 阶段	广泛吸纳合作企业，以半年顶岗实习为主要特点，校企合作实施“2.5 +0.5”的人才培养模式	合作企业数量可观，但人才培养定位低端，虽然有效提升了学生就业率，但就业质量不高，学生跳槽频繁，不能满足校、企、生三方需要
	2.0 阶段	选择具有教育价值的企业合作，将“企业订单班”作为专业选修课的一个系列，安排在第 5 学期，并与第 6 学期的顶岗实习相衔接，实施“2 +1”的人才培养模式，培养职业店长	学生在企业一年不仅体现了“职业性”，还体现了“教育性”，而店长的培养目标也体现了“高等性”，在一定程度上满足了校、企、生三方需求。但“2 +1”模式中的两年和一年的人才培养依然是“两张皮”，未能有效融合
	3.0 阶段	校企双主体办学成立以企业冠名的特色学院——华好学院，以“校中厂”为主要办学形式培养职业店长，实施校企“双元”培养模式，不过主要以学校为主导，体现在教学的时间、地点、师资、方式甚至内容等方面	学生三年学习期间可全程实施校企“双元”培养，解决了“2 +1”模式的“两张皮”问题。但因主要学习场所依然在学校，脱离了商科专业的市场工作环境，培养出的店长人才依然不能与企业“零对接”

续上表

<table>
<tr><th colspan="2">校企合作阶段</th><th>校企合作与人才培养模式</th><th>优劣势分析与比较</th></tr>
<tr><td rowspan="2">校企合作从单纯广度走向既有深度又有广度</td><td>4.0 阶段</td><td>校企双主体办学成立以企业冠名的特色学院——百果园学院，以“厂中校”为主要办学形式培养职业店长，通过“招工即招生”，实施以在岗学习为本位的现代学徒制人才培养模式，体现以企业为主导</td><td>学生兼有学徒的双重身份，走进市场，走进企业，学习的内容是工作的内容，学习的方式以在岗学习为本位，且工学交替，企业承诺 80% 以上的学徒制学生毕业后即可升任店长，实现了人才培养与企业的零对接</td></tr>
<tr><td>5.0 阶段</td><td>将百果园学院的校企合作模式与现代学徒制人才培养方式推广到其他 10 家前期有很好合作基础的企业，将百果园学院升级为职业店长学院，将百果园职教联盟升级为店长职业集团，职教集团下设多个企业学院，如名创优品学院、天虹学院、丝域学院、绿叶居学院等</td><td>校企合作从单纯广度走向深度，再走向既有深度又有广度还有高度。通过牵头制定专业教学标准和试点现代学徒制，为企业提供更多可以深度合作的学校，为学校提供更多可以深度合作的企业，为学生提供更大更广的发展平台。同时为企业在各学校以连锁企业学院的形式培养所需要的人才</td></tr>
</table>

1.3 华好学院与百果园学院的比较分析

华好学院是我校成立的第一个以学校为主导的双主体办学的特色学院，百果园学院是我校成立的第一个以企业为主导的现代学徒制特色学院，两个学院的成立、建设与发展为后续的职业店长学院和店长职教集团下属的企业学院建设，积累了丰富的宝贵经验，奠定了深厚的建设基础。现基于学生留岗率这个关键指标对两个学院进行比较分析。

校企联合培养不能等同于常规的人才培养，应该将其视为一种新的教育观念的转变和教育模式的突破。对职业教育而言，校企联合培养模式具有更为重要的意义，甚至可以说是关乎职业院校的存亡。形式多样的校企联合培养模式大致可以归纳为学校主体式、企业主体式、共同主体式三种类型。但不论何种操作模式，企业是否能得到所需要的人才储备是决定校企合作能否持续发展的核心因素。员工留岗率是反映一定期间内愿意留在企业继续服务的员工比例的指标，是评价校企合作质量的核心指标之一。

经过校企双方联合培养，愿意留在企业工作的学生越多，在很大程度上就预示着未来有继续合作的可能性；如果愿意留在企业工作的学生规模同企业预期差距较大，那么双方未来能否继续合作则充满了悬念。目前关于校企联合培养模式质量评价的相关研究基本是从学校教学管理的本位出发，将校企合作中形成的资产规模、课程数量、实训基地等能够体现学校声誉的硬性指标作为主要依据，但对企业的利益诉求没有给予充分关注，学生的体验与收获同样被置于评价体系之外。现实中基于校企合作的教学改革实践亦是按照这样的框架推行的。所以，所谓的校企联合培养模式实际上仍然难以跳出传统教学模式“以教为主”的窠臼，致使校企合作陷入动力不足的困境。留岗率从结果层面揭示了学生参与校企联合培养模式的程度，表达了学生对教学过程及教学效果的选择意向，体现了企业在合作中的直接回报，是反映校企联合培养质量的核心指标，是真正体现教育质量的过程性指标。因此，通过对留岗率影响因素的分析，进而考察校企联合培养模式教学改革的方向与策略，对引导校企联合培养模式改革具有指导意义。

现行的校企合作是作为一种办学模式存在的，有构成要素、运行机制、保障体制等，是方式、方法、手段、模式等形式和技术层面的显性合作，追求表面“一体化”，层次较低；基于校企双方在知识层面的整合而建立的内在的“浑然一体”的隐形合作则是更高层次的校企合作。

华好学院：华好学院由广州番禺职业技术学院和美容行业知名企业广东华好投资有限公司共同组建，在国内高职院校首开美容会所管理专业方向，人才培养定位为美容会所店长。2012 年，华好学院又设立了化妆品营销、化妆品企业管理和人物形象设计三个新专业（方向），同时与中职有效衔接，通过自主招生为行业培养高端技能型人才。

广东华好投资有限公司在校内出资建设“校中厂”，在校外出资建设“厂中校”式的美容会所实训基地。华好学院实行理事会领导下的院长负责制。理事会由 7 人组成，企方委派 4 人，校方委派 3 人，理事会主席由校方分管教学的副校长担任，副主席由企方董事长担任；学院设院长 1 人、执行院长 1 人、副院长 1～2 人，院长由企方公司总裁担任，执行院长由校方人员担任并主持日常工作，企方委派 1 名副院长常驻学院协助执行院长工作。企业派驻 8 位技能教练与校方教师共同组成双师型教学团队，企业教师常驻学校。

百果园学院：百果园学院由广州番禺职业技术学院和果品流通业品牌企业深圳百果园实业发展有限公司联合成立。该企业 2012 年就成为学校市场营销专业紧密型校外合作企业，从最开始的校园招聘到订单班培养，从最开始的 7～8 名毕业生前往百果园企业工作，到 2013 年订单班拥有 56 人的规模，到 2014 年百果园订单班报名人数达到 66 人。截至 2015 年 9 月，2013 年订单班 23 位留岗毕业生中已经有 16 人晋升为店长，5 人晋升为总部员工，8 人被评选为优秀员工。2014 年双方组建百果园学院，致力于“职业店长”的培养，并率先进行现代学徒制人才培养的试点。百果园学院理事会领导下的院长负责制，理事会负责学院发展规划、专业设置、招生计划和重大建设项目、人才培养方案的制定，负责学院院长及相关项目负责人的推荐和考评，以及其他重大事项。百果园学院院长由企方校企合作总监担任，执行院长由校方管理学院副院长担任，院长与执行院长负责百果园学院日常教学及相关行政事务。

综合员工流动率及校企合作模式的相关研究文献，校企合作培养模式下员工留岗率影响因素主要来自企业、校企合作模式和学生三个方面，如表 1－3 所示。

表1－3 影响留岗率的主要因素

影响因素		说 明
企业	薪酬和晋升	薪酬水平及公平性，晋升概率及公平性
	管理风格	集权程度，对人力资源的关注度
	社会认知	企业给外界的印象
	工作内容	工作重复性、自主性，角色清晰度
	群体互动	工作场景下员工相互支持程度
	校企合作定位	企业战略对校企合作的战略理解
校企合作模式	学制	学制的灵活性
	管理制度	管理的规范性及弹性
	师资	教学团队的构成及特点
	目标导向	校企合作培养模式、人才培养目标定位
	组织结构	校企合作的组织结构及团队主要成员
	课程	课程内容与结构
学生	招生来源	学生来自于中职、高中或在岗人员
	招生方式	单独招生、普通高考、中高职衔接或其他方式
	期望	学生期望通过校企联合培养得到的回报

作为校企联合培养的两个特色学院，百果园学院与华好学院各具特色，按照上述分析框架，表1－4和表1－5分别对两种操作模式的关键信息进行了提炼。

表1－4 “华好学院”校企联合培养操作要点

影响因素		说 明
企业	薪酬和晋升	薪酬包括基本工资、补贴和业绩奖励，新入职人员之间差别较大；晋升路径是美容导师—助理讲师—讲师—高级讲师—培训部副经理或销售部副经理—培训部经理或销售部经理—区域分公司（副）总经理
	管理风格	任务导向，缺少现代感
	社会认知	对企业是做美容的、卖化妆品的，存在认识上的偏见
	工作内容	在门店以销售化妆品为主，角色明确，工作内容重复性较大，有一定自主性
	群体互动	对校企联合培养的人才缺少针对性的一体化策略
	校企合作定位	是企业上市融资的一个条件；为企业储备人才

续上表

影响因素		说明
校企合作模式	学制	与其他专业的学制保持一致
	管理制度	在招生、日常教学、毕业实习等环节均有相关制度
	师资	企业选派工作人员驻校任教，以实训为主，校方教师以理论和相关综合素质培养为主
	目标导向	美容店店长，美容化妆品导购人员
	组织结构	理事会领导下的院长负责制，理事会主席由校方副校长担任，院长是企业总裁，执行院长是学校二级学院院长，下设独立教研室
	课程	以实践项目课程为载体开展教学，核心课程主要在校内由企业派驻的导师承担
学生	招生来源	中职、高中
	招生方式	单独招生、普通高考、中高职衔接，一入校即为华好学院学生
	期望	在加入华好学院之初对自身期望并没有清晰的理解

表 1－5 “百果园学院”校企联合培养操作要点

影响因素		说明
企业	薪酬和晋升	薪酬包括基本工资、补贴和业绩奖励，新入职人员间差距不大；晋升路径是储备干部—预备店长—店长—片区经理助理—片区经理—分公司经理—分公司总经理—大区总经理—集团总监（副总裁、总裁）
	管理风格	透明、规范、人性化、多元化
	社会认知	企业是大型连锁企业，经营规范，服务好，市场定位较高
	工作内容	门店经营，工作重复性较大，有较高的自主性
	群体互动	对校企联合培养的人才有针对性的策略安排，例如有专门的校企合作机构、专门的辅导计划等
	校企合作定位	满足企业门店高速扩张背景下的人才需求
校企合作模式	学制	“2＋1”或“0＋2”或“1＋2”，具有一定灵活性
	管理制度	在招生、日常教学、毕业实习等环节均有相关制度
	师资	校内教师由校企双方联合培养，实习过程由企业在岗人员任师傅，学校教师配合，校方教师参与企业大型的项目开发
	目标导向	职业店长
	组织结构	理事会领导下的院长负责人，理事长是学校二级学院院长，院长是企业校企合作负责人，执行院长是学校二级学院副院长
	课程	以实践项目课程为载体开展相关教学，核心课程主要在企业，由企业师傅指导完成
学生	招生来源	中职、高中
	招生方式	单独招生、普通高考、中高职衔接，除现代学徒制外，其他学生是从二年级其他专业采取订单班的形式招收的
	期望	在加入百果园学院之初对自己的期望有较为清楚的理解

通过上述对比，华好学院和百果园学院在薪酬和晋升、招生来源、管理制度、工作内容、目标导向、学制等六个方面并不存在明显的差异，但在管理风格、社会认知、群体互动、校企合作定位、师资、组织结构、课程、招生方式、期望等九个维度上存在明显的差异，具体分析如下。

1. *在管理风格方面*

广东华好集团是以化妆品生产和销售为主要业务的企业，具有30多年的经营历史，经营管理方面突出任务导向，给学生的印象是缺少现代感。深圳百果园公司则是以果品零售为主业，属于服务行业，企业成立时间较短，连锁门店同一般的水果店铺在形象上具有明显的个性，学生对企业的总体印象是透明、规范、人性化、多元化。从新生代学生的偏好分析，百果园公司在学生心目中的形象更具有吸引力，或者说百果园公司的管理风格与当前学生的行为特点更为契合。

2. *在社会认知方面*

在百度新闻中以“华好集团”为关键词进行搜索，很少有关于广东华好集团的新闻，以“百果园”为关键词进行搜索，则会弹出大量关于百果园公司的正面报道，从中可见两家企业给社会公众留下的印象是存在显著不同的。华好学院是以美容店的店长和导购为人才培养目标，但美容店与大多数人似乎有着一种距离感，社会对该领域的相关服务还欠缺比较客观的认识，这在一定程度上会影响学生及家长们的判断。相比而言，水果零售更贴近人的日常生活，百果园公司个性化的销售方式和服务方式更能打动学生和家长。

3. *在群体互动方面*

两家企业在新员工进入企业以后的一体化策略方面都有适当的安排。但华好集团从生产到销售的产业链条更长，终端市场的门店并非自己投资，作为储备店长的学生在融入方面会有更大压力；百果园公司的部门结构及人力资源结构要简单一些，店长在企业人力资源体系中的位置更为突出，企业对店长及店长后备人才的关注度要更高。

4. *在校企合作定位方面*

在为企业储备人才的同时，华好集团希望借助成立人才培养机构助力企业上市融资，而百果园公司与学校联合培养人才则是因为连锁门店数量激增带来的对储备店长的需求。所以，相比于华好学院，百果园学院与企业常规工作结合紧密，在企业发展战略中的位置要更加稳定，这无疑对深化校企合作具有重要意义。

5. *在师资方面*

华好学院与百果园学院的师资都是校企双方联合组建的，不同之处有两点：一是华好学院的企方师资常驻学校，校方教师通过企方教师间接与企业联系，而百果园学院的企方师资仍然以企业工作为主；二是百果园学院的校方师资直接参与企方人力资源的部分工作，对企业参与度比较高。所以，两方师资虽然都是校企联合组建，但百果园学院的师资结构具有更好的一致性，这对于学生学习及建立与企业的关系更有帮助。

6. 在组织结构方面

两个学院均是在理事会的领导下开展工作，差异在于理事会主要成员的构成。华好学院的理事会主要领导是由校企双方的高层领导担任，院长是企业总裁，学校二级学院院长是执行院长；百果园学院的理事会主要领导则来自双方的执行部门，院长和执行院长也是具体业务承办部门的负责人员。从实际运行情况看，百果园学院的组织结构更具效率，华好学院的组织结构则因为增加了协调环节而有些滞涩。

7. 在课程方面

华好学院与百果园学院的课程结构基本相同，差别在于实训课程的教学环境与任课教师。华好学院的实训课程主要是在校内实训基地完成，由企业派驻的教师负责；百果园学院的实训课程则主要是在企业门店完成，主要由企业师傅进行指导，并有一套完整的企业考核安排。所以，通过实训，百果园学院的学生能更好地认识和融入企业门店经营，校内教学与企业需求对接更加紧密。

8. 在招生方式方面

百果园学院的学生最初是在三年级第一学期以订单班的形式从各个专业选拔进入企业实习，后来增加了现代学徒制试点班，从中职选拔学生，学生具有企业员工和在校学生的双重身份。华好学院的学生则是在入学之初就确定了身份，并没有二次选择的过程。这一方面的差异与期望方面的差异具有一定联系。华好学院的学生进入之前对专业及未来就业情况并没有明确的认知，这就构成了企业与学生之间沟通的障碍，增加了学生融入企业的难度；而百果园学院的学生或者是经过了两年的专业学习，对未来职业生涯有了较为清晰的认识，或者是在中职阶段就形成明确的职业方向，因此在选择进入百果园学院以后，对企业的忠诚度就会更高。

综上，无论是华好学院还是百果园学院，校企双方均有大量投入，从最初筹划设计到项目实施都颇为用心，但就留岗率指标而言，百果园学院要优于华好学院。究其原因，百果园学院在四个方面的表现对保证留岗率发挥了积极影响：第一，企业门店数量快速增长带来对店长储备人才的大量需求，强烈的需求意愿促使企业能在校企合作中以更为积极的姿态与学校和学生进行沟通。第二，企业人才需求与校方原有专业人才培养方向具有比较高的契合度，降低了融合的难度，有利于双方深化合作。第三，相关措施更能主动适应学生学习与就业的选择规律，能够得到学生的认同。第四，在长期的合作中形成了稳定、高效的工作团队，相关组织结构设计和人员配备保证了执行效果。

1.4 校企合作中企业选择的因素

到底应该选择什么样的企业进行深度合作，特别是进行现代学徒制的人才培养，我们从学校、教师、学生和舆论四个维度，确定了校企合作中企业选择的20个评价项目、30个评价指标。

1. 学校的关注维度

以管理人员为代表的学校行政方面对合作企业选择的关注有7个方面。借用双因素激励理论进行解释，企业类型、培养定位、培训体系、帮带体系、高层参与、安全保障等属于保健因素，而利益结合点是真正的激励因素。利益结合点是双方设计出来的，并不是企业独有的。因此，企业设计与实施合作策略的能力至关重要。譬如：有些企业人力资源部门或校企合作的负责人具有专业的职业教育能力，在校企合作陷入困境的时候，企业方面能提出并实施有创见性的解决方案，使得校企合作峰回路转；而有的企业则只会坐等院校的反应，以至于双方错失进一步合作的可能性。

2. 教师的关注维度

合作企业应具有能够引发学校教师深度参与的意识。现代学徒制中职业院校和企业之间的关系虽因学生而建立，但其维系与深化却是基于教师的付出与努力。在学徒培养过程中，企业建立了面向学徒的帮带体系，在岗学习对于提升学徒的职业素养与技术技能效果显著，与此同时，教师的工作压力也显著增加，譬如：原有课程体系需要按照学徒制要求重新安排，需要经常到门店了解学徒工作与学习状态，教师的角色需要重新定义，对教师岗位实操能力的要求更高，等等。企业作为“双主体”中的一元，如果给教师带来的仅仅是压力，教师会逐渐失去参与热情，现代学徒制则必然难以持久。教师对合作企业的主要关注点有专业匹配、学习机会、合作机会、工作强度4个。

3. 学生的关注维度

学生对现代学徒制合作企业的关注主要表现在薪资与福利、晋升、培训、工作内容、工作环境、企业文化这6个方面。企业如在上述方面与学生的期望有较高的契合度，有助于提高认同感与留岗率，进而满足企业对选人、育人、用人、留人的诉求。

4. 舆论的关注维度

从教育部门、媒体与评价机构的视角可以发现，合法性、教育性、创新性是社会舆论对现代学徒制企业的3个主要关注点。具体的评价指标如表1-6所示。

表 1－6　校企合作中企业选择的评价因素

评价维度	评价项目	评价指标
学校关注	企业类型	（1）行业领先，在区域经济中具有重要位置，能使学徒接受较为先进的理念、技术、管理与服务的学习体验 （2）企业具有良好的发展态势，能持续稳定地提供学徒岗位 （3）企业品牌具有较高的美誉度，能获得学校、教师和学徒的认可
	培养定位	（1）对学徒制学生培养有明确的定位，且将学徒作为人才培养而不是单纯作为人力来使用 （2）对学徒制学生的培养目标要高于原有的顶岗实习或订单班的目标
	培训体系	（1）企业拥有较为完善的培训体系，使学徒培养具有较高的教育价值 （2）企业拥有较强的培训师资，为学徒提供良好的职业培训和职业教育
	帮带体系	（1）企业拥有较为完善的师傅帮带体系，使学徒在岗工作中受到专业的指导和训练，真正实现“做中学” （2）企业拥有较为完善的师傅管理与激励和约束制度，保障师傅有意愿、有能力去帮带学徒并共同成长
	高层参与	高层亲自参与，并将学徒制纳入企业人力资源规划
	安全保障	具有较为完备的学徒安全管理制度、突发事件校企沟通机制、潜在风险应对预案等
	利益结合点	（1）能主动协同高职教育及合作院校的战略发展诉求，谋求利益结合点 （2）有能力设计校企合作的策略，并能有效达成
教师关注	专业匹配	学徒岗位工作内容与教师自身的专业相关
	学习机会	企业能为教师提供下企业锻炼及其他学习资源和学习机会
	合作机会	企业能提供横向合作研究项目
	工作强度	企业对学徒的管理较为完善，教师工作强度合理
学生关注	薪资与福利	学徒期间的薪资与福利符合国家相关规定，并有一定的竞争力
	晋升	学徒培养期结束，要能达到培养目标，晋升比例高
	培训	能接受较为充分和高质量的岗位培训
	工作内容	（1）职责与权限明确 （2）业绩目标具有挑战性且能力要求适当
	工作环境	（1）政策、制度、流程等明确且持续 （2）师傅及领导关怀指导到位 （3）职业生涯路径清晰 （4）工作条件安全健康
	企业文化	具有良好的企业文化，规则公正，标准公平，人文关怀

续上表

评价维度	评价项目	评价指标
舆论关注	合法性	学徒的教育教学与岗位工作安排符合相关政策法规
	教育性	在培训体系、师傅帮教，以及课程资源、师傅队伍、课题研究等方面体现企业具备教育能力
	创新性	学徒培养以及教育教学成果具有创新性

如果校企合作是以现代学徒制的方式进行的，需要对上述指标进行全面的评估与考量。因为现代学徒制是将传统学徒培训与现代学校教育相结合的合作教育制度，是现代职业教育制度的重要组成部分。现代学徒制不同于其他校企合作形式，对企业职业教育意识与能力有更高要求。企业在通过现代学徒制解决人才供给的同时，需要有参与构建职业教育体系的战略构想与实施计划，为中国特色现代学徒制建设贡献力量。

1.5 校企合作人才培养的工作指引

选择合适的合作企业后，校企合作可通过不同的形式开展，无论哪种形式，都应将人才培养放在重要的位置去考量，对此，我们制定了校企合作人才培养的工作指引，如表1－7所示，供大家参考。

表1－7 校企合作人才培养工作内容指引

序号	工作项目	工作内容	工作要点
1	合作沟通	合作协议	校企双方签署校企合作或成立特色学院的协议
2	招生工作	（1）招生宣传 （2）面试考核 （3）考生录取	（1）发动校企双方资源，进行招生宣传，保证优质生源 （2）企业提出自己的录用建议，与学校提前进行沟通；面试考核环节需要公司派出若干人员作为考官 （3）考生被录取后，将有签约环节，学校需要准备好校、企、生三方联合培养协议
3	培养方案	（1）学徒岗位 （2）课程体系 （3）培训体系	（1）需要提前确定学生未来的学徒岗位，再根据学生情况进行分配 （2）协商将学校的课程体系与企业的培训体系相融合的人才培养方案

续上表

序号	工作项目	工作内容	工作要点
4	课程建设与实施	（1）课程开发 （2）教材编写 （3）教学安排	（1）在课程体系确定的基础上，校企双方教师需要根据企业实际对每门课程按教学大纲、教师手册、学员手册、案例库、试题库等进行设计，为学生的在岗学习提前做好准备 （2）在课程开发过程中，校企双方共同编写课程配套教材 （3）按照人才培养计划安排，学徒在岗学习期间的集中上课环节，校企双方需要协商，为学生上课时间和教学场地提供保障；在岗学习期间以工作为本位的学习要有专门的师傅进行带教培养
5	师资配备与建设	（1）师傅配备 （2）导师配备 （3）辅导员配备 （4）师资培训	（1）学生在岗学习时，需要企业为学徒提供带教师傅，校企双方提前制定企业师傅的任职标准、选拔、培训、考核、激励制度 （2）学生在岗学习时，校企双方均需配备班级导师与辅导员或日常管理人员，根据学生成长情况，做出指导 （3）学校配备专任授课教师，企业支持并提供学校教师参加企业组织的相关会议和培训以及教师下企业锻炼的机会 （4）企业需要安排师傅参加有关学徒制师傅带教方面的培训 （5）学校会组织教师参加职业教育方面的培训，希望届时公司能够允许和鼓励企业师傅带薪参加培训，提高教学技能
6	学生入学与上岗	（1）在校学习 （2）岗位分配 （3）情绪疏导	（1）对于学徒制班的学生，入学后在校学习期，企业积极参与学生在校培养 （2）学生进行企业在岗学习前，需分配好相应的工作岗位，确定岗位实践学习计划及生活事宜 （3）关注过渡期学生状况，做好情绪疏导工作
7	岗位实践	在岗培养	（1）按照在岗培养计划完成学习与工作内容 （2）支持与配合完成由学校承担的教学内容 （3）保持校企沟通，关注学生动态

续上表

序号	工作项目	工作内容	工作要点
8	学生考核	（1）考核标准 （2）考核形式	（1）基于公司岗位考核的标准和方式以及学校对学生的学业要求，双方共同商讨对学生的每门课程的考核标准 （2）确定考核形式，开展考核工作
9	学生管理	（1）学徒成长 （2）学徒管理 （3）数据收集	（1）建立与学生沟通的渠道，解答学徒疑问 （2）制定学徒成长档案，跟踪学徒成长 （3）校企双方建立良好的沟通机制，关注学生动态
10	资金支持	（1）学徒奖励 （2）师傅奖励 （3）导师奖励	（1）校企双方均需对学徒培养投入专项的资金 （2）制定针对学生、师傅、导师的奖励办法，为师傅培训提供经费支持
11	学生毕业	（1）学业考核 （2）就业	（1）按照毕业标准完成对学生的考核工作 （2）创造条件，提高留岗率和晋升率
12	工作总结	模式梳理	总结校企合作工作，为继续合作提供蓝本

1.6 对特色学院的总体认识

1. 特色学院内涵与建设目标

什么是特色学院？特色学院在中国尚处于探索阶段的初期，来自于实践层面的操作可以说是百花齐放，但因为缺少标准化的范式可以参照，这种局面会给人不知所以的感觉。因此，对特色学院的基本内涵进行界定，并据此为其画像就显得尤为重要。时移世易，特色学院内涵与外延自然会发生变化，但在探索阶段，对于具体项目的实施者而言，应该清楚自己究竟在做什么、要走向哪里。值得庆幸的是，广州市教育局出台了《广州市高职院校特色学院建设实施方案》，对特色学院的内涵进行了较为权威的界定。

广州市高职院校特色学院建设实施方案

（选取部分关键内容）

为主动适应广州国家中心城市建设的要求，加快现代职业教育体系建设，深化产教融合、校企合作，推进广州市属高职院校特色化发展，培养更多高素质的技术技能人才，更好地发挥广州市属高职院校服务地方经济社会发展的作用，特制定本方案。

一、指导思想

全面贯彻党的教育方针，积极落实《国务院关于加快发展现代职业教育的决定》（国发〔2014〕19号）、《广东省人民政府关于创建现代职业教育综合改革试点省的意见》（粤府〔2015〕12 号）等文件精神，以构建现代职业教育体系为核心，以挖掘和培育学校特色为抓手，深化产教融合、校企合作，大力实施高职院校“特色发展战略”，推进市属高职院校在二级院系中领导班子、师资队伍、学生培养、条件能力和教育生态五个方面加强建设，进一步提升高素质的技术技能人才培养质量，服务于广州产业转型升级和国家中心城市建设。

二、特色学院内涵与建设目标

（一）特色学院内涵

特色学院指在现有办学体制下，市属高职院校中具有如下特征的二级学院（系）：能以专业建设为重点，以构建现代职业教育体系为核心，以服务广州产业转型升级和国家中心城市建设为目标，以对接区域发展产业（包括重点产业、战略性新兴产业以及新业态）为基础，以提高人才培养质量为根本任务，积极构建政校行企共建共享机制，深化产教融合、校企合作，整合利用境内外优质教育资源，建立起特色专业及专业群建设的长效机制，在领导班子、师资队伍、学生培养、条件能力和教育生态五个方面成效显著（简称“五好”），获得行业企业和社会的认同。

（二）建设目标

面向广州市区域发展产业，重点建设 35 个左右紧贴广州产业发展需求、产教深度融合、建设机制效率高、专业群特色鲜明、人才培养质量优、社会服务成效好、国际合作程度深、“五好”建设成效突出、社会认可度高的特色学院，实现“一学院一产业”（一个特色学院对接一个区域发展产业）目标。

以挖掘和培育学校特色为抓手，推进市属高职院校发挥特色专业优势，进一步明确办学定位，创新体制机制，促进校企深度融合，建成与区域发展产业对接的师资提升基地、人才培养基地、科技创新基地、文化传播基地和社会服务基地。

……

根据国务院颁布的《国家中长期教育改革和发展规划纲要（2010—2020 年）》和广东省政府发布的《珠江三角洲地区改革发展规划纲要（2008—2020 年）》《广东省职业技术教育改革发展规划纲要（2011—2020 年）》《广州市中长期教育改革和发展规划纲要（2010—2020 年）》《广州市国民经济和社会发展第十三个五年规划纲要》，2013—2017 年，广州市在全市 6 所高职院校启动五个批次特色学院申报和建设工作，共有轨道交通、食品工程、国际时尚设计、智能装备制造、大数据、服务外包等 22 个特色学院。2016 年，广州番禺职业技术学院申报的“广州职业店长特色学院”成功获批广州市第四批高职院校特色学院，以广州番禺职业技术学院首批重点建设专业群（工商管理专业群）为基础，围绕广州市现代服务业之现代零售业的产业发展，将管理学院打造成国内最为专业的“职业店长”培养学院，为现代零售业的转型升级贡献力量。

2. 特色学院的基本特征

特色学院应该选择在高职院校中拥有与区域支柱产业发展相适应的专业群的学校二级教学单位（学院或系）进行建设，专业群能够充分体现学校的办学定位，并具有较高的办学水平、较好的社会效益和鲜明的办学特色。具体而言，特色专业群是建设特色学院的逻辑起点，其"特色"主要有以下几个方面：一是要发挥专业群规模的集聚效应，能覆盖区域支柱产业的相关职业领域，凸显品牌专业的引领作用；二是要体现专业群的专业性，能针对区域支柱产业的专业化技术领域，与职业岗位群进行专业化对接；三是要促进专业群的融合性，能提高群内课程、师资、实训基地等资源要素的流动效率，推动专业群内每个专业交互融合。因此，特色学院的内在逻辑是地方高职院校基于区域集群产业带来的集聚效应、规模效应和效率效应，将互为依存的专业聚合成群，能在产教融合过程中，带来集聚、共生、协同、区位、结构和衍生效应，获得独特竞争优势，从而推动整个专业群与区域支柱产业之间进入良性循环，促进专业群的可持续发展。

地方高职院校开展特色学院建设必然是以市场需求为导向，突出服务区域经济发展的办学特色和优势，对专业进行资源整合，主动适应区域产业转型升级的需要，瞄准产业发展前沿，围绕区域产业布局，动态调整优化专业，满足区域经济社会发展对高素质技能人才的需求。在实践中，特色学院建设的关键问题是要对接哪些产业，如何优化整合已有专业组建专业群以及群内专业如何定位与设置等。只有解决这些问题，特色学院才能更好地适应区域经济建设，才能整合区域产业的教育资源，满足学生成才和职业发展需要。

3. 特色学院建设中存在的问题

特色学院为区域支柱产业和重点产业提供技术支持和人才支持，优化了人才供给结构，创设了人才培养模式体制与机制创新平台，但其在实践探索中也存在以下问题，而这些问题也正是我们建设特色学院的着力点。

（1）特色学院要求建立校企合作长效机制，充分引入企业资源，与行业企业建立良好的协同发展关系，形成校企合作优势，并转化为特色学院建设与发展优势，实现合作共赢。但实际上企业并没有主动参与校企合作的积极性，存在一种逆向选择效应，往往积极寻求校企合作进行深度对接的企业是以小型和微型企业偏多，而行业领军企业主体参与度不高，导致人才培养模式改革缺乏校企合作平台支撑，无法将产业界的优质资源转化为学校教育资源。

（2）特色学院建设要求专业人才培养目标必须具备行业特色，行业特色意味着共同的职业领域，需要专业群能对接区域经济社会发展的支柱产业和职业岗位群，每个专业都能找到与区域产业发展需求相匹配的专业发展定位。但高等职业教育很多专业设置是以学科为背景的，缺乏共同的职业领域为连接，呈现专业与岗位之间的割裂性，意味着特色学院的人才培养目标并不具体和聚焦，导致人才培养模式与企业融合度较低，与职业教育"五对接"要求有较大差距。

（3）特色学院要求专业之间必须要有共同的专业基础，专业基础包括面向岗位群的共同知识和技能要求，专业群基于共同的基础知识和基本技能内容形成既有共性又有个性的课程体系，既能满足岗位群所需要的通用知识和技能，又能满足不同专业方向所需的个性化专业岗位知识和技能。但现实是高职院校特色专业群并没有体现融合性，专业之间缺乏优势互补和资源共享的共同基础，在课程、师资、校企合作、实训基地等方面的整合程度比较低，特色学院产生的衍生效应较差。

1.7 对专业群建设的认识

特色学院是以专业和专业群建设为核心，对于专业群建设的全面而科学的认识便显得尤为重要。

1. 专业群的内涵

高职专业群应该是以技术知识为核心、以职业领域为基础、以专业技术课程和基本技术能力要求为表现的系统，它不应当是各种构成要素的简单集中，而应当是具有清晰内在核心的协调发展的系统（任聪敏，2015）。对于专业群内涵的理解主要有两个取向：一是将专业群理解为“教学管理单位”，二是将专业群理解为“教学基本单位”。两种取向都表现出学校对于资源集聚和资源集约化管理的追求，将基于共性的资源协同利用机制作为专业群最突出的特征。具体特征包括具有体现群内各专业某种共同特征的职业岗位群、群内各专业的人才培养模式具有一定共性特征、群内各专业共享平台课程、教学资源在一定程度上可以实现共享（张新民、罗志，2016）。陈林杰（2007）从另外一个角度界定专业群内各专业的“共性”，他认为专业群中的各专业应拥有共同的专业技术基础课程和基本技术能力要求，并且专业群中的各专业或专业方向，面向企业中的岗位群均能在同一个实训体系中完成其基本的实践性教学。上述认识在研究及专业群建设实践中占据主流，但也有学者提出要从教学组织柔性化的角度理解专业群的内涵。沈建根、石伟平（2011）认为，对专业群的内涵不能仅局限于资源聚集的经济意义，柔性化的教学组织和管理机制对于改革培养方式、提高学生职业能力和发展能力具有更高的教育价值和社会意义。

2. 专业群的内在联系

专业群是对专业结构的重新安排，用什么样的内在联系将不同专业组合起来，形成有助于提升办学特色与社会服务能力的新型专业发展模式，是专业群建设的根本问题。袁洪志（2006）将高职教育专业群内在联系形成的基点归为三个，即产业链、职业岗位群、学科基础。“学科联系”的专业结构布局被认为是脱离高职教育规律、不适于培养一线的高素质技术技能人才。“职业联系”被认为是高职教育专业群形成的客观基础与规划建设路径的重要依据。在职业与职业联系系统分析基础上，按照现代职业分工和职业链之间的关系，研究职业与专业、职业群与专业群、职业链与产业链的对应关系，根据职业带理论开展复合专业的专业群建设工作，这是我国高职院校专业群建设的基础理论依据（章建新，2016）。

3．专业群的建设路径

专业群建设路径取决于建设主体在特定情景中面对的具体问题及目标诉求，基于特定情景研究的共同之处是围绕专业群的结构、保障机制、共享资源三个要件进行路径设计。具体建设要素包括专业的结构关系、职业面向、人才培养模式、课程体系、实践教学条件、师资结构等。沈建根、石伟平（2011）认为专业群的结构规划主要回答三个问题：第一个问题是对接哪些产业；第二个问题是组建哪些专业群；第三个问题是群内专业如何设置。专业群建设是一个逐步优化的过程。应智国（2006）认为应当合理构建专业框架，逐步拓展专业群体。他提出在专业群建设之前，学校应当首先从市场实际出发构建一个合理的专业框架，这是影响高职院校长远发展战略的安排。潘懋元、陈斌（2016）认为一个行业在发展的同时其外延也在拓宽，专业设置也可以围绕行业外延而拓宽。刘霞（2012）对专业群建设的技术路线做了具体描述，认为专业群建设包括六个步骤：第一步是明确服务的产业链；第二步是分析院校自身资源状况；第三步是从产业链中选择专业群的具体依托；第四步是进行专业组合，圈定核心专业；第五步是围绕核心专业对其他专业进行交叉复合；第六步是根据产业及专业发展进行动态调整。

4．产业转型升级与高职专业群建设

高职院校专业群的布局是直接依据相关产业群链条的组成和发展，体现职业教育服务产业的特色和办学特色。产业转型升级驱动高素质技术技能人才的市场需求呈攀升趋势，高职教育专业人才培养目标要从人力资本的技能型操作工向应用型、技术型的高技能人才转变（刘晓、刘晓宁，2017）。产业结构对职业教育专业设置的影响可以从产业结构升级、产业转移、产业融合和产业集群四个维度分析（游心仁、谢逢春，2016）。

关于如何提升专业群对产业转型升级的适应性，如下观点具有代表性。徐莉亚（2016）认为，应加强特色专业与潜力专业建设，构建人才需求预测与专业结构动态调整机制。王忠昌（2017）认为，应当围绕专业设置的前瞻性、专业结构的优化性、专业育人的技术性、专业内涵的持续性、专业建设的区域性组织专业建设工作。龚虹波、胡赤弟（2016）通过对高校“学科—专业—产业链”治理机制的考察，认为“学科—专业—产业链”是个复杂政策网络，该政策网络在演化过程中倾向于吸收市场机制，行政力量应该从政策层面加以引导，以克服市场机制下的盲目性和短视性。赵晓妮（2016）认为，应当通过社会多元合作的专业规划机制冲破高校专业建设不能适应产业转型升级的现实之囿。刘松林（2017）认为，对专业建设路径的思考应采用更开阔的视角，需要跳出教育系统，把专业调整置于社会大环境中，建立政府决策协调、劳动供求、技术研发和信息共建共享关联机制，促进专业调整和产业转型升级。

第 2 章　华好学院

本着“合作办学、合作育人、合作就业、合作发展”的原则，2011 年 1 月，广州番禺职业技术学院与广东华好集团有限公司（原名广东华好投资有限责任公司），在平等自愿、协商一致的基础上，共同成立了广州番禺职业技术学院华好学院（简称“华好学院”）。

华好学院面向美容化妆品行业，致力于培养符合行业发展需要的高端技能型人才。依托工商管理传统优势专业进行建设，仅用三年时间，形成了基于产业链的专业体系，开设有美容会所管理、化妆品企业管理、化妆品营销、人物形象设计四个专业（方向），在校生达 618 人。在校企双方的共同努力下，华好学院得到迅速发展，社会声誉日益扩大。2012 年 9 月，华好学院作为全国 5 个典型校企合作案例之一，在全国示范性高职院校校企合作高峰论坛上发言，受到与会代表的高度关注与好评。2012 年 12 月，新快报以《广州番禺职业技术学院创办国内首家开设美容会所管理专业的学院》为题，报道了华好学院深入开展校企合作的探索和成果。2013 年 4 月，新华社广州分社对华好学院办学体制机制也进行了深入报道。

2013 年 7 月，华好学院有了第一届毕业生（面向中职自主招生，学制两年），召开了全国首家面向各利益相关者的人才质量发布会，各方给予了高度评价，至此，达到了其发展的巅峰状态。但我们也深刻意识到，商科专业如果离开市场，校企双方局限于“校中企”的实训基地培养学生，无论合作如何紧密，最终都难以培养出能够应对市场竞争的优秀人才。华好学院与华好集团合作 3 年后，又因校企合作的利益机制未能全面有效建设，企业合作动力不再强劲，后期学校投入增加，企业投入减少，双方出现利益分歧，在继续维持了 3 年的合作、协议到期后，校企终止了紧密合作。不过，华好学院的建设与发展为校企合作积累了宝贵的经验，为下一步探索现代学徒制奠定了深厚的基础。

2.1　华好学院成立的协议与文件

2.1.1　校企合作框架协议

经过近一年的筹备，2011 年 1 月 11 日，广州番禺职业技术学院校长与广东华好投资有限公司总裁，在校企双方人员的共同见证下，签订了《共建广州番禺职业技术学院华好学院的框架协议》，此协议对校企合作的体制、机制以及专业建设与教学管理等做了重大改革与创新，可谓干货满满。当晚企业组织了庆祝晚宴，这无论是对学校还是对企业，都是各自发展历史上影响最大的一次校企合作，同时也为中国特色的校企合作画上了浓墨重彩的一笔。协议如下：

广州番禺职业技术学院　广东华好投资有限公司
共建广州番禺职业技术学院华好学院框架协议

甲方：广州番禺职业技术学院

乙方：广东华好投资有限公司

根据《广东省中长期教育改革和发展规划纲要（2010—2020年）》提出建立“政府主导、行业参与、校企结合的应用型技能型人才培养共同体”的职业教育发展方针，为推动学校与企业合作办学，促进职业院校更好地面向社会、面向市场办学，甲乙双方本着服务社会、相互支持、优势互补、共同培养社会急需人才的宗旨，在平等自愿、协商一致的基础上，就共同成立“广州番禺职业技术学院华好学院”达成以下协议：

第一条　合作内容

利用双方各自拥有的资源，成立“广州番禺职业技术学院华好学院”（以下简称华好学院），华好学院定位为广州番禺职业技术学院的二级学院。

第二条　运行机制

1. 华好学院实行理事会领导下的院长负责制。理事会由七人组成，甲方委派三人，乙方委派四人，理事会主席由甲方担任，副主席由乙方担任；理事会负责学院专业设置和重大建设项目的审定、负责人才培养方案的审定、负责院长的推荐和考核、负责年度预决算的审定等重大事项。

2. 学院设院长1人、执行院长1人、副院长1～2人，院长由乙方担任，执行院长由甲方担任并主持日常工作，乙方委派一名副院长长驻学院协助执行院长工作，可兼某一教研室主任。乙方委派人员按照甲方兼职教师进行管理。

学院根据甲方有关规定，设置相关党群组织，配备相应工作人员。党群组织领导由甲方党组织委派或者选举产生，一般由甲方派出的理事会成员兼任。

执行院长负责主持学院的日常工作，副院长协助院长分管全日制教学及技能培训工作。学院可以根据实际情况自主设置办公室、教研室、研究所、实训基地等机构，但需报甲方备案。

3. 学院内部实行“基本工资＋绩效工资”薪酬制度。甲乙双方派驻人员的基本工资、住房公积金、保险等政府规定的待遇分别由甲乙双方各自支付。绩效工资由院长确定并交由理事会审定。

4. 华好学院实行二级管理。学院经费在甲方独立列账，由执行院长审批。学院经费主要来源包括：甲方划拨学院全日制学生50%的学费、乙方及其行业企业捐赠、成人教育及其短期培训收入等。

5. 乙方在学院设置每年不低于10万元的学生奖助学金用于奖励学生和资助家庭困难学生，甲方出具相应捐赠凭证；用于合作办学的仪器、设备等资产，其产权按提供者意愿处理，属于捐赠的由甲方出具捐赠证明。

第三条　专业设置、短期培训及招生

华好学院首期设置连锁经营管理（美容会所管理方向）专业，根据发展逐步设置以化妆品产业链为依托的专业或方向。招生对象为符合国家和广东省招生要求的普通高中毕业生或相关专业中职毕业生；学习年限一般为三年或两年。

根据市场需求，华好学院可以开展成人学历教育及短期培训项目，成人学历教育有关收费等执行甲方校外成人教育办学点的规定。短期培训以项目体现，具体情况双方协商。

第四条　专业建设

1. 人才培养方案的制定。深入调研行业、企业，根据专业就业岗位，分析专业需求的知识、能力要求，确定专业课程体系，共同制定人才培养方案。

2. 师资队伍建设。甲方以专业公共课程、专业理论课程为主配置教师，乙方以专业技能课程配置教师。

3. 课程及教材建设。专业公共课程、专业理论课程建设以甲方为主，乙方参与；专业技能课程以乙方为主，甲方参与。学院按照甲方的相关规章制度对双方共同建设的课程及教材予以资金支持。

4. 实训条件建设。专业公共课程、专业理论课程所需的实训室由甲方建设；专业类实训室由甲方提供场地，乙方进行建设。

第五条　双方责任

1. 甲方责任

（1）负责华好学院的建制和根据乙方建议进行课程设置。

（2）负责按照国家和学校相关要求指导华好学院的教学组织和管理以及学生管理工作。

（3）负责派驻人员的基本工资、住房公积金、保险等政府规定待遇的支付。

（4）负责公共课程、专业理论课程及教材的建设工作，参与专业课程及教材的建设工作。

（5）负责公共课程、专业理论课程所需的实训条件，提供专业课程所需实训室的场所及办公场所。

2. 乙方责任

(1) 负责配合甲方设立华好学院并提出课程设置意见。

(2) 负责专业课程及教材的建设工作，参与公共课程、专业理论课程及教材的建设工作。

(3) 负责专业课程所需实训室的建设。

(4) 负责派驻人员的基本工资、住房公积金、保险等政府规定待遇的支付。

(5) 负责学生在乙方顶岗实习工作，录用或推荐毕业生就业。

(6) 为学生提供奖学金，具体情况另行协商。

第六条　双方权利

1. 甲方权利

(1) 有权对华好学院进行监督、管理，保证教学管理符合法律法规与高职教育规律。

(2) 与乙方共同拥有“广州番禺职业技术学院华好学院”的知识产权。

2. 乙方权利

(1) 有权对华好学院的教学管理提出建议，有权建议甲方根据乙方的生产经营与行业发展的需要在国家规定的范围内设置专业、课程与开展教学。

(2) 与甲方共同拥有“广州番禺职业技术学院华好学院”的知识产权。

第七条　产学合作

双方约定，根据实际情况和双方意愿，可在人员互兼互聘、新产品开发、技术服务等方面开展产学研密切合作。具体项目另行商定。

第八条　合作期限

本协议合作期限为六年。合作期满，若双方没有提出异议，则协议自动延期六年，依此类推。

第九条　履约与免责

1. 双方诚意全面履行本协议。任何一方有不符本协议或有违法行为时，应自动纠正并采取必要的补救措施，并为此承担责任，因此给另一方造成损失的，应予以赔偿，同时，另一方有权单方面终止本协议履行。

2. 因不可抗力造成不能履行本协议部分或全部义务的，可免予承担责任，但应及时通知对方，适时采取措施防止损失扩大。

第十条　其他

1. 本协议一式四份，双方各持两份，经双方法人代表签字并加盖单位公章后生效。

2. 未尽事宜由双方协商解决，以补充协议明确规定，补充协议与本协议具有同等效力。

甲方：　　　（公章）	乙方：　　　（公章）
代表（签字）：	代表（签字）：
日期：　年　月　日	日期：　年　月　日

2.1.2 华好学院成立文件

校企双方签订了框架协议后，学校遂明确由当时的工商管理系（现管理学院）牵头筹建华好学院，并尽快拟定了成立华好学院的文件。

关于成立广州番禺职业技术学院华好学院的通知

学校各单位：

根据“广州番禺职业技术学院 广东华好投资有限公司共建广州番禺职业技术学院华好学院框架协议”，学校研究决定，成立广州番禺职业技术学院华好学院，经双方推荐，华好学院理事会及日常机构组成如下：

一、理事会

主　席：王××（广州番禺职业技术学院副校长）

副主席：程××（广东华好投资有限公司董事长）

理　事：江×（广东华好投资有限公司总裁）

刘××（广州番禺职业技术学院教务处处长）

窦××（广东华好投资有限公司）

阚××（广州番禺职业技术学院工商管理系主任）

赵×（广东华好投资有限公司）

二、日常机构

院长：江×（广东华好投资有限公司总裁）

执行院长：阚××（广州番禺职业技术学院工商管理系主任）

副院长：赵×（广东华好投资有限公司）

办公室主任：吴×（广州番禺职业技术学院工商管理系教研室主任）

办公室副主任：王××（广东华好投资有限公司）

技能教研室主任：杨××（广东华好投资有限公司）

2011 年 4 月 11 日

2.1.3 框架协议带来的压力

成立华好学院后，到底如何开展日常工作，我们能依据的就是校企双方共同签订的《共建广州番禺职业技术学院华好学院框架协议》。而这个协议的酝酿商讨过程，我们工商系并未参与，其中条款也就不知来龙去脉以及准确的内涵与外延。当时很茫然，后来才得知，起初是安排其他学院筹建，几经磋商，最后决定将这个承载了校企双方很多期望与梦想的项目交给工商管理系去完成。当我们找到相关部门要到这个协议的复印件，认真研读后，才感压力山大，未来的路并不好走，关键有以下几点：

一是华好学院定位为广州番禺职业技术学院的二级学院。这是要再建一个二级学院，没人说得清它与管理学院是什么关系。从一开始就注定“是分是合、谁去谁留”，这个敏感的话题一直持续。对于阚院而言，则是一边要管理着一个现有二级学院，还要筹建一个新的且与以往体制、机制、人员等都不同的二级学院。以阚院做事的习惯与方式，对于不同的工作，她一定找到一个抓手去协同。但这两个学院却很难，谁协同谁？教师们感觉传统的管理学院是根，不能丢，也不能被同化。而华好学院是一个新生事物，不能穿新鞋走老路。无奈，阚院只能将自己分身两处，两手抓，两手都要硬，那是她作为管理学院院长十年生涯中最辛苦的日子。辛苦的还不是因为工作多，而是一个新生事物，并不能被人很好地接纳。

二是华好学院实行理事会领导下的院长负责制。华好学院的院长是由企业的总裁江先生担任，阚院是执行院长，负责主持学院的日常工作，副院长由企方人员担任。一时间她有些无所适从。学校原有体制的管理需要她按部就班，而华好学院有理事会，有院长。我们教育的整体体系与企业的培训有很大的不同，企业派来的长驻学校的副院长起初对学校的运行弄不清是怎么回事，阚院需要手把手从学校的运行机制和规则开始讲解，起初企业总裁江先生的工作方式也让她无法接受。江先生是一个性情中人、一个有教育情怀的人，但是他在工作中大发脾气，却让阚院很是受伤。后来竟让阚院也拿起“发飙”做“武器”，只要可以解决问题，什么样的形式都可以。半年过去了，阚院以自己的专业、敬业、真诚、公正和共赢最终赢得了江先生的信任。江先生说，以后华好学院的事就由阚院和企业派来的副院长一起商量着干就行了。

三是学院内部实行“基本工资+绩效工资”薪酬制度。薪酬制度是与双方教师切身利益最相关的事情，协议规定：甲乙双方派驻人员的基本工资、住房公积金、保险等政府规定的待遇分别由甲乙双方各自支付。绩效工资由院长确定并交由理事会审定。在当时的情况下，绩效工资从何而来，并无明确的保障。一个学院在筹建初期，无论是学生的学费还是对外创收，都不足以支撑绩效工资的发放。学校说慢慢来，不急，这样阚院安心了很多，但也埋下了隐患。企业人员的基本工资、住房公积金、保险等由企方支出。当时企业派8个教师常驻学校，这笔费用每年在100万元以上，阚院不知企业可以支撑多久，这不是只靠教育情怀就可持续下去的。阚院知道企业希望能上市，若能上市，这点投入也不算什么。但阚院在企业做过筹备上市，知道那常常是沦为一厢情愿的事。而对于学校的教师，起初绩效工资只能照常由学校发放。

四是华好学院实行二级管理。“学院经费在甲方独立列账，由执行院长审批。学院经费主要来源包括：甲方划拨学院全日制学生50%的学费、乙方及其行业企业捐赠、成人教育及其短期培训收入等。”学校当时对各级学院划拨的学费是7%，能拿出50%的学费给到华好学院，这无疑是最大的支持。学校领导非常希望华好学院能在全校率先探索出二级管理的一条新路。但问题是，起初华好学院只有40多个学生，分到的学费也就是10万元，正常的教学活动都难以维持。而当我们自己不能负担绩效工资时，相关职能部门也就难以将二级管理的其他权力下放给我们，例如：“学院可以根据实际情况自主设置办公室、教研室、研究所、实训基地等机构，但需报甲方备案。”

五是乙方委派人员按照甲方兼职教师进行管理。在华好学院成立之前，学校对于企业教师的身份管理只有企业兼职教师，他们的主要任务就是兼课。而华好学院的企业教师是常驻学校，学校的教师不坐班，企业老师却要按规定坐班。他们的住宿与办公地点要解决，他们需要登录学校的OA系统，他们是否需要参加全校的各种会议，以及能否享受工会组织的各种福利、参加相关的活动如运动会等，这一系列的问题如果解决不好，就会对企业教师的归属感、工作积极性和主动性，还有校企之间的合作关系，产生一系列的影响。而这些全部需要与各相关部门进行沟通、协调与解决，而每一项都是史无前例，没有现成的制度和政策可以执行。

2.2 华好学院建设与管理制度

2.2.1 华好学院总体建设与管理

面对框架协议带来的压力与困惑，我们开始梳理华好学院建设与运行可能出现的种种问题，并与相关部门、校企双方领导进行反复的沟通与协调，希望能有相关的制度和文件予以规定。于是经反复研讨和协商，制定了《广州番禺职业技术学院华好学院建设及管理实施意见》。

广州番禺职业技术学院华好学院建设及管理实施意见

为了探索校企合作办学的有效途径，推动广州番禺职业技术学院华好学院（以下简称“华好学院”）健康发展，根据《广州番禺职业技术学院校企合作管理办法》（番职院教〔2008〕82号）、《广州番禺职业技术学院专业建设指导委员会管理规定》（番职院教〔2009〕60号）及《广州番禺职业技术学院与广东华好投资有限公司共建广州番禺职业技术学院华好学院框架协议》、《关于成立广州番禺职业技术学院华好学院的通知》（番职院〔2011〕6号）等文件及协议要求，特制定本实施意见。

第一条　华好学院的定位。

华好学院定位于广州番禺职业技术学院的二级学院，前期依托广州番禺职业技术学院工商管理系筹建及管理，并通过校企合作共建的形式探索具有创新性的学校院系二级管理机制。

第二条　华好学院理事会的运作。

1. 华好学院实行理事会领导下的院长负责制。理事会由校企双方代表组成。理事会负责学院专业设置和重大建设项目的审议、人才培养方案的审议、院长的推荐和考核、年度预决算的审议等重大事项。

2. 理事会每年召开1～2次会议，由理事会主席召集，于会议召开一周前通知全体理事。理事会会议要有半数以上理事参加。

3. 理事会议事采用共同协商的方式，本着平等、友好、信任的原则由理事会主席牵头共同形成决议。

4. 理事会决议报广州番禺职业技术学院校务会议审批后执行。

第三条　华好学院的筹建管理。

1. 华好学院前期依托工商管理系筹建，专业招生、日常教学、学生管理等均由工商管理系负责。根据专业（群）共建情况，条件成熟后可以再独立设置为学校的二级教学机构。

2. 华好学院院长由企方代表担任（不长驻学院），执行院长由工商管理系主任兼任并主持日常工作，企业方派驻副院长协助院长开展工作，办公室主任兼院长助理协助执行院长完成具体的日常工作，由工商管理系指派人员兼任，享受一定的教学工作量补贴。

3. 工商管理系可以统筹规划、合理调配现有资源，扶持华好学院初期建设。学校将给予相关资源的补充和支持，以确保华好学院初期建设顺利进行。

4. 华好学院根据筹建需要，经学校批准后可设置教研室、研究所、实训基地等机构。

5. 华好学院建设初期暂不设置党群组织，其教师学生党务管理、工会管理及学生工作依托工商管理系党总支、工会小组和辅导员开展。

6. 华好学院经费在学校独立列账，由执行院长审批。学院经费主要包括：学校划拨学院全日制学生 50% 的学费、广东华好投资有限公司及其行业企业捐赠、成人教育及其短期培训收入等。

7. 华好学院筹建期间的收入主要用于教师日常办公经费、学生实习费、学生活动经费及捐赠款（物）的特定用途等。

8. 学校相关职能部门对华好学院均负有管理及服务职能，并根据具体情况探索创新管理制度。

第四条　专业设置、招生与建设。

1. 华好学院根据学校及自身的专业建设规划提出新专业申报意见，提交华好学院理事会审议后，报学校按新专业申报的程序进行审批。

2. 华好学院建设初期依托学校相关专业招生，但招生计划按二级学院独立申报和审批。

3. 华好学院专业人才培养方案的制定必须符合高职教育规律及学校相关规定，最终方案需提交学校教学工作委员会审核通过后实施。

4. 专业公共课程、专业理论课程建设以学校为主，企业参与；专业技能课程以企业为主，学校参与。具体课程双方协商。

5. 专业技能课程所需的实训室由学校提供场地，按照学校实验实训室建设与管理相关规定，企业负责建设。学校鼓励专业技能实训室按照生产性实训项目建设与管理，并通过开展对外服务得到可持续发展。具体运营与管理办法另行制定。

第五条 师资队伍的管理。

1. 校企双方共建华好学院师资队伍。校方教师执行学校相关师资队伍的管理规定，在华好学院筹建期，薪酬福利等一切待遇执行学校现有政策。华好学院筹建完成后视具体情况可执行“共建华好学院框架协议”中规定的二级管理体制下的“基本工资+绩效工资”的薪酬制度，具体办法另行制定。

2. 广东华好投资有限公司参与教学的人员根据其情况可聘为学校兼职教师或客座教授，其管理和待遇按照学校兼职教师和客座教授的管理规定执行，课酬由学校与广东华好投资有限公司统一结算，由公司统一管理和使用。派驻学校参与管理及教辅人员的薪酬由广东华好投资有限公司负责。

3. 广东华好投资有限公司常派教学人员及参与教学管理或教辅人员实行坐班制。

第六条 学生奖助学金、顶岗实习及就业。

1. 广东华好投资有限公司在学院设置每年不低于10万元的学生奖助学金用于奖励华好学院优秀学生和资助华好学院家庭困难学生。奖助学金应于每年9月1日前汇到广州番禺职业技术学院账户上。奖助学金的分配参照学校相关管理规定执行。

2. 广东华好投资有限公司负责学生的顶岗实习工作，录用或推荐毕业生就业。

第七条 关于企业捐赠。

广东华好投资有限公司捐赠的实训设备、奖助学金、建设的实训室、实训消耗材料等，学校按照国家相关政策及双方协议给广东华好投资有限公司提供捐赠证明，按照学校相关规定管理。

第八条 本实施意见自发文之日起实施，由校企合作管理办公室负责解释。

2011年6月1日

有了华好学院建设及管理实施意见，我们放心了很多，最重要的是对当时的华好学院定位于筹建，何时筹建完成并没有一个时间表，这无疑为我们赢得了时间上的主动。因为最大的压力来自于校企双方教师的“绩效工资”。这样在筹建期，我们就可以将主要精力放在专业的申报、建设与人才培养上了。至此，我们对校企合作充满了期待。

2.2.2 华好学院专业指导委员会建设

为了做好专业建设和人才培养，我们清醒地意识到，单纯依靠校企双方还是不够的，不能从行业的角度，不能以更高的站位、更广的视野进行顶层设计，是难以办出高质量的特色学院的。于是，我们首先成立了华好学院专业指导委员会，并拟定了章程。

关于成立华好学院专业指导委员会的决定

学院各单位：

为深入贯彻“合作办学、合作育人、合作就业、合作发展”的教育理念，探索校企深度合作的有效途径，推动华好学院更快更好地发展，使华好学院各专业（方向）的人才培养目标和培养模式更加适合美容化妆品行业的发展需要，人才培养方案及时体现行业最新发展趋势，增强人才培养的针对性与适应性，充分体现高等职业教育的特色，经华好学院推荐，教务处会同组织人事处审核，校行政会议研究决定，成立广州番禺职业技术学院华好学院专业指导委员会，具体名单如下：

一、华好学院专业指导委员会组成

主任委员：李××

副主任委员：高×、张××

委员：赵×、曹×、宋××、赵××、周×、吴×

二、华好学院校外实训基地

广州市尹姬美容科技有限公司

广州市劳莎化妆品有限公司

广州市尹姬化妆品制造有限公司

广州市蓝婷化妆品有限公司

蓝亿（广州）生物科技有限公司

楚伊美容会所运营有限公司

深圳首脑美容美发艺术公司

广西乐达贸易有限责任公司

广东华好投资有限公司优质连锁加盟店以及品牌代理公司

附：华好学院专业指导委员会委员介绍

附件：

华好学院专业指导委员会委员介绍

序号	姓名	职位	单位名称	职务
1	李××	主任委员	广东华好投资有限公司会所运营有限公司	总经理
2	高×	副主任委员	中国美容美发协会	副会长
			深圳首脑美容美发艺术公司	董事长
3	张××	副主任委员	广州番禺职业技术学院艺术设计学院	院长
4	赵×	委员	广西美容美发化妆品行业协会	会长
			广西乐达贸易有限责任公司	董事长

续上表

序号	姓名	职位	单位名称	职务
5	曹×	委员	北京娇莉芙萃颜坊连锁机构	经理
6	宋××	委员	广东华好投资有限公司会所运营有限公司	副总经理
7	赵×	委员	广东华好投资有限公司华好学院	副院长
8	周×	委员	广州番禺职业技术学院教务处	副处长
9	吴×	委员	广州番禺职业技术学院工商管理系	教研室主任

2011 年 12 月 10 日

广州番禺职业技术学院华好学院专业指导委员会

章　程

第一条　为深入贯彻“合作办学、合作育人、合作就业、合作发展”的教育方针，切实推进校企深度合作，加强华好学院专业建设与发展、人才培养和实习基地建设，提高学生的实际操作技能，培养适应美容化妆品行业发展需要的精英人才，特制定广州番禺职业技术学院华好学院专业指导委员会章程。

第二条　华好学院专业指导委员会协助院长、执行院长确定华好学院各专业（方向）的人才培养目标与人才培养规格，审定各专业（方向）的人才培养方案，商议各专业（方向）的课程设置，推荐或建设校内外实习基地，参与一定的教学、讲座或实习指导，推荐学生实习或就业。建立该专业指导委员会的目的是使华好学院各专业的人才培养与美容化妆品行业的发展需求紧密结合，有效推动华好学院校企合作的持续快速发展。

第三条　华好学院专业指导委员会应遵循高职人才培养的客观规律，按照教育部提出的“四个合作”的教育理念，根据美容化妆品行业的现状与发展趋势，并结合地方经济和社会发展要求，博采众长，促使华好学院各专业（方向）成为美容化妆品行业精英人才培养的摇篮，并调动和激励各位委员群策群力，为华好学院及各专业（方向）的建设和发展献计献策。

第四条　华好学院专业指导委员会的职责：

1. 根据美容化妆品行业的发展需要及职业岗位对人才的要求，确定华好学院各专业（方向）的人才培养目标与人才培养规格。

2. 审定华好学院各专业（方向）的人才培养方案。

3. 指导校内实训基地建设，协助组建校外实训基地，逐步实现专业建设与产学研相结合。

4. 共同商议华好学院各专业（方向）的课程设置或对各专业（方向）的课程设置提出建议。

5. 研究或商议华好学院各专业（方向）人才培养中出现的重大问题，并探讨解决问题的方法和措施。

6. 能参与华好学院一定程度的教学、讲座、沙龙、座谈、教材编写等专业建设活动。

7. 指导、推荐毕业生顶岗实习或就业。

8. 对华好学院未来发展提供建设性意见。

第五条 华好学院专业指导委员会由广东华好投资有限公司骨干管理人员、美容化妆品企业管理人员与专业人员、学校有关专家、教师代表组成。专业指导委员会设主任委员1名，副主任委员2名。

第六条 委员任职资格：

1. 热心和关注高等职业技术教育，愿以相应的时间和精力参与指导专业建设，能出席有关会议，并积极献言献策。

2. 对校企合作有较为深入的认识，能以积极的心态推动校企合作深度发展。

3. 具有本专业较扎实的理论知识或较强的实践能力及相关工作经验；在本专业领域连续工作三年以上，具有本专业中级以上技术职称或企业中层以上相关职位。

第七条 委员会的组建程序：

1. 根据华好学院各专业（方向）的建设要求，学校与广东华好投资有限公司一起广泛联系社会各界有志之士，在充分沟通、协商、筛选的基础上，提出本专业指导委员会候选人名单，报送教务处。

2. 教务处会同组织人事处按照委员会任职资格进行审核，将初定的名单报学校行政会议审定。

3. 学校行政会议研究决定后，由分管教学工作的副校长签批。

4. 组织成立大会，学校校长颁发聘书（每届任期三年）；

5. 报华好学院理事会进行备案。

第八条 委员会委员的权利：

（一）校内委员的权利

1. 对专业的建设工作进行质询和监督，并提出意见和建议。

2. 对专业的实习、实训基地建设工作进行质询和监督，并提出意见和建议。

（二）校外委员的权利

1. 对专业的建设工作进行质询和监督，并提出意见和建议。

2. 校外委员依本人意愿，可同时受聘为专业的兼职教师。

3. 校外委员所在的单位确定为本专业的校外实训基地时，可悬挂“广州番禺职业技术学院实训基地”匾牌。

4. 校外委员所在单位可利用本专业的教学资料和教学设备，开展科研和培训工作。

5. 校外委员所在单位可聘用学校教师参与企业的培训等工作。

6. 校外委员所在单位可与学校开展校企合作，共同研制和开发新产品。

7. 校外委员所在单位可优先挑选学校毕业生。

8. 校外委员参与相关工作，享受相应的工作津贴。

第九条　委员会委员的义务：

1. 关心职业教育事业，热心人才培养。

2. 积极为专业的建设和课程建设献计献策。

3. 积极支持和帮助系（院）开展各项教学活动。

4. 积极参加专业建设指导委员会的各项工作。

5. 为相关专业毕业生就业提供帮助。

第十条　华好学院每年至少组织一次委员会专题会议或工作会议，积极开展华好学院专业调研、方案论证、实训基地建设等专业建设活动及学术交流等产学研活动，并有条件地组织华好学院自身建设与发展研讨会等。

第十一条　华好学院专业指导委员会要积极开展多种形式的专业活动，充分利用委员们的聪明才智和实践经验，提升学生的专业技能与专业素养，为培养美容化妆品行业的精英人才做出贡献。

第十二条　本章程修改和解释权归华好学院专业指导委员会。

2011 年 12 月 10 日

2.2.3　华好学院实训基地建设与捐赠

华好学院是面向美容化妆品行业培养高素质管理人才，它与当时的工商管理系原有专业不同，对实训基地的要求很高。按照框架协议，实训基地由学校出地，企业负责建设。2011 年 5 月我们通过自主招生，有了连锁经营管理（美容会所管理方向）第一批学生，9 月开学就需要有实训基地开展人才培养。让我们没想到的是，企业从设计到施工仅用了不到 3 个月的时间，就全部完成并投入使用。这给了我们极大的信心。实训基地建成后，企业将投入的资产全部捐给了学校。2011 年 9 月 26 日，校企双方签订了“华好学院美容实训基地”捐赠协议。

广东华好投资有限公司　广州番禺职业技术学院
“华好学院美容实训基地” 捐赠协议

甲方（捐赠人）：广东华好投资有限公司

乙方（受赠人）：广州番禺职业技术学院

为深入贯彻落实校企“合作办学、合作育人、合作就业、合作发展”的高职教育方针，促进广州番禺职业技术学院华好学院健康快速发展，努力培养高素质的美容行业管理人才，根据《中华人民共和国公益事业捐赠法》《基金会管理条例》，以及“广州番禺职业技术学院与广东华好投资有限公司共建广州番禺职业技术学院华好学院框架协议”“广州番禺职业技术学院华好学院建设及管理实施意见（试行）”，经甲乙双方友好协商，达成以下协议：

第一条　经双方同意，由乙方提供场地（初期为学校学生活动中心首层），甲方负责建设“华好学院美容实训基地”。

第二条　甲方自愿地将已建设完成的“华好学院美容实训基地”（包括基建、环境建设、仪器、设备、软件等资产）捐赠给乙方，作为支持华好学院教学实践、科研服务之用。

第三条　甲方保证捐赠资产系其所有之合法资产，捐赠的实训室应满足教学需要且符合消防安全等方面的要求。

第四条　乙方收到甲方捐赠的资产后，开具《广东省行政事业单位（社会团体）捐赠收据》，并登记造册。

第五条　乙方按照学校实训室管理制度、办法或规定对“华好学院美容实训基地”进行妥善管理和使用。学校鼓励专业技能实训室按照生产性实训项目建设与管理，并通过开展对外服务得到可持续发展。

第六条　甲方有权向乙方查询捐赠资产的使用、管理情况，并提出建议或意见。对于甲方的查询，乙方应在15个工作日内如实按照约定方式给予答复。

第七条　甲方派驻华好学院的常驻人员与乙方相关人员在华好学院理事会的领导下合作进行实训室的运作与管理。

第八条　因捐赠资产质量瑕疵造成乙方或第三方人身或财产遭受损失的，由甲乙双方协商赔偿方案。

第九条　乙方应严格按照本协议约定用途使用捐赠资产。

第十条　其他未尽事宜，由双方协商完善。

第十一条　本协议一式两份，甲、乙双方各一份，具同等法律效力。

第十二条　甲方捐赠资产清单详见附件1。

附件1：甲方捐赠资产清单（略）

甲方代表：	乙方代表：
（签字并加盖公章）	（签字并加盖公章）
年　　月　　日	年　　月　　日

2.3 华好奖助学金与创业基金

2.3.1 华好奖助学金捐赠

在校企合作之初，面向美容化妆品行业培养人才，社会并不是很认可，许多学生和家长认为作为大学生从事这样的行业并不体面，所以无论是招生还是就业，连锁经营管理（美容会所管理方向）都面临着很大的挑战。企业为了调动学生和家长的积极性，同时也为回馈社会，提升企业的影响力，主动提出每年为学生提供10万~20万的奖助学金，而且对学生毕业是否要到华好集团工作并不做相应的要求。企业表态愿意投入和付出，服务美容行业的人才培养，这让我们看到了企业家的社会责任感和投身教育的情怀。以下是校企双方于2011年9月26日签订的“华好奖助学金”捐赠协议。

广东华好投资有限公司　广州番禺职业技术学院
“华好奖助学金”捐赠协议

甲方（捐赠人）：广东华好投资有限公司
乙方（受赠人）：广州番禺职业技术学院

为激励广州番禺职业技术学院华好学院学生勤奋学习、努力进取，在德、智、体、美、劳等方面得到全面发展，成为美容行业高素质、强技能的创新型人才，根据《中华人民共和国公益事业捐赠法》《基金会管理条例》等法律法规，以及“广州番禺职业技术学院与广东华好投资有限公司共建广州番禺职业技术学院华好学院框架协议”“广州番禺职业技术学院华好学院建设及管理实施意见（试行）”，经甲乙双方友好协商，达成以下协议：

第一条　双方同意合作，设立“广州番禺职业技术学院华好奖助学金”。

第二条　甲方自愿捐赠首次20万元人民币，以后每年不低于10万元人民币给乙方作为“华好奖助学金”。

第三条　甲方捐赠自2011年起，双方视合作情况决定是否终止捐赠。

第四条　甲方应于每年9月1日前将捐赠款项汇入乙方指定账户（户名：广州番禺职业技术学院；开户银行：中国农业银行广州番禺沙湾支行；账号44074301040002340）。广州番禺职业技术学院开具广东省行政事业单位（社会团体）捐赠收据。

第五条　“华好奖助学金”奖助对象仅限华好学院全日制在校生，奖助类别分为华好奖学金和华好助学金。

第六条　甲方责任与义务

（一）按时将捐赠金额汇入乙方指定账户。

（二）有权向乙方要求查询捐赠资金的使用、管理情况。

（三）根据乙方推荐，对奖助学金的申请者进行复核，并提供意见或建议。

第七条　乙方责任与义务

（一）严格执行《广州番禺职业技术学院华好奖助学金管理办法》。

（二）对甲方查询，应在15个工作日内如实按照约定方式给予答复。

第八条　项目终止

若一方违反或不履行本协议或“广州番禺职业技术学院华好奖助学金管理办法”中的相关规定，经双方协商，仍无法达成一致，则本合作项目终止；项目终止后，尚未发放的捐赠款由双方协商解决。

第九条　其他未尽事宜，由双方协商完善。

第十条　本协议一式两份，甲、乙双方各一份，具同等法律效力。

甲方代表：　　　　　　　　　　　　乙方代表：

（签字并加盖公章）　　　　　　　　（签字并加盖公章）

年　　月　　日　　　　　　　　　　年　　月　　日

2.3.2　奖助学金管理办法

面对企业的投入与捐赠，阚院个人总是怀有敬畏之心，知道企业的钱来之不易，如何通过有效管理使之效用最大化，真正能激励学生积极投身到美容化妆品这个行业中，为企业和行业培养优秀的人才，同时资金使用又要符合财务管理的规定，这是阚院作为华好学院执行院长必须考虑的问题。为此，我们制定了广州番禺职业技术学院华好学院奖助学金管理办法。

广州番禺职业技术学院华好学院
奖助学金管理办法（试行）

为激励华好学院品学兼优和家庭困难学生奋发向上、积极进取，在德、智、体、美、劳等方面全面发展，提高学生专业技能与综合素质，培养美容行业精英人才，根据学校奖助学金的有关规定，并结合华好学院实际情况，特制定本办法。

第一条　奖助学金来源。

华好学院奖助学金是由广东华好投资有限公司本着“共建华好学院”的精神，每年捐助不少于10万元，首次捐助20万元，在广州番禺职业技术学院设立的奖助学基金。

第二条　奖助学金分类。

（1）华好学院奖学金：用于奖励品学兼优，技能水平及综合素质等方面表现优异的学生。

（2）华好学院助学金：用于资助家庭特别贫困、励志向上、学生成绩优良的学生。

第三条　奖助对象。

华好学院奖助学金的奖助对象仅限于华好学院全日制在校生。

第四条　奖助金额。

华好学院奖学金、助学金的奖励标准为：5 000 元/生·学年，每次奖助学金按 2 500 元/生·学期的标准分两次发放。

第五条　基本条件。

（1）热爱社会主义祖国，拥护中国共产党领导。

（2）自觉遵守宪法和法律，遵守学校规章制度，无违纪记录。

（3）诚实守信，道德品行好，尊敬师长，团结同学，关心集体。

（4）积极参与学校及各院（系）组织的各项活动，吃苦耐劳，团队合作意识强。

（5）勤奋学习，积极向上，成绩优良，各科成绩全部合格。

第六条　其他必要条件。

（1）华好学院奖学金：入学成绩或入学后每学年成绩排名靠前且名次满足奖励名额数量要求范围。

（2）华好学院助学金：经学校认定属于家庭经济困难、生活朴素、励志自强、成绩优良的学生。

第七条　取消申请资格或奖助学金的发放。

有下列表现之一者，取消其申请奖助学金的资格；对于已经获得当学年奖助学金的学生，取消本学年下一学期奖助学金的发放：

（1）违反国家法律法规和学校规章制度，受到学校违纪处分的；

（2）已获奖学金奖励，本学年第一学期成绩未达全班排名中等以上或单科成绩有不及格现象的；

（3）已获助学金学生，其家庭经济情况好转，不再属于贫困的；或本学年第一学期单科成绩有不及格现象的。

第八条　奖助学金的追回。

有下列表现之一者，除取消申请奖助学金的资格外，华好学院有权追回所资助奖金：

（1）家庭经济状况与提交的申报材料不符，或弄虚作假的。

（2）个人生活铺张浪费，精神状态颓废，不积极努力学习的。

第九条　奖助学金的申请。

（1）凡符合条件的华好学院奖助对象，均可以书面形式向华好学院提出申请，并提交“华好学院奖助学金申请审批表”。新生入学奖学金根据学生入学成绩由华好学院提名，报学校奖助办公室审批，入学成绩的判定由学生处负责。

（2）在同一学年中，华好学院奖学金、助学金只能获得一项。

（3）奖助以学年为单位，享受奖助的华好学院学生在学年结束后符合申请条件的，可继续申请奖助。

（4）华好学院每年9月份受理学生的奖助学金申请，并于当年9月30日评审完毕。

第十条 评审原则与程序。

（1）华好学院奖助学金的评选必须坚持公开、公平、公正的原则，确保符合条件的学生得到奖励与资助。

（2）华好学院成立由执行院长为组长，副院长为副组长，办公室主任、专任教师、辅导员参加的华好学院奖助学金工作小组，负责华好学院奖助学金的申报与评选工作。

（3）华好学院每学年依据广东华好投资有限公司的捐助金额，结合学院实际，提出奖助名额，并报理事会审议、批准；理事会可采用会议审议，也可采用书面审议。

（4）华好学院公布本学年的评选名额及评选条件。

（5）奖助对象向华好学院提出申请，华好学院按照申报条件和申报者的具体情况进行初审，并在本学院公示初审学生名单。

（6）华好学院将奖助对象名单报学校奖助学办公室，由学校审核。学校审核后将初审合格学生名单向全校师生公示。

（7）公示结束后，华好学院把审核结果及有关材料报广东华好投资有限公司审定及备案。

第十一条 奖助学金的发放与监督。

（1）华好学院奖助学金由学校财务处统一发放，不采取现金发放方式，直接把奖助金额汇入获奖助学生的校园卡中。

（2）华好学院奖助学金要专款专用，及时发给奖助学生，不得截留、挪用和挤占，由财务处检查和监督。

第十二条 本办法由发布之日起实施，本办法由华好学院、学生处负责解释。

2011年8月28日

2.3.3 华好创业基金管理办法

在华好奖助学金运行一年后，我们发现由于学校还有各种奖助学金，企业投入的这笔资金并未对学生产生很大的吸引力，并未达到预期的效果，产生相应的社会效益。为此，在与企业沟通协商后，我们决定改革。当时恰逢国家大力发展创业教育，为完善我校创业教育服务体系，激励更多的大学生投身创新与创业实践，同时探索大学生创业基金运行模式，我们决定将华好奖助学金转型升级为华好创业基金，不只是面向华好学院，而是服务全校学生，并交由创业教育中心管理，同时拟定了相应的管理办法。

广州番禺职业技术学院华好创业基金管理办法（试行）

为完善我校创业教育服务体系，探索大学生创业基金运行模式，学校决定设立广州番禺职业技术学院华好创业基金（以下简称"创业基金"）。该基金是非营利性公益基金，面向全校大学生，并优先支持美容化妆品行业创业，为加强对基金的管理，特制定本办法。

一、基金的来源

原华好奖助学金改为华好创业基金，即：华好投资有限责任公司2011年捐赠奖助学金余额转为创业基金，此后每年捐赠不低于人民币10万元。

二、组织与领导

在校创业教育协调小组领导下由校创业教育中心负责基金的运行和日常管理。其基本职责包括：

1. 组织制定、修改本办法。

2. 根据本管理办法，负责基金的申报、评审、发放、跟踪检查，接受和处理有关异议事项。

3. 配合财务处做好基金的财务管理工作。

4. 负责回应捐资人的质询。

5. 贯彻执行学校创业教育政策与工作要求。

三、基金的使用

华好创业基金有三方面用途：

1. 创业投资

基金以股权投资形式，资助符合申请条件的初创企业。校创业教育中心选派专业老师代行股东权利与责任。在基金资助项目中，创业团队所占股份不得低于50%。基金在其资助企业所占股权不参与分红。对单个项目投资额度最高为2万元，年度内总投资额度最高为6万元，如超过上述标准，需要报华好学院理事会审批。

2. 创业奖励

对已成功自主创业的在校学生，校创业教育中心每年组织一次创业项目的申报、评审和奖励。奖励采取现金发放的形式。奖励对象遴选标准、奖励额度及范围根据当年华好学院大学生创业情况确定。单项奖励额度最高为5 000元，当年奖励总额度最高为3万元。

3. 创业培育

对华好学院在校大学生的创业训练和创业实践项目进行培育资助。培育资助对象、金额按照学校规定和标准进行，学校不再另行拨付经费。

四、基金申请、立项与审批

（一）创业投资项目

1. 申请条件

（1）项目负责人是我校全日制在校学生。

（2）拟成立公司的法定代表人是我校在校学生。

（3）团队已经积累了开展该项目所必需的基本经验与技能。

（4）项目在技术或商业模式方面有一定的创新。

（5）项目进入工商登记注册阶段。

（6）拟注册企业法律形式为有限责任公司。

（7）对毕业班学生，项目负责人原则上需要达到毕业资格要求标准；对非毕业班学生，其申请之前阶段的各项必修课程必须取得及格（含及格）以上成绩。

（8）项目所提供的产品或服务具有良好的市场反馈，并具有比较大的拓展空间。

2. 申请程序

项目随时申请随时受理。申报人向校创业教育中心递交申请表、创业项目可行性研究报告、身份证明、创业项目其他证明材料（如会计报表、技术报告、查新报告、鉴定证书、检测报告、用户使用报告、专利证书、产权使用授权书、产权使用认可书、技术合同、奖励证明、用户订单、工商登记名称核准、公司章程等复印件），申报材料经初审通过后进入评审程序。校创业教育中心如认为必要，可以要求申请人提供证明材料的原件。

3. 评审及立项

（1）校创业教育中心依据申报情况组织专家进行评审。

（2）拟立项项目由创业教育中心以文件的形式公布，并报华好学院备案。

（3）基金对创业项目的投资先以个人（项目负责人）借款的形式提供给创业团队，工商登记注册完成后，凭工商登记证明材料办理借转股的手续。如工商登记没有成功，借款人需要在约定时间内全额偿还。

（二）创业奖励申请

创业奖励申请在每年应届毕业生离校前组织一次，自主创业的学生（需是法人代表）提交创业奖励申请表及其他证明已经自主创业的材料。校创业教育中心对申请材料进行初审，通过后组织专家进行评议。校创业教育中心如果认为必要，可以要求申请人提供证明材料的原件。拟奖励项目由创业教育中心以文件的形式公布，并报华好学院备案。

（三）创业培育项目

该类项目依据学校关于大学生创新创业训练计划的管理办法执行。

五、财务管理

（一）学校设立华好创业基金专门账户，接受捐资，专款专用，接受华好学院理事会的监督。

（二）基金对创业企业的投资在工商登记后三年内退出，具体退出时间由创业团队提出，但不得超过三年，退出方式及条件视具体情况而定。如确实无法退出，由创业教育中心与创业企业共同协商解决方案，并报华好学院理事会批准后实施。

（三）退出基金作为累计资金计入下年度创业基金预算。

六、监督管理

（一）基金在校创业教育协调小组指导下开展工作。

（二）校财务处负责对基金财务运行情况进行监管。

（三）受资助创业公司的监事由校创业教育中心派员担任。

（四）受资助创业公司除按照法律法规履行对投资人责任外，有义务接受校创业教育中心的监督。

七、附则

本办法自公布之日起生效，由校创业教育中心负责具体解释。《广州番禺职业技术学院华好奖助学金管理办法（试行）》同时废除。

广州番禺职业技术学院创业教育中心

2012 年 10 月 23 日

2.3.4 华好创业基金捐赠

在学校以文件的形式向各单位下发了《广州番禺职业技术学院华好创业基金管理办法（试行）》后，我们与企业于 2012 年 10 月 29 日签订了捐赠协议。这是我校收到的由企业捐赠的第一笔创业基金，它对我校支持并服务学生的创新与创业实践带来了较为深远的影响。

广东华好集团有限公司　广州番禺职业技术学院
“华好创业基金”捐赠协议

甲方（捐赠人）：广东华好集团有限公司

乙方（受赠人）：广州番禺职业技术学院

为激励广州番禺职业技术学院学生积极创业实践，成为一名出色的高素质高技能创新创业型人才，根据《中华人民共和国公益事业捐赠法》《基金会管理条例》等法律法规，经甲乙双方友好协商，达成以下协议：

第一条　双方同意合作，设立“广州番禺职业技术学院华好创业基金”（下称“创业基金”），并将原华好奖助学金余额并入创业基金。

第二条　甲方自愿首次捐赠 20 万元人民币，以后每年不低于 10 万元人民币给乙方用于“创业基金”。

第三条　甲方捐赠自 2012 年起（视双方合作情况决定是否终止合作）。

第四条　甲方应于每年 9 月 10 日前将捐赠款汇入乙方指定账户（户名：广州番禺职

业技术学院；开户银行：中国农业银行广州番禺沙湾支行；账号44074301040002340）。广州番禺职业技术学院开具“广东省公益事业捐赠专用收据”。

第五条 创业基金资助广州番禺职业技术学院在校大学生创业，优先支持学生在美容化妆品行业创业，其中基金的60%用于支持学生在美容化妆品行业创业，40%用于支持学生在其他行业创业。创业基金分为创业奖学金和创业助学金两种类型。

第六条 甲方责任与义务

（一）按时将捐赠金额汇入乙方指定账户。

（二）有权向乙方要求查询捐赠资金的使用、管理情况。

（三）根据乙方推荐，对申请者进行复核，并提供意见或建议。

第七条 乙方责任与义务

（一）严格执行《广州番禺职业技术学院华好创业基金管理办法》。

（二）对甲方查询，应在15个工作日内如实按照约定方式给予答复。

第八条 项目终止

若一方违反、不履行本协议或《广州番禺职业技术学院华好创业基金管理办法》中的相关规定，经双方协商，仍无法达成一致，则本合作项目终止；项目终止后，尚未发放的捐赠款由双方协商解决。

第九条 其他未尽事宜，由双方随时协商增修完善。

第十条 本协议一式两份，甲、乙双方各一份，具同等法律效力。

甲方代表：	乙方代表：
（签字并加盖公章）	（签字并加盖公章）
年 月 日	年 月 日

2.4 华好学院理事会

华好学院实行理事会领导下的院长负责制。按照校企双方签订的合作框架协议和华好学院建设与管理办法，理事会负责学院专业设置和重大建设项目的审定、负责人才培养方案的审定、负责院长的推荐和考核、负责年度预决算的审定等重大事项。理事会每年召开1~2次会议，由理事会主席召集。理事会议事采用共同协商的方式，本着平等、友好、信任的原则由理事会主席牵头共同形成决议。理事会决议报广州番禺职业技术学院校务会议审批后执行。我校在与华好集团紧密合作的六年中，以会议的形式共召开过五次理事会，而且全都集中在前三年，后三年主要是通过线上进行问题的沟通。这五次理事会中的前4次是按照协议与制度正常与规范地运行，而第五次理事会标志着校企合作出现转折，即对原有校企双方签订的框架协议做了较大的调整。最核心的是企业受市场影响，原由企业承担的企方教师的工资等收入，由校方承担并与企方统一结算。2014

年企业内部股权发生变故，致使企方理事会主要成员缺席，因种种原因，理事会改选也未能提上议事日程，后期的重大事项均通过线上形式进行沟通，一直持续至第六年合同到期时。

2.4.1 华好学院第一至第四次理事会

召开华好学院理事会会议是对华好学院在建设与运行过程中出现的重大事项进行审定。现将第一至第四次理事会会议的议程记录如下，以此展现华好学院建设与发展的主要历程。

广州番禺职业技术学院华好学院理事会第一次会议

议　程

时间：2011 年 5 月 24 日 9:00—11:30

地点：广州番禺职业技术学院 6420 会议室

主持人：广州番禺职业技术学院王××副校长

参加人员：

华好学院理事会成员：王××、程××、江×、刘××、窦××、阚××、赵×

特邀嘉宾：广州番禺职业技术学院校长张××教授

列席嘉宾：李××、孙××、高××、陈××、郑××、吴××、周×、李××、黄×、饶××、雷×、吴×、门××、企业相关部门人员

一、介绍参加会议的领导和嘉宾。

二、广州番禺职业技术学院校长张××教授致辞。

三、广州番禺职业技术学院校长张××教授宣读《关于成立广州番禺职业技术学院华好学院的通知》。

四、理事会主席王××副校长主持审议华好学院建设的相关事宜。

第一阶段审议如下事宜：

1. 广州番禺职业技术学院关于筹建华好学院的实施意见。

2. 企业捐赠及奖学金、助学金管理办法。

第二阶段审议如下事宜：

1. 华好学院申报新专业的论证。

2. 华好学院连锁经营管理（美容会所管理方向）两年制和三年制人才培养方案。

3. 华好学院实训室建设方案。

五、会议结束合影留念

广州番禺职业技术学院华好学院
理事会第二次会议暨专业指导委员会成立大会
议　程

时间：2011 年 12 月 22 日 14:40—17:40

地点：6420 会议室

主持人：华好学院执行院长阚××

参加人员：

校领导：张××

理事会成员：王××、程××、江×、窦××、阚××、刘××、赵×

专业指导委员会人员：李××、高×、赵×、曹×、宋××、周×、张××、吴×

其他人员：工商管理系全体成员、李××、范××、丰××、文×、余××、陈××等

一、介绍参加会议的领导和嘉宾。

二、广州番禺职业技术学院校长张××致辞。

三、华好学院理事会主席王××做《华好学院 2011 年度工作总结及 2012 年度工作计划》的报告。

四、华好学院院长江×宣读《关于成立华好学院专业指导委员会的决定》。

五、广州番禺职业技术学院校长张××为专业指导委员会各成员颁发聘书。

六、华好学院专业指导委员会主任委员李××发言。

七、华好学院专业方向设置论证汇报。

八、华好学院专业建设及未来发展研讨。

九、华好学院执行院长阚××进行研讨总结。

十、华好学院院长江×讲话。

广州番禺职业技术学院华好学院第三次理事会暨实训室论证会议
议　程

时间：2012 年 6 月 25 日 14:40—17:40

地点：6420 会议室

主持人：华好学院执行院长阚××

学校领导：王××、张××

企业领导：江×

校方人员：刘××、王××、郑××、王××、陶××、吴××、周×、吴×、梁××、何×、张××、谭××

企方人员：赵×、窦××、李××、姚×、范××、李××、陈××

一、介绍参加会议的领导和嘉宾。

二、华好学院执行院长阚××做《华好学院2012年上半年工作总结》。

三、华好学院副院长赵×做《华好学院实训室论证报告》。

四、华好学院办公室主任汇报《华好学院创业基金管理办法》。

五、讨论南郊校外实训基地的初步论证意见。

六、讨论华好学院设立美容会所管理教研室和化妆品企业管理教研室等相关事宜。

七、华好学院院长江×讲话。

八、华好学院理事会主席王××讲话。

广州番禺职业技术学院华好学院第四次理事会暨华好集团捐赠仪式
议　程

时间：2012年12月29日9:30—11:30

地点：三楼会议室

主持人：华好学院执行院长阚××

学校领导：张××

理事会成员：王××、程××、江×、刘××、阚××、窦××、赵×

其他人员：华好学院办公室主任、教研室主任等

一、介绍参加会议的领导和嘉宾。

二、华好学院执行院长阚××做《华好学院2012年工作总结和2013年工作计划》的报告。

三、校长张××与广东华好集团董事长程××签订华好学院美容实训基地捐赠协议。

四、双方就华好学院的未来发展进行研讨。

1. 校领导向理事会成员通报华好学院执行院长的换届以及华好学院暂不独立的打算。

2. 对“华好学院2012年工作总结和2013年工作计划”提出意见和建议。

3. 对华好学院师资队伍建设存在的问题及解决方案进行研讨。

4. 对华好学院明年招生数量和方式进行确认。

5. 对首届毕业生的顶岗实习、就业以及存在的问题进行通报和沟通。

6. 对华好学院在南郊的校外实训基地建设前期准备工作进行沟通和商讨。

五、华好学院院长江×讲话。

六、华好学院理事会主席王××总结发言。

七、校长张××讲话。

2.4.2 华好学院第五次理事会

自第四次理事会结束后，华好学院校企合作过程中不断出现新困难和新问题，特别是随着企业经营受市场的冲击，回款与效益不断下滑后，我们感受到企业的资金压力，同时对企业是否撤回长驻学校的8名教师深感忧虑。在此过程中企方的教师也不断向我们传递他们的不安与惶恐。为了筹备好第五次理事会会议，理事会主席王××副校长带领我去企业拜访了江×总裁。以下是那次调研形成的会议纪要，呈送了校企双方领导。

关于赴华好集团进行校企合作事宜调研纪要

时间：2013年6月8日星期六9:00—11:00

人员：王××、江×、阚××

地点：华好集团会议室

为筹备华好学院第五次理事会，华好学院理事会主席王××和华好学院执行院长阚××前往华好集团进行调研，就理事会需要研讨的内容、现阶段华好学院校企合作遇到的困难和瓶颈以及对未来发展的意见和建议听取了华好集团总裁、华好学院院长江×的意见。江×对校企双方两年多的合作表示满意，感觉合作愉快，比较顺利，校方在创新合作办学体上展现出果断和高效。他非常感谢学校领导对华好学院的支持，同时表示随着合作的进一步深入，也暴露出一些深层次的问题让他感到沮丧，主要提出了以下问题和建议：

1. 江×重申企业选择与我校进行校企合作建设华好学院不是为了经济效益，而是为了企业的综合发展。

2. 校企双方在2011年1月11日签订的校企合作框架协议比较粗放，受客观条件限制有些条款未能实施，现应就一些关键问题进行研讨，双方达成共识后形成框架协议补充条款。

3. 华好学院应该独立建制，并实施不同于其他院系的较为灵活的办学机制。

4. 华好集团每年需支付企业教师的工资、福利和五险一金以及学生的奖助学金和实训耗材超过100万元，目前华好学院自身没有造血机能，在企业面临市场疲软的环境下，长此以往会难以为继，需要通过体制和机制的完善解决企业教师的开支问题。

5. 希望校内的实训基地能进行商业化运作以补充华好学院的日常开支。

6. 华好学院已有第一届毕业生，全部是当年通过自主招生录入的广东学生且主要是广州生源，学生不愿意离开广东去外省工作，使企业很难留下校企共同培养的人才，这让企业也较为失望。

7. 拟建的南郊美容实训基地因财税等方面的政策制约让企业觉得很难做，这一本由学校出地、企业出资进行建设的校外实训基地准备停建。

8. 本着高起点、国际化办学的理念，华好学院提出与韩国西京大学的合作意向，由企业两次正式出面洽谈，希望校方及时予以回应。

就江×提出的以上问题和建议，我们表示会带给学校领导进行研究后再予回应。在此，我们给学校领导建议如下：

1. 组织我校相关人员（可包括江×总裁）去一些成功进行深度校企合作的学校调研。例如到清远职业技术学院与广东伊丽莎白美容健身有限公司进行现代学徒制的调研，让双方进一步开阔校企合作的思路，并就双方在资金、师资等方面的投入有一个更客观、更公正的认识。

2. 学校组织相关职能部门就我校与华好集团的合作及华好学院的发展进行研讨，对企业提出的问题形成校方较为一致的意见。

3. 校方有关领导与企方领导进行沟通，在达成共识的情况下，召开第五次理事会，签订补充协议，研讨未来发展的对策。

通过此次调研，学校摸清了华好学院校企合作中的主要问题以及企业的诉求，学校领导高度重视，围绕相关问题召集学校相关部门多次展开研讨，经过充分准备，确定了华好学院理事会第五次会议议题，这次的理事会会议没有固定的议程，主要是由番职院管理学院院长阚雅玲主持，引导大家对相关议题展开研讨。下面是当时开会用的主持词。

华好学院理事会第五次会议主持词

各位领导、各位理事：

大家好！

欢迎大家在百忙之中抽出时间参加华好学院理事会第五次会议，特别感谢两位特邀嘉宾孟××书记和张××校长列席我们的会议。

首先我向各位汇报一下此次理事会的背景。我们校企双方是2011年1月11日签订了框架协议，4月11日成立了华好学院，当年9月有了第一届65名新生，第二年有180名学生，而上周六我们迎来了437名新生，目前在校生共计617人，可以说实现了跨越式或超常规的发展。这个发展绝不只体现在规模上，更体现在内涵上，否则校企双方也不会愿意迅速扩大规模。但我们也清醒地意识到大凡发展快的事情都容易出现问题和风险，为了使华好学院在扩大规模后仍能实现平稳健康及高质量地发展，我们华好学院抱着未雨绸缪的想法，将这半年来发现的或预测到的问题向理事会主席王院长汇报并提请召开第五次理事会。下面我们还是请主席先讲话吧。

……

正如王院长所说，我们今天的研讨需要开诚布公，需要坦诚相见，所以接下来我们先从校企合作的根本性问题入手。华好学院筹建之初，我与企方赵×副院长很快达成共识，建设好华好学院是我们共同的目标。现在却感觉很困惑，因为感觉不是华好学院办好了就满足校企双方的诉求了，当我们走出很远后需要回头看看我们为什么出发。

一、华好学院两年多的超常规发展是否实现校企合作的初衷，是否让校企双方实现了双赢，这一体制和机制是否能够实现可持续发展。

1. 学校得到了什么？学校还想要什么？

2. 企业得到了什么？企业还想要什么？

3. 还有三年多的合作是否毫无疑问地坚持下去。

4. 六年协议期满后是否还有合作的意向：2014年新生毕业时合同已到期。今年寒假或更早就要上报2014年自主招生计划，届时我校招不招生？

二、由于学校中层干部年底届满，理事会及华好学院管理层也需要据此换届，理事会需对此进行研讨。

1. 理事会成员的数量、结构、人员：现在是政、行、校、企合作，理事会若有行业里的人加入最好。可由企业确定人选，这样行企是5个人。学校这边呢？要加一个教务处的负责人和艺术学院的张××院长，也是5个人。

2. 从我个人讲，我希望不要占着两个院长的位置，给年轻人更多的机会。

3. 无论我做与不做，华好学院的事情我都责无旁贷。

三、华好学院已筹建近三年，是独立建制，还是与工商管理系一起相互借力、资源共享、优势互补、协同发展？

1. 站在管理的角度：分开，界限会更分明，效率会更高。但管理应该是为目标服务的。

2. 站在战略的角度：不分开，因为两者优势互补，一旦分开有可能产生不必要的竞争以及资源浪费。

3. 站在教师们的角度：分开，短期会获得更多机会和利益。

4. 站在学校的角度：分开，管理会简单，但需配置更多的资源，不利于做大做强，不利于进退自如。

5. 站在企业的角度：分与不分到底有多大差别？

四、华好学院是否需要及如何实施不同于其他院系的较为灵活的办学机制？

我自认为目前不需要，因为内外条件都不够成熟。

五、华好学院企业教师的薪酬待遇如何由校企双方共同解决？

1. 学校是否尽可能减轻企业负担，企业教师按校编待遇与企业结算？

2. 企业教师的工作量是按个人还是按整体计算？

3. 企业教师的职称如何界定？

4. 教师数量的配备：今后企业必须保证教师的配备数量。

六、华好学院可否通过商业化运作以补充其日常开支？如果校内实训基地不能做到，南郊校外实训基地可否？

七、拟建的南郊美容实训基地因财税等方面的政策制约，这一本由学校出地、企业出资进行建设的校外实训基地准备停建。可否通过学校申报广州2015年资金项目来建设，由企业按规定来运作？如果企业同意，再咨询上级有关部门可否实施。若用2015年的财政资金建设，估计2016年才能投入使用，六年合同期满如何处理？

八、华好学院学生的培养定位问题，华好集团为企业培养人才与为行业培养人才如何兼顾？以及可否实施“华好订单班”或“2+1”人才培养模式问题（两年学校培养、一年企业培养）？

1. 华好学院很难消化这么多的学生，我们必须要找其他企业进行合作。欢迎企业推荐，我们自己也要主动去找。

2. 顶岗实习学生及毕业生是否由华好集团先选，其他企业后选？

3. “华好订单班”或“2+1”人才培养模式问题都需看六年期满是否还继续合作。

九、校企双方在2011年1月11日签订的校企合作框架协议较为粗放，且由于形势变化或条件不成熟等原因，有些条款需要补充或完善，现应就一些关键问题进行研讨，双方达成共识后形成框架协议补充条款。

1. 框架协议第一条：

“华好学院定位为广州番禺职业技术学院的二级学院”，这个二级学院应该是与工商管理系并列的校内二级学院，而非独立的二级学院。

2. 框架协议第二条：

（1）“华好学院实行理事会领导下的院长负责制”。如果是双主体办学，院长应该是校企双院长。

（2）“理事会由七人组成，甲方委派三人，乙方委派四人”。如果理事会换届，应该有行业的人加入最好，可由企业确定人选。

（3）“理事会负责……院长的推荐和考核、年度预决算的审定等重大事项”，50%学费按学校现行规定和华好学院实际不需要做预算。

（4）“学院可以根据实际情况自主设置办公室、教研室、研究所、实训基地等机构，但需报甲方备案。”这一条未完全执行，依然是报学校审批而不是备案，现在看来如此实施也不现实。

（5）“学院内部实行‘基本工资+绩效工资’薪酬制度。甲乙双方派驻人员的基本工资、住房公积金、保险等政府规定的待遇分别由甲乙双方各自支付。绩效工资由院长确定并交由理事会审定。”这一条在目前情况下无法实施。

（6）“绩效工资由院长确定并交理事会审定”，目前学院经费主要是用于日常运行和企业教师的课酬，未用于其他人员的绩效工资。

（7）“乙方在学院设置每年不低于10万元的学生奖助学金用于奖励学生和资助家庭困难学生”，目前华好奖学金已改为华好创业基金。

3. 框架协议第三条：

“华好学院可以开展成人学历教育及短期培训项目，成人学历教育有关收费等执行甲方校外成人教育办学点的规定。”这一条虽然未实施，但企业多次提到，如果华好学院真的要办成人教育，可按校外成人教育办学点的规定执行收费的相关政策，但只能面向广东省内，不能面向广东省外。

4. 框架协议第四条：

“专业类实训室由甲方提供场地，乙方进行建设。”现在看来企业不能完全做到。

5. 框架协议第五条：

学校“负责派驻人员的基本工资、住房公积金、保险等政府规定待遇的支付。”如果不负责学校教师的岗位工资，学院又未能确定华好学院的绩效工资如何实施，这样表述可能不妥。

十、需要理事会研讨的其他问题。

以上就是本次理事会需要讨论的议题，理事会对上述议题形成一致意见后，报校党政联席会议审定。

本次理事会校企双方进行了开放、坦诚、深入的沟通和交流，就校企合作过程中遇到的问题及华好学院发展中的困难，提出了现阶段校企双方能够接受的意见和建议，形成了如下会议纪要。

华好学院理事会第五次会议纪要

时　　间：2013年9月18日（星期三）15:00—17:30

地　　点：三楼会议室

参会人员：理事会全体人员及特邀嘉宾

理事会成员：王××、程××、江×、刘××、阚××、窦××、赵×

特邀嘉宾：孟××、张××

主 持 人：阚××

记　　录：吴×

华好学院近三年来在校企双方共同努力下，依托工商系优质专业和资源，在办学规模和内涵建设等方面实现了跨越式、超常规的发展。为进一步完善华好学院办学体制和机制，使华好学院在扩大规模后仍能实现平稳、健康及高效发展，与会人员就如下问题进行了诚恳、深入的沟通与协商，并达成一致意见：

一、华好学院理事会年底换届

随着华好学院的快速发展、人物形象设计专业移交艺术设计学院，以及学校中层人员届满调整，华好学院现有理事会组成及数量需进行相应调整。理事会商定：理事会成员由7人增加到10人，学校由3人增加到5人，企方由4人增加到5人；待年底学校中层换届后，华好学院理事会将进行换届调整。

二、企业明确保证提供足够师资满足人才培养需要

为保证华好学院规模扩大后对企业师资的需求，企业明确表示按框架协议的约定保证华好学院未来发展所需企业师资的供给。

三、校方明确表示企业教师薪酬按校编人员标准与企业结算

为减轻企业负担，校方表示企业派驻师资由校方负担的薪酬由原来按课时结算转变为按学校校编人员标准与企业结算，并自2013—2014学年第一学期开始实施，且企业与学校结算后要保障驻校企业教师在同等工作量的情况下待遇不降低。企业师资教学工作量、华好学院编制、企业教师工资核定以及具体结算方法等由人事处牵头，按照学校规定以及校企双方协商的办法确定，并报校领导审定。根据学校工作需要，企业派驻的师资在校企合作、教学评估、数据填报时仍按照企业兼职教师看待。

四、明确推进南郊美容实训基地建设

为给学生提供一个面向真实市场的实践平台，切实培养学生的实践能力，实现与就业岗位的有效对接，理事会商定在政策允许的情况下，建设南郊美容实训基地。资金由校方通过申报广州市2015年资金项目筹措，建设方案由广东华好集团提供，学校组织论证。项目获得立项后，企业可按国家有关规定租用该实训基地并与校方签订校企合作协议共同培养人才。未尽事宜由理事会再次商定。

五、校外实训基地由企业和校方共同培育和建设

随着华好学院规模扩大，现有广东华好集团校外实训基地已不能满足学生参观、实训、顶岗实习、就业的需要，为此理事会商定：华好学院学生首先满足广东华好集团的用人需要，在此基础上双方均可在共同协商的情况下选取行业内知名企业或优质企业作为新的校外实训基地。

六、2014年华好学院招生规模的初步意见

根据我校办学规模的总体安排，考虑华好学院近年规模的迅猛扩大，理事会商定：为使华好学院平稳、健康发展，2014年在招生规模不再扩大的基础上进行有效调控。具体招生人数、招生专业、招生形式视校企双方未来合作的意向再做打算。校企双方将择日再次开会研究决定。

七、其他事项

1. 华好学院理事会会议由原来一年2次改为一年1~2次，理事会集中讨论华好学院重大事项，其他事宜可通过其他方式商定。

2. 华好学院是否独立建制以及相关机制问题，理事会需进一步研究商定，学校也将与专业结构调整等工作一并统筹考虑和安排。

3. “华好订单班”“2+1”人才培养模式等需与招生工作一并考虑。

4. 双方签署的框架协议暂不修改，相关事项以会议纪要形式确定。

2013年9月22日

2.5　华好学院建设的主要成果

2.5.1　华好学院 2011—2013 年发展历程与标志性成果

华好学院在 2011—2013 年期间获得了超常规的发展，也取得了令人瞩目的标志性成果，现将这三年的发展历程与标志性成果记录如下。

2011 年 1 月：我校与广东华好集团签订校企合作框架协议。

2011 年 4 月：正式成立广州番禺职业技术学院华好学院。

2011 年 6 月：设置美容会所管理专业方向，并实现首次招生 70 人。

2011 年 8 月：建设完成第一期华好学院美容实训基地，建设面积约 260 m^2。

2011 年 12 月：成立华好学院专业指导委员会。

2011 年 12 月：聘请广东美容美发化妆品行业协会会长马 × 为名誉院长和客座教授。

2012 年 4 月：人物形象设计新专业顺利通过教育主管部门审批，具备招生资格。

2012 年 6 月：化妆品企业管理、化妆品营销专业方向获学校招生资格。

2012 年 6 月：华好学院指导成立校美容化妆协会。

2012 年 7 月：成立美容会所管理、化妆品企业管理两个教研室。

2012 年 9 月：华好学院 2012 年招生规模达 201 人，在校生人数超过 300 人。

2012 年 9 月：建设完成第二期华好学院美容实训基地，实训基地总建设面积接近 800 m^2。

2012 年 9 月：韩国尹姬株式会社社长到校参观访问。

2012 年 9 月：华好学院受邀参加全国示范高职院校校企合作高峰论坛，并作典型发言。

2012 年 9 月：华好学院执行院长阚 × × 获得 2012 年南粤优秀教师。

2012 年 9 月：美容会所管理专业方向获得学校第五届重点专业立项。

2012 年 10 月：成功完成首次中级美容师职业资格鉴定。

2012 年 11 月：成功举办学校首届化妆造型技能大赛。

2012 年 12 月：广东华好集团有限公司获得广东省最佳雇主奖、最佳诚信示范企业奖。

2012 年 12 月：新快报以《广州番禺职业技术学院创办国内首家开设美容会所管理专业的学院》为题进行特别报道。

2013 年 1 月：广东华好集团有限公司获得“广东省大学生优秀校外实践基地”称号。

2013 年 5 月：工商模拟市场实训课程获得国家精品资源共享课程立项。

2013 年 5 月：华好学院成功举办中高职衔接研讨会。

2013年9月：华好学院2本教材获得“十二五”职业教育国家规划教材立项。

2013年9月：吴×老师获得广州市优秀教师。

2013年9月：华好学院2013年招生人数达到462人，在校生规模超过600人。

2013年10月：梁××老师获得全国信息化教学设计大赛一等奖。

2013年10月：职业规划与成功素质训练课程推荐参评国家精品资源共享课程。

2.5.2 华好学院入选全国高职校企合作典型案例

2012年9月，华好学院作为全国5个典型校企合作案例之一，在全国示范性高职院校校企合作高峰论坛上发言，受到与会代表的高度关注与好评。以下是入选的题为《创新合作办学体制　校企共建华好学院》的典型案例的具体内容。

创新合作办学体制　校企共建华好学院
——广州番禺职业技术学院校企合作典型案例

前言：

美容化妆品行业正在成为继房地产、汽车、电子通信、旅游之后的第五大消费热点。专家预言：该行业的总体规模将在不远的将来超越任何产业而成为社会最大的产业。广州番禺职业技术学院为服务区域经济发展、适应产业转型升级需要，与美容行业知名企业广东华好投资有限公司按照“合作办学、合作育人、合作就业、合作发展”的原则共同组建了华好学院，在国内高职院校首开美容会所管理专业方向，人才培养定位为美容会所店长，人才培养目标是“身心合一”、“内外兼修”、高素质、强技能且具备创新创业能力的美容行业管理及服务人才。2012年，华好学院又设立了化妆品营销、化妆品企业管理和人物形象设计三个新专业（方向），同时与中职有效衔接，通过自主招生为行业培养高端技能型人才。

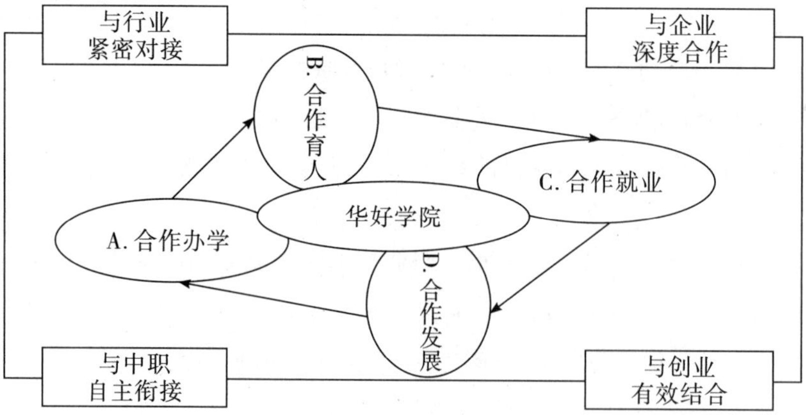

图2-1　校企合作共建华好学院

广东华好投资有限公司在校内出资建设“校中厂”、在校外出资建设“厂中校”式的美容会所实训基地，首批派驻8位最具专业素养的实战指导教练加盟。其前两期捐助20万元，以后每年捐助不低于10万元，作为华好学院奖助学金，现已升级为华好创业基金，资助有志于在美容化妆品行业创业的学生。学校与企业秉承“求真务实”的精神，发挥各自优势，积极探索校企合作办学的有效途径，全力打造中国美容高等职业教育“黄埔军校”第一品牌，服务于地方经济及美容行业的发展需要。

1. 寻求长期共赢条件下的校企合作办学伙伴

高职教育实施校企合作多年，如何谋求长效机制是我们必须解决的问题。支撑校企合作的动因是“共赢”，但这一“共赢”常常是一时之需或是难以为继。为此我们在寻求合作企业时，就选择那些愿意和我们学校长期一同成长、一同发展、一同收获的企业。广东华好投资有限公司的发展目标是上市，上市的必备条件是企业长期可持续发展，而人才的培养和储备就成了重中之重。企业的这一利益目标与我们学校的改革目标一拍即合，为此双方签订了首期六年共建华好学院的长期合作协议。

图2-2 校企签订首期六年的合作协议

2. 构建理事会领导下的校企合作办学体制

华好学院实行理事会领导下的院长负责制。理事会由7人组成，企方委派4人，校方委派3人，理事会主席由校方分管教学的副校长担任，副主席由企方董事长担任；学院设院长1人、执行院长1人、副院长1~2人，院长由企方公司总裁担任，执行院长由校方人员担任并主持日常工作，企方委派一名副院长长驻学院协助执行院长工作。企业首批派驻8位技能教师与校方教师共同组成“双师型”教学团队。

3. 建立框架协议下的校企合作长效办学机制

为保障华好学院校企合作的规范、高效开展，明确校企双方的责任与权益，理顺华

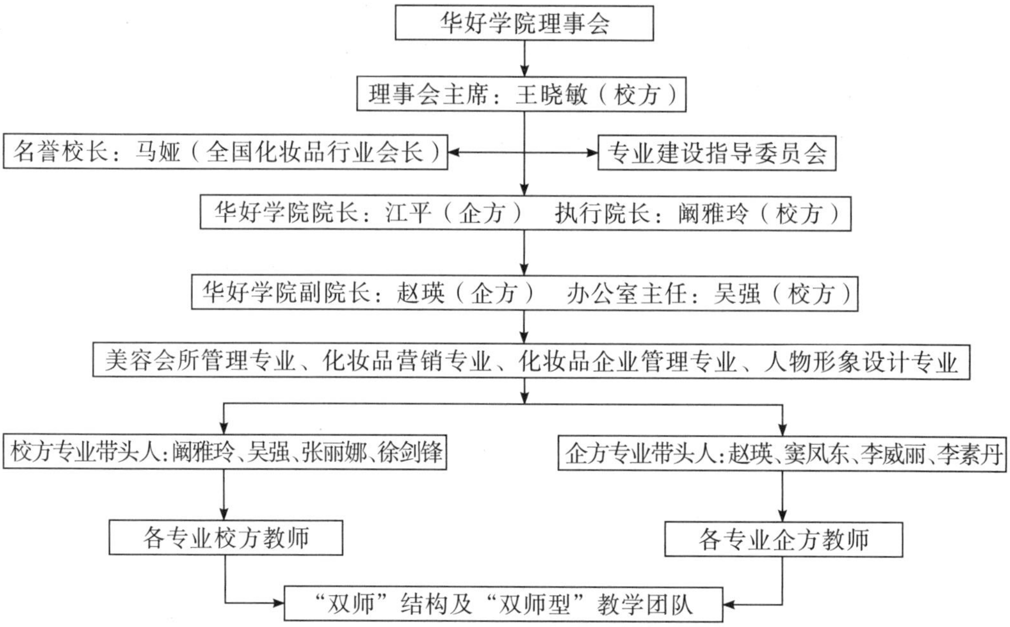

图2－3　华好学院组织机构图

好学院的运行体制，学校与企业共同签订了《广州番禺职业技术学院与广东华好投资有限公司共建华好学院框架协议》，出台了《广州番禺职业技术学院华好学院建设及管理实施意见》《关于成立广州番禺职业技术学院华好学院专业指导委员会的决定》等文件。华好学院每年召开两次理事会，共同商讨校企合作办学重大问题。

图2－4　华好学院召开理事会会议暨专业指导委员会成立大会

4．确立适应产业升级的高端技能型人才培养目标

美容化妆品行业已形成了7 000亿元规模，行业年发展速度平均在35%以上，在各行业中保持了最高增长率。但从业人员的文化素质与专业技能却相对低下。据不完全统

计，小学和初中学历的占到20%～40%，高中、中专学历的占40%～50%。为适应产业升级的需要，华好学院的人才培养目标定位于高端技能型人才，主要体现在四个方面：能运用美容养生方面的高端技术，或能成为管理美容师、美容店的店长，或能服务于美容养生方面的高端顾客，或能就职于美容化妆品行业中的高端企业。

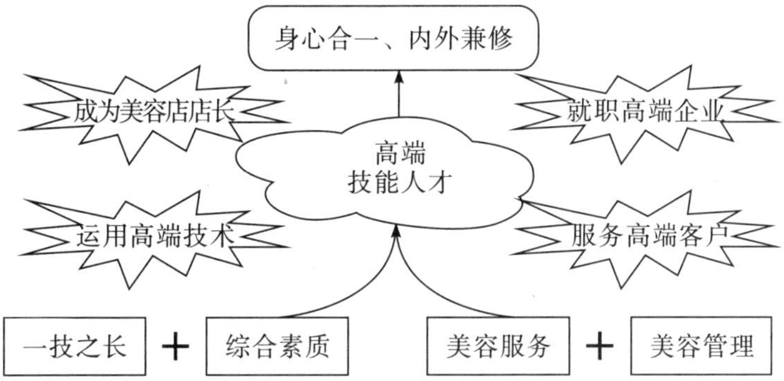

图2－5 华好学院人才培养定位

5. 推进中高职衔接的高技能人才培养体系

华好学院美容会所管理、化妆品营销、化妆品企业管理专业（方向）与广东省相关中等职业学校构建中高职衔接的技能型人才培养体系，通过自主招生录取160名学生。华好学院在自主招生的宣传、笔试、面试内容与方式的设计和实施，以及学生入学后的人才培养目标、人才培养模式、课程体系及课程建设等方面进行了大量探索和尝试。

图2－6 与中职对接的自主招生面试

6. 构建校企深度合作的人才培养模式

华好学院构建了“三双、四跟”的人才培养模式，从体制、机制上保证将校企合作、工学结合全方位地内植到人才培养的全过程，也就是说在人才培养目标的确定、课程体系的构建、专业核心课程的建设、课程标准的制定、专业教材的编写、校内外实训基地的建设、师资队伍的建设、教学过程的实施与运作等方面深入细化校企合作与工学结合的人才培养模式，从而保证了专业与职业岗位对接、专业课程内容与职业标准对接、教学过程与生产服务过程对接、学历证书与职业资格证书对接。

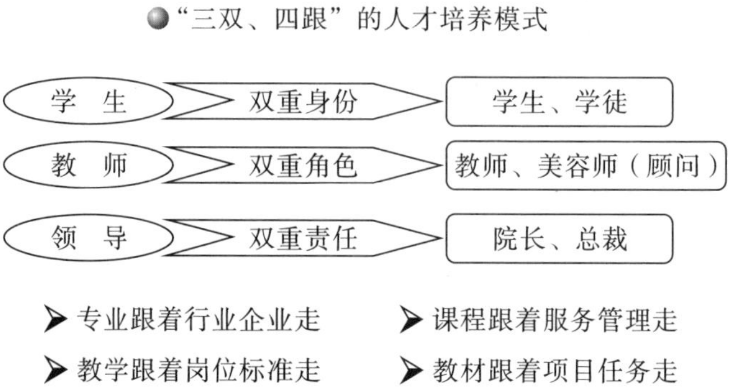

图 2-7　华好学院人才培养模式

7. 建设“校中厂”和“厂中校”的实训基地

按照“学校出地、企业出资”的模式，校企双方经过反复沟通、充分论证，首期在校园建设了占地 260 m²、耗资 80 万元的美容会所实训基地。2012 年又根据化妆品营销、化妆品企业管理和人物形象设计等专业的需要，在校园建设了占地 300 m²、耗资 100 万元的美容会所实训基地二期。目前学校在教师宿舍所处的闹市区提供了 400 m² 用地，由广东华好投资有限公司投资建设校外实训基地。实训基地经过近年来的有效运行，对华好学院学生的技能培养和职业素质的养成起到了重要的作用。

图 2-8　校企共建美容会所实训基地

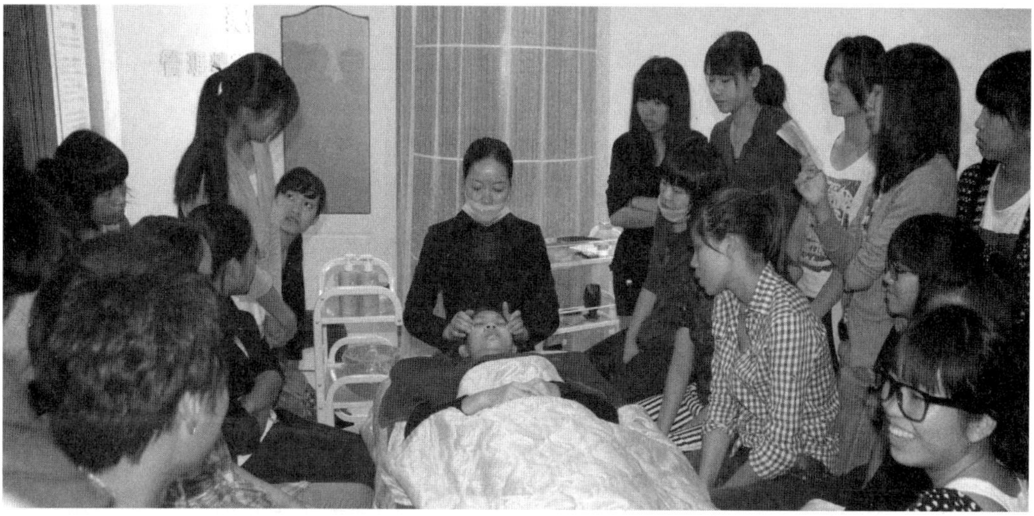

图2－9　企业资深技能导师为学生上课

图2－10　学生在校企教师共同指导下进行实训

8．企业捐赠奖学金转型升级为创业基金支持学生创业

为激励华好学院品学兼优学生不断提高专业技能与综合素质，为美容行业培养精英人才，广东华好投资有限公司前两期捐助20万元，以后每年捐助不低于10万元，作为华好学院奖学金。根据企业和学生的需要，现华好奖学金已升级为华好创业基金，资助全校有志于在美容化妆品行业创业的学生。《广州番禺职业技术学院华好创业基金管理办法》规定基金以投资资助形式，资助符合申请条件的以华好学院大学生为主要发起人的初创企业。基金在创业企业中的投资在工商登记后三年内退出，用于滚动发展资助更多学生创业。

图 2－11　学校校长接受企业董事长捐赠的创业基金

2.5.3　华好学院专业群建设

连锁经营管理专业面向快速增长的美容化妆品行业，以培养管理与技能复合型人才为目标，秉承“求真务实”的精神，发挥校企双方各自优势，积极探索校企合作办学的有效途径，全力打造中国美容高等职业教育“黄埔军校”第一品牌，服务于地方经济及美容行业的发展需要。

1. 打造基于产业链的专业群

为更好地服务于中国美容化妆品产业转型升级，华好学院紧密围绕美容、美发、化妆品、美容器械、教育培训、专业媒体、专业展会、行业学会和市场营销及产品上游原材料生产商等十大领域，精心打造基于美容行业产业链的专业群。目前，华好学院共开设有三个专业方向：工商企业管理专业（化妆品企业管理方向）、市场营销（化妆品营销方向）、连锁经营管理（美容会所管理方向）（见图 2－12）。人物形象设计专业由我校艺术设计学院主要负责，华好学院进行协助。

工商企业管理专业（化妆品企业管理方向）、市场营销（化妆品营销方向）、连锁经营管理（美容会所管理方向）定位明确、特色鲜明。三大专业基本情况介绍如表 2－1 所示。

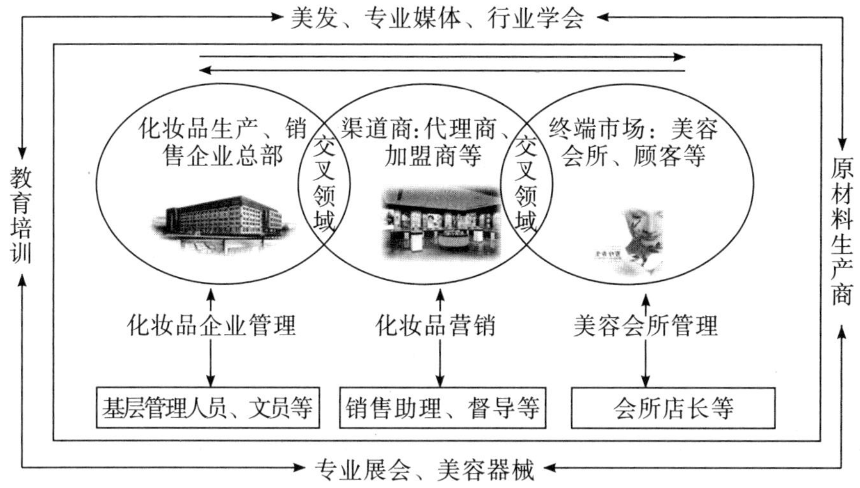

图2-12　基于产业链的专业群建设

表2-1　华好学院专业介绍

专业（方向）	培养目标	就业岗位
工商企业管理专业（化妆品企业管理方向）	面向美容化妆品行业，培养掌握美容、化妆品、企业管理、养生保健等专业理论知识，具有美容化妆品企业总部行政管理、人力资源管理、门店运营管理、财务管理、化妆品品牌管理等基本管理能力，具备“一技之长+综合素质”，有一定创新能力的技术与管理复合型基层管理人才	行政助理、人力资源管理助理、门店运营管理助理、品牌管理助理、财务助理等
市场营销（化妆品营销方向）	面向美容化妆品行业，培养掌握美容、化妆品、养生保健、营销管理等专业理论知识，具有美容化妆品行业市场调研与预测、消费行为分析、营销策划、销售管理、化妆品品牌管理等能力，具备“一技之长+综合素质”，有一定创新能力的技术与管理复合型的基层营销管理人才	销售经理助理、区域经理助理、销售培训导师、营销策划人员、会议营销专员以及美容行业自主创业等
连锁经营管理（美容会所管理方向）	面向美容化妆品行业，培养掌握美容、保健、养生、营养及会所管理等相关知识，具有员工管理、顾客管理、销售管理、美容养生项目组合及运用等美容会所经营管理能力，具备“一技之长+综合素质”的技术与管理复合型店务管理人才	会所管理岗位，如美容会所的店长、店长助理或各部组储备干部等，美容会所服务岗位以及美容会所自主创业等

华好学院专业群的带头专业是连锁经营管理（美容会所管理方向），其从2011年建立之初，专业建设与改革的力度一直很大，教育教学改革成果也较为突出。在继2012年获得学校第五届校级重点专业立项之后，2014年被广州市教育局确定为广州市第二批重点专业。

华好学院专业与实训基地建设成果见表2－2。

表2－2 华好学院专业与实训基地建设成果

立项名称	项目来源	立项时间/年	专业与基地名称
广州市第二批重点专业	广州市教育局	2014	连锁经营管理（美容会所管理方向）
广东省优秀校外实践基地	广东省教育厅	2012	广东华好投资有限公司
校级重点专业	广州番禺职业技术学院	2012	连锁经营管理（美容会所管理方向）
优秀校内实训基地	广州番禺职业技术学院	2011	华好学院美容会所实训基地

2．基于双证书的课程建设

（1）华好学院基于行业与学生需求的主干课程设置。校企双方首先围绕美容行业用人需求，确立“技术与管理复合型人才”的培养目标。经过充分的市场调研、岗位能力分析，制定出了《华好集团职业岗位能力分析》及《华好集团员工需求及岗位职责分析》。在此基础上，从满足企业和学生需求出发，华好学院开设的主干课程见表2－3。

表2－3 华好学院主干课程设置一览表

技术类课程	能力类课程	素质类课程
美容美体学	管理基础与实务○	职业规划与成功素质训练★
亚健康预防与调理	财务管理	工商模拟市场实训★
中医美容基础	人力资源管理基础与实务	行业与企业认知
化妆品学	通用管理能力●	
皮肤护理与形象修饰实操	市场营销▼	
中医推拿与按摩技术实操	营销策划	
美容会所人力资源管理	创业管理	
美容会所客户服务与管理	品牌管理	
美容会所经营管理	门店运营管理○	
美容网点开发与维护	办公室事务管理和会议管理	
	会所经营与管理	

（备注：★为国家级精品课程，●为省级精品课程，▼为市级精品课程，○为院级精品课程）

（2）参照职业资格标准构建专业课程体系。从满足企业和学生需求出发，确定出美容会所管理的核心职业能力可以分为客户服务能力、销售能力和项目实施能力。参照职业资格标准，将这些核心职业能力按工作流程进行分解，构建人才培养方案的课程体系。课程体系（以美容会所管理为例）的构建思路见图2－13。

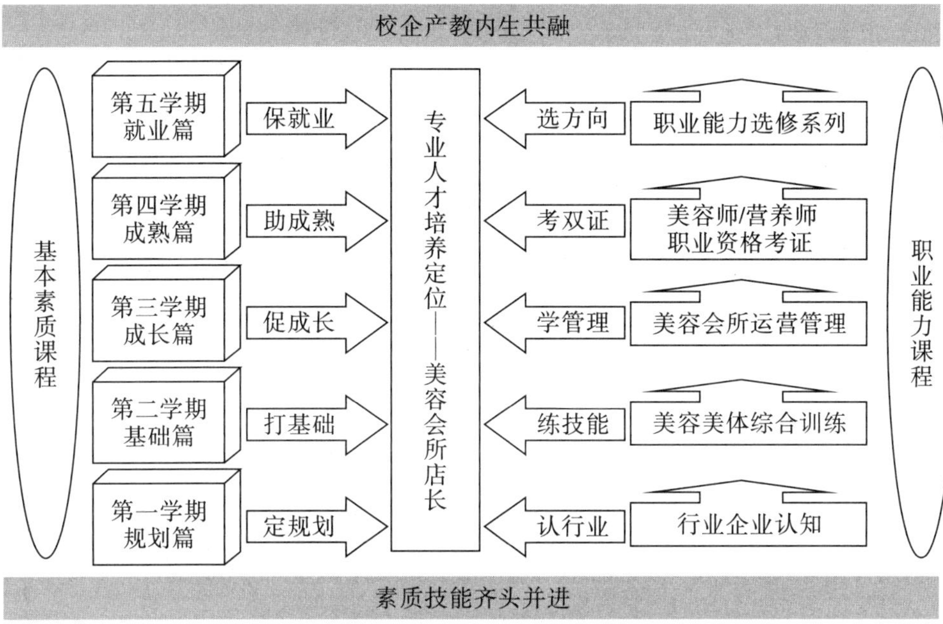

图2－13 美容会所管理专业方向课程体系构建思路

课程体系构建旨在凸显校企合作的优势，利用双方的优势资源，打造校企合作的新起点，以培养“高素质、高技能、引领行业发展”的专业人才。首先，培养的人才无论是美容专业技能还是行业管理技能一定是行业高水平的；其次，培养的人才一定是有非常高的行业认同感、归属感的，毕业后80%以上要在美容行业就业发展的，实现终身职业是以美容为载体的。在人才培养方面，以“美容化妆品创业项目”为线，以创业团队为组织单元，用“职业规划与成功素质训练”课程去指导，用“工商模拟市场实训”课程来贯穿，充分调动学生专业学习和实践的积极性，提供企业真实商业环境、校企合作真实项目、校内模拟项目等多元化的实践教学条件，教学板块化、项目化。把原来分割开来的知识单元通过一个完整的项目教学串联起来，校企双方教师共同备课、共同参与教学，根据各自的特长分担不同的模块。整合后的连锁经营管理专业课程体系如表2－4所示。

表 2－4　连锁经营管理专业课程体系（2014 级）

<table>
<tr><th>课程类别</th><th colspan="2">课程性质</th><th>项目课程名称</th><th>子项目</th></tr>
<tr><td rowspan="2">基本素质课程</td><td colspan="2">必修课</td><td>（由学校确定，略）</td><td>—</td></tr>
<tr><td colspan="2">选修课</td><td>（由学校确定，略）</td><td>—</td></tr>
<tr><td rowspan="6">职业能力课程</td><td rowspan="3">必修课</td><td>职业通用能力课程</td><td>职业规划与成功素质训练
行业与企业认知
高级营销员职业资格训练</td><td></td></tr>
<tr><td>职业专门能力课程</td><td>美容美体训练（一）
美容美体训练（二）
美容美体训练（三）
美容会所运营管理项目（一）
美容会所运营管理项目（二）</td><td>美容美体学及实操等
中医美容基础及实操等
美容师职业资格考证训练
面向学生市场的教学项目
面向社会的教学项目</td></tr>
<tr><td>职业综合能力课程</td><td>工商模拟市场（一）
工商模拟市场（二）
ERP 沙盘模拟实训
管理综合技能实训
美容行业企业社会实践</td><td></td></tr>
<tr><td rowspan="3">选修课（任选一个系列）</td><td colspan="3">专业纵深系列课程</td></tr>
<tr><td colspan="3">自主创业系列课程</td></tr>
<tr><td colspan="3">企业订单系列课程</td></tr>
</table>

（3）实施“管理＋服务”双证书职业资格教育。华好学院的人才培养目标是高素质、强技能的美容化妆品行业管理服务型人才，这就要求不只是对外在身体的美化，而是要“内外兼修、身心合一”；不只是美化别人，更要从美化自己做起；不只是要管理好自己，还要有能力带好一个团队；不只是培养外在的技能，还要培养内在的素质，促进人的全面可持续的发展；不只是培养一个熟练的操作者，还要培养出能带领那些操作人员共同发展的管理者。为此，华好学院创新了国家职业资格考证课程，要求学生毕业需获得“管理类”＋“服务类”国家职业资格双证书。管理类职业资格证书包括人力资源管理师、营销师、通用管理师等，学生任选其一；服务类证书是中级美容师，真正实现美容化妆品行业管理服务型人才的培养，并随着校企合作的深化，校内教师专业化水平的提升，借助华好校内外美容实训基地及华好学院办学的特色及良好声誉，开展对外的美容师职业技能培训及考证服务、美容店职业店长的技能培训项目等。

（4）实施“工学结合”的教学模式与方法。华好学院积极推进以“工学结合”为核心的教学模式与教学方法改革，根据学生实际情况、课程目标要求，结合职业教育理念，构建学习情景，创新教学模式，采用诸如项目教学法、任务驱动法、案例教学法、技能竞赛法、微课程法、小组讨论法等情景教学方法以及颠覆传统课堂的教学模式与教学方法，不断提高教学水平和效果。例如：美容美体学课程以“做”为主线，导入项目训练、小组讨论；美容会所人力资源管理课程以项目教学为主，案例教学为辅；行业与企业认知课程则是实地考察与真实情景训练相结合；职业规划与成功素质训练课程运用翻转课堂、微课程等教学方法。华好学院通过教学模式与教学方法的改革，实现以学生为中心，充分利用课堂时间，加强师生互动交流，实现学生高效自主学习。

（5）华好学院课程与教材建设成果。经过以课程为中心的专业建设以及以学生为中心的课堂改革，华好学院的课程建设取得了较为丰硕的成果。如表2－5所示。

表2－5 华好学院课程建设成果一览表

序号	课程名称	级别	立项单位
1	工商模拟市场实训	国家级	教育部
2	职业规划与成功素质训练	国家级	教育部
3	ERP 沙盘模拟训练	省级	广东省教育厅、广州市教育局
4	行业与企业认知	校级	广州番禺职业技术学院
5	美容会所经营管理	校级	广州番禺职业技术学院
6	美容美体综合训练初级项目	校级	广州番禺职业技术学院
7	美容美体综合训练中级项目	校级	广州番禺职业技术学院
8	美容美体综合训练高级项目	校级	广州番禺职业技术学院

华好学院扎根市场需求，发挥校企优势，共同编写了《美容美体学》《美容会所经营管理》《美容网点开发与维护》《中医美容基础》《行业与企业认知》《皮肤护理与形象修饰实操》《中医推拿与按摩技术实操》《亚健康预防与调理》等多门校企合作精品教材。源于准确的市场定位以及对职业教育理念的精准把握，《美容美体学》和《美容会所经营管理》两本教材2013年9月获得了“十二五”职业教育国家规划教材立项。教材建设成果如表2－6所示。

表 2－6　华好学院专业群开发教材一览表

序号	教材名称	学校编者	企业编者	出版形式
1	工商模拟市场实训	阚××、郭××		公开出版
2	职业规划与成功素质训练	阚××、吴×		公开出版
3	美容美体学	吴×	赵×、李××	公开出版（国家规划教材）
4	美容会所经营管理	梁××、张××、黄××	李××	公开出版（国家规划教材）
5	美容化妆品——基础·配方·运用	张×	张×、赵×	校本教材立项
6	行业与企业认知实训指导书	黄××	姚×	校本教材立项
7	美容美体综合训练初级项目	张×、	朱×	校本教材立项
8	美容美体综合训练中级项目	李×	樊××	校本教材立项
9	美容美体综合训练高级项目		朱×、杨××	校本教材立项
10	美容会所运营管理项目	张××	谢×	校本教材立项
11	化妆品营销运营管理项目	郭××、卞×		校本教材立项

3. 华好学院实训基地建设

（1）校内实训基地。华好学院美容会所实训基地初建于2011年，企业共投资200多万元，建筑面积为800平方米。建设模式为“学校出地、企业出资”，属于典型的“校中厂”实训基地。华好学院美容实训基地分为技能教学实践区、理论教学与研讨区、服务区和办公区，设有形象创业实训室、中医技能实训室、配料消毒室、多功能课室等，可同时满足150～200人的教学与实践。校内实训基地按照企业化方式运作，配有完善的管理制度，设施齐全，环境一流，功能划分合理，已成为学校对外参观与交流的学习平台。华好学院还与管理学院共享部分实训基地，全面支撑了“技术与管理复合型”的人才培养目标。校内实训基地具体情况见表2－7。

表2－7 华好学院校内实训基地一览表

实训基地名称	实训基地功能
美容会所实训基地	与华好集团合作共建的生产性实训基地，为“校中厂”形式，主要承担皮肤护理、中医推拿按摩、美容仪器使用、化妆造型、真实美容美体项目运用等实训任务
ERP 实训室	仿真性实训基地，与用友、金蝶公司合作建立，主要承担 ERP、金蝶创业之星、经营之道等实训任务
工商模拟市场实训基地	生产性实训基地，与大隆、联通等多家公司合作共建，主要满足工商模拟市场集中实训需要
工商管理信息化实训中心	仿真性实训基地，与东华大学、中教畅享合作，主要承担企业决策系统、办公信息化管理等方面的实训任务
产学研中心	生产性实训基地，与相关行业企业合作，主要承担学生校外创业及相关管理实训、员工培训、企业管理咨询等任务
创业产业园	生产性实训基地，“校中企”形式，与行业协会、相关创新型企业合作共建，满足学生创业、开设跳蚤市场等实训任务需求

（2）校外实训基地建设。广东华好集团是华好学院的核心紧密型校外实训基地，其旗下有七家实体公司，五大跨越专业线、日化线的品牌，6 000 多家优质连锁加盟店以及数十家品牌代理公司、多家分公司。2014 年，广东华好集团被评为广东省大学生优秀校外实训基地。2013 年，华好学院又新开辟了 7 家美容化妆品企业，充实校外实习基地数量和扩展校企合作范围。丰富的校外实训基地资源实现了学生与就业岗位的无缝对接。校外实训基地具体情况见表2－8。

表2－8 校外实训基地一览表

序号	企业名称	合作内容	所在地区
1	广东华好集团有限公司	校外教学项目开发、课程开发、参与教学、教学资源开发、人才培养方案、顶岗实训	广州从化
2	尹姬美容科技有限公司（广东华好集团旗下公司）	人才培养模式及课程体系改革、课程及教学方法改革、教学资源建设、教学实训条件建设、教学团队建设、产学合作、顶岗实习指导	广州从化
3	劳莎化妆品有限公司（广东华好集团旗下公司）	人才培养模式及课程体系改革、课程及教学方法改革、教学资源建设、教学实训条件建设、教学团队建设、产学合作、顶岗实习指导	广州从化

续上表

序号	企业名称	合作内容	所在地区
4	楚伊直营连锁店（广东华好集团旗下公司）	人才培养模式及课程体系改革、课程及教学方法改革、教学资源建设、教学实训条件建设、教学团队建设、产学合作、顶岗实习指导	广州天河
5	蓝亿生物科技有限公司（广东华好集团旗下公司）	人才培养模式及课程体系改革、课程及教学方法改革、教学资源建设、教学实训条件建设、教学团队建设、产学合作、顶岗实习指导	广州从化
6	蓝婷化妆品有限公司（广东华好集团旗下公司）	人才培养模式及课程体系改革、课程及教学方法改革、教学资源建设、教学实训条件建设、教学团队建设、产学合作、顶岗实习指导	广州从化
7	广州市衡本堂贸易有限公司	参观学习、人才培养方案制定、课程开发、讲座、顶岗实习	广州天河
8	广州市博生能化妆品有限公司	参观学习、人才培养方案制定、课程开发、讲座、顶岗实习	广州天河
9	宝娜美容美体连锁机构	参观学习、人才培养方案制定、课程开发、讲座、顶岗实习	江门、广州
10	顺德名皇丽池美容会所	参观学习、人才培养方案制定、课程开发、讲座、顶岗实习	顺德大良
11	广州市保税区源美国际化妆品有限公司	参观学习、人才培养方案制定、课程开发、讲座、顶岗实习	广州
12	广州幸美化妆品股份有限公司	参观学习、人才培养方案制定、课程开发、讲座、顶岗实习	广州
13	广东环亚化妆品科技有限公司	参观学习、人才培养方案制定、课程开发、讲座、顶岗实习	广州

4．华好学院“双师”结构的师资队伍建设

（1）华好学院师资队伍结构。华好学院的师资队伍由学校和企业共同建设。学校教师承担专业基础课程及管理类专业课程的教学工作，企业教师承担专业技能及实操课程的教学工作。企业教师保持 8 位，校方教师有 12 位，其中教授 1 位，副教授 3 位，兼职副教授 3 位，中级职称 12 位。此外，华好学院聘请客座教授 3 位。校方教师中，1 位博士，10位硕士。教师队伍中，45岁以上的2位，30~45岁的13位，30岁以下的5位。20位教师中有18位具有企业工作经验，具备“双师”素质，占比达90%。教学团队学业背景包括管理学、企业管理、中医、市场营销、化学、经济学等。整体来看，华好学院师资队伍素质优良，结构合理，“双师型”特征明显。

（2）建立校企教师互派互学机制。建立校企互派互学机制，将校内青年骨干教师下企业挂职锻炼形成常态化制度，企业也积极创造条件，让校方老师深入企业实习，参加企业文化节、销售终端会、内训会等，并带领校方老师参观广州美博会以及参加中国美发美容协会高峰论坛等。尤其是吴×老师全职深入华好集团实习半年，全方位了解和体验了企业的战略发展、市场开发、日常运营、制度与文化建设、人力资源管理等，与企业共同探讨合作办学事宜，为专业建设谋求更好发展。此外，为了增加校方教师对美容行业的认知和了解，在教学的过程中更好地融入该行业，校方教师积极参加美容化妆品领域的专业培训，有9名校方教师已获取“高级美容师”职业资格证书。为提高企业教师的职业教育理念以及教学能力，学校积极拓宽培训平台，创造条件，让企业教师参与“以学生为中心的教学法”“教师综合素质训练”“教练式教学方法与教学艺术”“课程开发与建设”等各类师资培训。校企双方教师借助各自的优势平台，互相学习，极大地提高了彼此的专业化水平，保证了华好学院人才培养的质量。

（3）依托博士研究团队打造实践创新中心。华好学院为提升科研与社会服务水平，依托自己的博士研究团队创建了化妆品DIY中心，进一步促进产教融合、校企合作、工学结合。依托本项目，可以促进教师行业专业能力的提高，具备服务美容化妆品相关企业、满足企业多重需求的能力；以本项目为基础，极大地提高了华好学院学生的化妆品认知能力，使学生能根据市场实际情况，形成一定的满足差异化定制需求的化妆品配方设计和调配能力；以本项目为支撑，联合企业开展具备一定规模和影响力的“化妆品配方DIY创意设计实践”大赛，通过大赛的举办，为优秀学生的脱颖而出创造机会，同时进一步提升华好学院的社会影响力，吸引更多优质生源；以本项目为抓手，加强美容化妆品行业的调研与分析，在熟悉国内美容化妆品行业发展现状和趋势的前提下，积极拓展海外合作，加强对全球美容化妆品行业发展的认识，有力提升华好学院国际化水平。

5. 加强过程控制，以确保在岗学习质量

（1）顶岗实习的培训体系。为保障校企合作中学生在岗学习的质量，校企双方共同制定了《华好学院顶岗实习管理办法》《华好学院学生顶岗实习计划》《华好集团实习生项目方案》《华好学院顶岗实习生工作任务卡与评价卡》《华好学院毕业生岗前培训计划》《企业兼职教师工作指引》等文件。

为提高学生岗位适应力，校企双方联手为集中顶岗实习生提供了全方位的培训，实习生实现从“想不想做”到“能不能做”再到“会不会做”（见图2-14），顶岗实习期间，校企双方明确了各自的职责。顶岗实习考核评价遵循“过程评价+结果评价”的方式，由校企双方教师共同完成，校内专职顶岗实习指导教师着重结果评价，主要依据学生平时顶岗实习的表现、顶岗实习系统填写、顶岗实习手册以及实习协议书、实习联系函、实践证书、顶岗实习单位鉴定表、个人总结、毕业调研报告等上交资料的完备性及质量给予综合评定，企业兼职教师更着重过程评价，当然也涉及部分结果评价，主要通过学生顶岗实习期间的工作表现、任务完成情况、业绩、团队合作等方面给予综合评定。

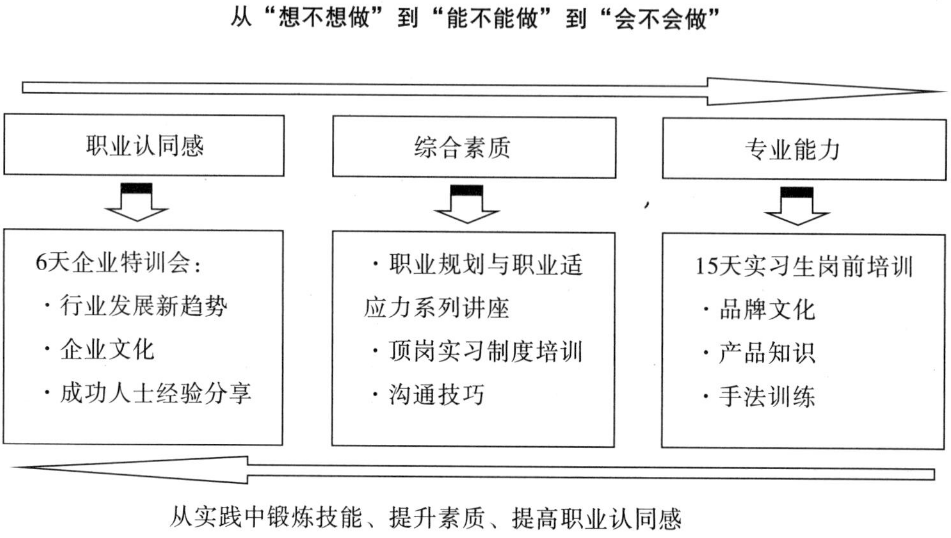

图2－14　华好学院顶岗实习培训体系

（2）明确顶岗实习过程管理中的校企职责。完成培训后，校企双方各施所长，各尽其责，联手搭建沟通平台，进行心态监控调适，通过现场与在线指导以强化素质能力。华好学院顶岗实习过程管理中的校企职责见表2－9。

表2－9　华好学院顶岗实习过程管理中的校企职责

内容	校方职责	企方职责
沟通平台搭建	顶岗实习系统 QQ群、微信群	代理商反馈系统 微信群
心态监控调适	周记查阅与跟踪 全面积极引导与个别辅导	工作日志查阅与跟踪 一对一跟踪辅导
素质能力强化	在线答疑 理论知识援助	导师实地工作指导 在线答疑
安全管理	安全知识教育 每周定期报到登记制度	员工安全教育 员工安全监控

（3）完善顶岗实习质量监控。在质量监控上，华好学院执行顶岗实习事前控制、事中控制与事后控制，三个阶段的质量监控侧重点不同，且校企双方所担负的责任也不同，

事前控制主要侧重于顶岗实习计划的制订、顶岗实习制度的确立、顶岗实习前岗位培训以及学生个体评价及顶岗指导建议等，事中控制主要侧重于校企双方沟通平台的搭建、学生心态监控调适、学生职业素质与能力强化训练以及安全管理等，事后控制主要侧重于学生实习成果的展现、校企双方评估考核、调查分析以及总结完善等，通过建立和实施质量监控体系，确保了学生顶岗实习的效果。顶岗实习质量监控体系如图 2－15 所示。

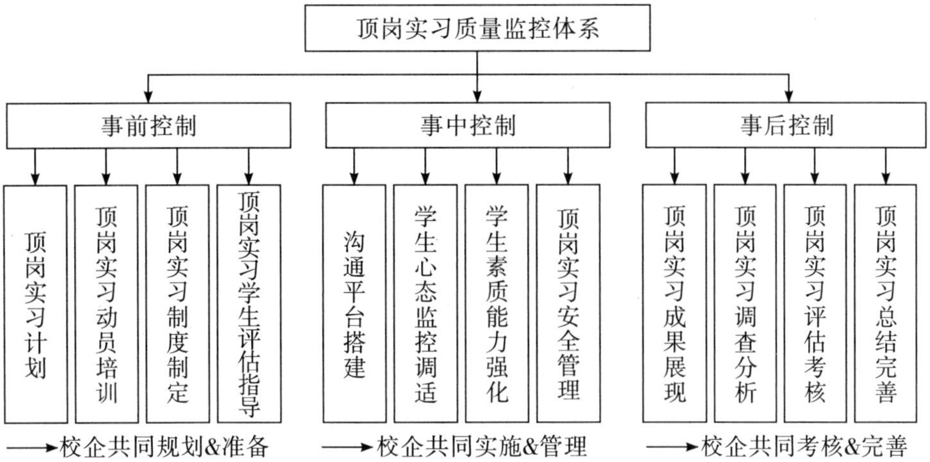

图 2－15　顶岗实习质量监控体系

第 3 章　百果园学院

广州番禺职业技术学院与广东华好集团有限公司（原名广东华好投资有限责任公司）实施全程双元培养的华好学院，在合作的六年间，人才培养质量大幅提升，校企合作不断深入，但却未能实现可持续发展。究其原因主要有两个：一是企业投入很多，却并未得到预期的回报，培养的学生入校时未与企业签订劳动合同，学生毕业后留在企业的数量较少；二是华好学院是双主体办学，但以学校为主导。学生主要在校内培养，实训基地是“校中厂”，企业教师长驻学校，师生都离开了市场。商科专业的学生不在市场上和企业中培养，最终是难以具备市场经济所需要的能力的，所以华好学院三年的校企全程培养，也未能培养出一个真正的店长。为此，我们成立了百果园学院，将校企合作转型升级，通过实施现代学徒制，实现双主体办学从以学校为主导转型升级为以企业为主导。

“招生即招工，入校即入厂”，“校企双主体育人、双导师教学、学生双重身份”，企业承诺现代学徒制学员起步工资包住每月 2 900 元，经过两年培养，80% 以上的学生成为合格的职业店长。这是广州番禺职业技术学院百果园学院现代学徒制的真实写照。我校基于现代学徒制已为百果园公司招收 5 届学徒共 575 人。百果园学院培养的零售店长，因入学前要签订用工合同和三方联合培养协议，故保证了就业率、对口率均为 100%，店长成才率达 80% 以上，学生与企业满意度均为 90% 以上。百果园学院通过实施现代学徒制，将营销、管理类专业的人才培养目标由“店员”升级为“店长”，培养模式由“订单班”升级为“学徒制”，课程开发由“学校主导”升级为“校企协同”，实训基地由“校中厂”升级为“企中校”，师资队伍由“学校主导”升级为“校企共建”，全面实现了以企业为主导的双主体办学。2015 年我们应邀参加教育部组织的现代学徒制国际研讨会，并做了题为《校企共建百果园学院　深度探索现代学徒制》的大会发言。2016 年在教育部首批现代学徒制经验交流会上，百果园学院再次被选为典型案例做经验介绍。

3.1　百果园学院的筹备

3.1.1　成立前的请示与沟通

如果说华好学院是由学校主导成立，我们具体落实，那么百果园学院则是由我们管理学院自己提出并主导成立的。在学校成立一个新的机构不是一件容易的事情，更何况华好学院的结局并不是非常理想，加上现代学徒制当时又是新生事物，很多人还不了解，因此学校难以支持。面对这样的局面，我们还是迎难而上，经过深入思考、充分研讨后，形成了《“现代学徒制试点——百果园学院”项目建设的请示》这一文件，递交校领导。该文件具体内容如下所示。

“现代学徒制试点——百果园学院”项目建设的请示

校领导：

近年来，管理学院在人才培养的“课程建设”方面取得了一定成绩，并荣获2014年国家教学成果奖。接下来的工作重点要在人才培养的“体制和机制”方面进一步创新和实践。经过充分调研与论证，未来三年，管理学院将在总结校企合作共建华好学院的经验基础上，拟同深圳百果园公司探索“双主体”办学的其他有效方式，通过建设第二个新型特色学院——百果园学院，在我校“现代学徒制试点”中先行先试，渴望得到领导的支持和帮助。

一、百果园学院的定位

1. 百果园学院是我校与深圳百果园公司合作共同成立和建设的管理学院下属的特色学院，它是与行业紧密对接、与企业深度合作，整合管理学院优势资源，为管理学院各专业学生提供直接面向百果园公司就业的专业学院。

2. 百果园学院拟设置理事会机构和领导岗位，全部由现有人员兼任，不增加中层职位数和管理学院的编制数（最多增设一个教研室主任岗位，因管理学院部分专业停招也会相应减少其他教研室主任岗位），也不向学校申请减免相关工作人员的教学工作量或要求增加收入。

3. 百果园学院的办学主体是广州番禺职业技术学院，探索校企合作举办特色学院的新模式、新机制；条件成熟后，吸收果品流通领域的行业组织、关联企业以及其他院校参与，升级为果品流通业职教集团。

二、百果园学院的现代学徒制形式

1. 管理学院大类招生后的第二年分流，设立市场营销专业百果园店长班（今年已经开始实施）。

2. 管理学院所有专业第五学期设立百果园订单班（已经实施两年）。

3. 管理学院所有专业第六学期设立百果园顶岗实习班（已经实施两年）。

4. 在新生招生时设立百果园店长班，实施招生即招工（拟明年试行）。

5. 面向企业现有员工自主招生，设立百果园店长班，实施学历教育或在职培训（拟明年试行）。

三、百果园学院的成立时间与人员安排

1. 如果学校同意成立百果园学院，经与企业商定，拟定于2014年12月举行“现代学徒制试点——百果园学院签约仪式”，内容包括校企共建百果园学院签约、理事会成立大会召开、校企双方人员互聘、学生与企业用工签约、理事会第一次会议召开等。

2. 百果园学院理事会与学院领导成员建议如下：

理事长：企方总经理

副理事长：管理学院院长

院长：管理学院副院长、企方人力资源部总监

教研室主任：校企各派一人

四、百果园学院项目建设内容

“现代学徒制试点——百果园学院”项目是管理学院创新强校工程中的一个重点项目，主要建设内容如下：

1. 百果园学院以为百果园公司培养店长人才为基本目标，并积极探索果品流通领域职业技术与技能发展，致力于成为果品流通领域高层次职业人才培养的教学与研究复合型机构。

2. 百果园学院以现代学徒制为人才培养的基本模式，同时探索多层次、多元化、符合终身教育理念的培养形式，为学生及企业员工后续教育提供选择。

3. 百果园学院校内场地设在第三实训楼管理学院实训中心，管理学院负责场地装修及教学设备购置（已经申报2015年广州市财政资金预算，并通过广州市教育局与广州市发展和改革委员会审批），百果园公司协助进行方案设计及后续运营。

4. 在管理学院内部，面向专业教师及实训员，采取自愿报名的方式组建百果园学院项目团队。

5. 管理团队由双方互派、互聘。建议百果园公司聘管理学院院长、百果园店长班项目负责教师为企业顾问，建议学校聘任百果园公司总经理及人力资源部负责人为特聘教授。

6. 组建百果园学院理事会和教学委员会，成员由校企双方人员及行业专家组成。教学委员会负责人由管理学院院长及百果园总经理担任；委员会在校企双方各自工作需要的基础上，制定百果园学院发展规划与年度工作计划，编制预算，组织工作考评等。

7. 实施弹性教学，改革教学内容与教学形式，为现代学徒制试点的顺利开展创造条件。

8. 依托百果园店长班成立百果园员工职业发展研究中心，通过跟踪我校毕业生及其在企业的职业发展情况，给予学生持续性的关注和指导，同时提升专任教师的行业专业水平和素养，为企业可持续发展所需的人力资源提供必要支持。

我们希望能以“现代学徒制试点——百果园学院”项目在校企合作共建二级学院方面有更深层次的探索，为将技能与素质并进的办学模式提高到更高层次创造条件，为管理学院的明天创造机会，同时也为我们的伙伴企业创造价值。这是一个挑战，特别是体制与机制创新会遇到很多障碍，希望校领导能给予我们指导和支持！

2014年9月30日

学校领导收到这份请示后给予了高度的重视，多次召开会议进行研讨，在多方征求意见后，还是有两个问题比较担心或心存顾虑。一是百果园学院定位于一个专业特色学院，那是否意味着这个专业主要就为这个企业服务？面是否太窄？学生职业生涯的可持续发展如何保证？二是当时网络经济处于巅峰状态，实体店受到网店的极大冲击，如果我们与百果园公司合作，是否充分考虑过企业未来的发展前景如何？如果企业也发展电商，对于以线下门店店长为主要就业岗位的市场营销专业来说，是否也存在较大的隐患？对于领导提出的这两个问题，我们在请示中确实没有提及。这是较为专业的问题，为此我们召集管理学院的专业主任和教师进行研讨，最终市场营销教研室主任门老师提供的《关于百果园学院的一些思考》，对领导担心的问题给予了解释和说明。

关于百果园学院的一些思考

门××

百果园学院最初是依托百果园公司及其产业链而建，但我认为百果园学院的专业建设和人才培养应根据我们的核心优势和长远发展去考虑。

1. 百果园学院人才培养定位在职业店长，我觉得是非常合适的。事实证明，连锁是目前为止最为成功的商业模式之一，以后这种模式不会消失，并且会更加细分。网络的发展和消费者购物行为的改变，会对一些商业模式造成比较大的影响，但基于顾客体验和感受的实体门店不会消失。而要经营好一家店（实体店或网店），店长的素质和能力是至关重要的，培养优秀的职业店长，这就是我们要做的事情。

2. 目前我们要围绕甚至可以说是依靠百果园公司及其果品流通产业链把专业建设做扎实，用3年左右的时间把我们的核心优势凸显出来——职业店长的人才培养，包括职业能力分析、岗位核心技能、人才培养模式及其配套的教材、课程资源建设等，最为重要的是每个专业教师要找到自己最核心的价值是什么，比如是擅长商圈分析、消费行为分析、店铺设计、商品陈列、品类管理、团队建设、在岗培训、店面诊断，还是其他方面。先围绕果品流通行业把这些掌握，然后向其他行业拓展，打开和建立自己的职业领域。因为无论是实体店的店长还是网店的店长，都需要这些通用的知识和能力。只有教师具备了这些能力，以后和百果园的合作无论怎样发展，都不会对我们造成很大的影响，我们要学会利用百果园的资源来创造自己的能力。

3. 关于网络经济对果品行业的影响，我的理解是：

（1）水果是一种没有标准的商品，也很难进行标准化，只有产地、品类、品种等作为一种标识，如红富士苹果是苹果的品种，但产地有很多。百果园公司开创了水果专卖连锁的先河，因为连锁模式的核心是标准化，水果本来没有标准化，但百果园却找到了其中的秘诀，所以目前有很多的竞争者进入这一领域。

（2）电子商务的发展，表面上很风光，实际上很多电商企业一直在往里面投钱，包括京东、1号店、当当等都还是亏损的。淘宝为个体户或创业者提供了一个低门槛、低风险的渠道，但在淘宝上成功的并没有多少家，大多数商家的盈利可能比上班打工赚的多一点而已，但辛苦程度并不低。而为电子商务服务的网络金融、物流却很赚钱，这值得我们深思。从营销的4C理论分析最容易理解为什么电商这几年发展得这么好，现在提出的“互联网+”也是被夸大了其作用的。我认为网络是一种工具，企业可以借助它提升效率、改善管理、提升顾客满意度等，但不可能完全替代或作为一种唯一的渠道。前一段时间微商曾经很红火，但今天能活下来的还有几家？

水果这种商品有其独特性，一是很难标准化。而但凡在网上卖得好的商品，一般是标准化的商品，如超市的快销商品，消费者不用去看，不用去感受，就知道商品应该是什么样的。水果不属于此列。二是水果的鲜度很难管理，大众化的商品保质期比较长，经过物流环节的滞留时间不会影响商品的质量，但水果却不一样，从采摘到到顾客手中，水果需要特殊的物流存储条件，需要快速的物流通道，需要精心的物流运输。如果一个环节出问题，那么到顾客手中，这个水果的颜色、成熟度、口感、鲜度等就没法令顾客满意。所以，在国内目前水果的电子商务很少，专业的水果电商只有“天天果园”和顺丰“优选”，但其品类很少，基本上是选择毛利率非常大和易保存的进口水果和部分国产水果，且物流范围非常有限。所以从财务上来讲，这两家基本上不怎么赚钱，甚至亏钱。还有就是淘宝上卖一些地方时令特产水果的，销售额很有限。三是顾客在消费水果时非常注重体验，包括色、香、味的体验，挑选过程的体验。

百果园在2008年的时候就开通了电商平台，但主要是做大宗业务，很少做B2C。2015年之初，百果园单独成立了“千果网”，配合或依托实体店准备开展O2O（Online To Offline），并加快了区域市场的网点拓展，比如上海、北京，在抢占“最后一公里”。百果园是一个非常谨慎的公司，不是没看到这个商机，而是深谙水果行业的经营之道，事实证明公司的战略是非常正确的。如果想把水果的电子商务做起来，首先要解决水果的鲜度问题。因为水果这种商品很难和其他商品共享配送渠道，为此就要在每一个区域建立一个专业的冷库物流配送中心，建立一个专门的配送队伍，这对于一个只开展水果电子商务的企业来说，投入及运营成本是相当大的。但现实是什么情况呢？生活中消费者购买水果的场所还是停留在菜市场附近的水果档、超市，而电子商务却很难满足消费者零散购买、即时消费的需求特点。

今天百果园的O2O之路还在非常谨慎地开展，我分析公司的思路是“宁愿错过，也不能做错”，一旦迈开这一步，如果门店网点跟不上的话，配送就很难做到及时，成本就会增加，顾客满意度就会下降（比如天天果园的配送网点非常有限，非常影响顾客的消费感受）。但随着百果园公司开店速度的加快，等网点覆盖到广州、深圳、上海、北京、武汉、杭州、无锡等一大批消费潜力非常大的市场之后，O2O之路就会非常顺畅。消费者通过电脑或手持终端APP软件下单后，系统直接把订单分派到就近的社区门店，5~10分钟就可以送到顾客手中，这将是多么美好的一种顾客购物体验！

(3) 网络渠道的开展并不需要让门店店长或店员具备多么专业的知识和技能，只需要处理中心平台发过来的订单即可配送，没有太多技术含量。就算是今天的电商，大多数也不需要太多的技术，经营好坏的重要影响因素是定位、目标顾客群的选取、营销措施、商品品类选择、客户服务、消费者购物全过程的服务等，这和实体店基本没什么差别，只不过需要在项目教学过程中适时增加一些与网络营销相关的专题。

4. 关于百果园学院的发展思路

(1) 做好职业店长的培养，逐渐找到每个专业教师的核心优势，能走出去服务行业企业。

(2) 围绕产业链去做专业发展，不一定只限于和百果园合作，其他开店的相关企业都可以合作，培养岗位所需人才，如职业店长、采购助理、人事助理、营销专员、招商专员等。

2014年10月20日

针对前期研讨中发现的问题，我们向学校领导和相关部门做了一次较为全面的汇报，最终得到了学校各方的认可，领导同意我们启动百果园学院成立仪式的筹备工作。

3.1.2　百果园学院成立仪式的筹备

当初华好学院的成立仪式全部由学校组织，而这次全都得我们自己来落实。虽然只是个仪式，但我们深知它代表着我们的管理水平以及工作的专业度，做得好就会开好头、起好步，给各方增强合作的信心；落实得不好，就会适得其反。为此，我们做了充分的准备。以下是百果园学院成立仪式筹备工作计划。

现代学徒制试点——百果园学院成立仪式筹备工作计划

为搭建管理学院与果品流通行业深度融合的平台，探索以“双主体”办学为特色的二级学院建设新机制，拟定于2014年12月在广州番禺职业技术学院举行“现代学徒制——百果园学院成立仪式”，此项工作的预期成果是确定校企双方以现代学徒制为基点的合作模式、发展方向、管理体制、工作机制、团队结构及未来两年工作计划。

为保证百果园项目团队在学院成立以后能顺利进入工作状态，成立仪式筹备工作需要团队成员全程参与。

筹备小组组长：阚××。

成员：谭××、胡××、门××、黄××以及百果园项目团队成员。

2014年11月13日召开筹备会议，落实具体筹备工作，具体安排见表3-1。

表 3－1

序号	工作内容	要求	完成时间	牵头人
1	与校领导沟通	①明确领导要求；②明确参会校领导；③明确参会上级领导	2014 年 11 月 10 日前	阚××
2	与百果园沟通	①达成合作共识；②确定参会人员；③对拟签订文件达成共识	2014 年 11 月 10 日前	谭××、门××
3	拟定学院成立文件	①拟文件；②与学校沟通发文	2014 年 11 月 10 日前	谭××
4	拟定协议	①拟定校企合作协议；②拟定企业与学生之间的协议；③与学校沟通确认	2014 年 11 月 10 日前	谭××
5	确定并邀请理事会成员	①确定理事会成员名单；②邀请并落实参会事宜	2014 年 11 月 10 日前	门××
6	领导讲话稿	撰写校领导讲话稿	2014 年 11 月 12 日前	谭××
7	制作聘书	制作聘书	2014 年 11 月 12 日前	黄××
8	汇总会议材料	①汇总需要印制的会议材料；②校对	2014 年 11 月 12 日前	门××
9	印制会议材料	印制材料	2015 年 1 月 15 日前	黄××、门××
10	会场布置、用餐、用车等会务	布置会场、安排会务	2015 年 1 月 15 日前	黄××、门××
11	媒体	①邀请媒体；②撰写新闻稿	2015 年 1 月 15 日前	门××
12	学生代表	落实学生代表签约	2015 年 1 月 10 日前	门××
13	拟定聘任文件	①理事会成员聘任文件；②百果园聘任学校教师文件	2015 年 1 月 10 日前	门××

需要准备的主要材料清单

1. 学校文件：关于成立百果园学院的决定。
2. 校企合作协议书一式两份。
3. 学生代表与企业的用工协议书一式两份。

4. 会议议程。
5. 理事会成员名单与人员基本信息。
6. 企业关于前期合作情况的汇报稿。
7. 市场营销专业关于学院未来两年的工作计划。
8. 百果园公司宣传资料。
9. 理事会成员聘任文件。
10. 百果园集团聘任学校教师文件。

2014 年 10 月 30 日

3.2 百果园学院成立

根据《国务院关于加快发展现代职业教育的决定》(国发〔2014〕19 号)和《教育部关于开展现代学徒制试点工作的意见》(教职成〔2014〕9 号),为深化产教融合,进一步完善校企合作育人机制,创新人才培养模式,广州番禺职业技术学院启动"现代学徒制"试点——成立百果园学院。

2014 年 12 月 3 日下午,举行了广州番禺职业技术学院现代学徒制试点——百果园学院成立及校企合作签约仪式。深圳市百果园实业发展有限公司总经理徐××、人力资源总监熊××及企业相关领导、我校校长张××、副校长王××,以及宣传部、组织人事处、教务处等部门的领导和管理学院的师生代表参加了会议。

在签约仪式上,校长张××首先致辞,接着由百果园公司人力资源总监熊××介绍前期校企合作及人才培养的成果。令与会人员兴奋的是,在百果园实习或工作满一年的学生共 23 名,其中升任店长的有 21 名,升职率达 91.3%,实现了校企共同确定的人才培养目标。然后,副校长王××宣读《关于成立百果园学院的决定》《关于聘请徐××等四位同志为我校客座教授的决定》,校长张××为客座教授颁发聘书。百果园公司总经理徐××宣读《关于聘请企业管理顾问、企业讲师的决定》,并为我校相关教师颁发聘书。校长张××与百果园公司总经理徐××签订校企合作框架协议。之后与会代表们共同交流,就"现代学徒制试点试什么""如何办好百果园学院""校企双方在产教融合以及'招生即招工、入校即入厂、校企联合培养'的背景下,如何实现招工与招生的有机融合""校企双方的课程如何实现'高等性、职业性和教育性'的有效融合""校企双方师资队伍如何实现有效融合"等方面进行了探讨。校企双方就中高职衔接,特别是面向企业现有员工自主招收现代学徒制学员达成共识,就校企双方开设的课程以及师资队伍的建设如何形成协调统一的整体达成共识。最后校领导对百果园学院的发展提出建议:希望能在标准与文化的建立、品牌的塑造方面多下功夫,当条件成熟时,校企双方共同发起在全国其他院校开设百果园学院的连锁学院,让现代学徒制试点从我校走向全国高职院校。

3.2.1 校长在成立仪式上的致辞

在百果园学院成立仪式上，校长的讲话给予与会人员极大鼓舞，让大家进一步明确了成立百果园学院实施现代学徒制的意义，感受到了学校领导对百果园学院建设的极大支持，对未来校企合作进行职业店长人才培养充满信心。

立足教育，着眼未来，探索果品流通业人才培养新模式

——×××校长在百果园学院成立仪式上的讲话

尊敬的百果园公司的各位朋友、各位老师、各位同学：

大家好！

中国有句俗语，“百年修得同船渡，千年修得共枕眠”，我校管理学院与百果园公司已经合作多年，以店长为培养对象的订单班具有良好的示范意义，在此基础上，今天我们共同成立百果园学院，这是双方修来的缘分。在此，我代表学校对百果园学院的成立表示祝贺，向为此付出辛勤与智慧的双方工作团队表示衷心的感谢，对百果园公司尊重人才、尊重知识、热心教育的企业精神表示深深的敬意！

百果园公司是果品流通领域的领军企业，在业界享有盛誉，公司全产业链的发展模式为校企合作创造了更多机会。管理学院的领导和老师在向学校汇报时特别强调与百果园公司具有共同的人才培养理念和话语方式，一方面，是因为公司高层领导、人力资源部的熊总在教育界工作的经历；另一方面，是公司能将尊重人才的理念落到实处。话语方式的背后是思想、是文化，思想与文化的彼此认同是合作关系可持续的根基。

所以，管理学院提出百果园学院建设方案以后，学校高度重视，经过领导班子会议的充分研讨，决定正式成立百果园学院，依托管理学院相关专业积极开展“招生即招工、入校即入厂、校企联合培养”的现代学徒制试点，将百果园学院建成“双主体”办学、“双元”培养的特色学院。

现代学徒制是校企联合培养人才的典型模式之一，上半年《国务院关于加快发展现代职业教育的决定》及教育部出台的《关于开展现代学徒制试点工作的意见》都将现代学徒制作为提升职业教育发展的重要举措。其实，番职院在现代学徒制试点方面是走在前面的，华好学院、珠宝学院、海鸥学院等在好几年前就已经开展试点，并且有很好的成果，也积累了宝贵的经验。

那么，我们今天为什么还要以百果园学院作为现代学徒制试点呢？这是因为，从中国职业教育发展总体情况看，现代学徒制仍然需要深入探索，诸多关键问题还没有标准答案；从我们学校自己的发展情况看，我们需要在以往现代学徒制诸多尝试的基础上进一步创新，并提炼出方法、路径与模式，特别是在制度创新层面。这是试点的意义所在。

深度的校企合作，“我中有你，你中有我”，若要相知相守、不离不弃，需要辛勤的付出，更需要智慧的选择。我想对具体负责百果园学院的教师团队提一点希望，就是要立足教育、着眼未来，充分珍惜百果园公司这个优质的合作伙伴，基于行业、企业对人才的需求规律，开发优秀的课程、教学资源、服务项目，为企业提供高质量的教学支持和人才培养。同时也对管理学院的领导班子提一点希望，就是要把握好百果园学院对于现代学徒制试点的方向，大胆创新、勇于实践。

百果园学院现代学徒制的试点对我校的发展具有特殊意义，可以说，责任重大，但此项工作在国内教育环境下去开展，也是极具挑战性的，会有很多困难，双方的结合也肯定会有曲折。所谓“为者常成，行者常至”，管理学院应发扬乐于进取、勇于担当的精神. 如今有百果园公司这样锐意进取的好伙伴，有徐总、熊总及诸位志同道合的朋友，我想百果园学院的明天一定会硕果累累。学校也一定会举全校之力支持百果园学院的改革发展。

最后，再次对百果园公司的各位领导和朋友表示感谢，对我们的老师们表示感谢，并祝愿百果园学院枝繁叶茂、百果飘香！

3.2.2 百果园学院成立的文件与协议

百果园学院是“双主体”办学的特色学院，它是学校的一个专业学院，它也是企业的一个人才培养的学院，故学校和企业分别下文成立百果园学院。

1. 百果园学院成立的文件

（1）学校成立百果园学院的文件。

关于成立百果园学院的决定

学校各单位：

根据党的十八届三中全会和全国职业教育工作会议精神，以及《国务院关于加快发展现代职业教育的决定》（国发〔2014〕19号）和《教育部关于开展现代学徒制试点工作的意见》（教职成〔2014〕9号），管理学院为深化产教融合，进一步完善校企合作育人机制，创新人才培养模式，学校决定成立百果园学院。

百果园学院由广州番禺职业技术学院与深圳市百果园实业发展有限公司共同成立，定位于“双主体”办学、“双元”培养的特色学院，并积极开展“招生即招工、入校即入厂、校企联合培养”的现代学徒制试点工作，全面提升技术技能人才的培养能力和水平。

百果园学院依托管理学院相关专业进行建设和发展，并采取理事会领导下的院长负责制，百果园学院理事会及日常机构组成如下：

理事长：阚××（广州番禺职业技术学院管理学院院长）

副理事长：徐××（深圳市百果园实业发展有限公司总经理）

理事：

谭××（广州番禺职业技术学院管理学院副院长）

胡××（广州番禺职业技术学院管理学院副院长）

门××（广州番禺职业技术学院管理学院连锁经营管理教研室主任）

熊××（深圳市百果园实业发展有限公司人力资源总监）

陈××（深圳市百果园实业发展有限公司人力资源部副经理）

刘×（深圳市百果园实业发展有限公司广州综合管理部经理）

百果园学院院长：熊××（深圳市百果园实业发展有限公司人力资源总监）

执行院长：谭××（广州番禺职业技术学院管理学院副院长）

教研室主任：门××（广州番禺职业技术学院管理学院连锁经营管理教研室主任）

广州番禺职业技术学院

2014 年 11 月 25 日

（2）企业成立百果园学院的文件。

关于成立百果园学院的决定

为了满足公司快速发展下的大规模用人需求，公司决定与广州番禺职业技术学院联合成立百果园学院，共同培养百果园公司未来发展需求的门店管理、物流管理、电子商务、采购等岗位紧缺的人才，培养具有从事连锁企业经营活动的职业道德、职业技能与职业情商，掌握果品及门店运营管理的基本理论和专业知识，能进行商圈调研分析、消费行为分析、门店运营管理、物流管理、电子商务、采购管理等工作，具备“一技之长 + 综合素质”的德、智、体、美、劳等方面全面发展的有一定创新能力的高素质管理人才。

百果园学院由深圳市百果园实业发展有限公司与广州番禺职业技术学院共同成立，定位于“双主体”办学、“双元”培养的特色学院，并积极开展“招生即招工、入校即入厂、校企联合培养”的现代学徒制试点工作，全面提升技术技能人才的培养能力和水平。

百果园学院依托广州番禺职业技术学院管理学院相关专业进行建设和发展，并采取理事会领导下的院长负责制，百果园学院理事会及日常机构组成如下：

理事长：阚××（广州番禺职业技术学院管理学院院长）

副理事长：徐××（深圳市百果园实业发展有限公司总经理）

理事：

熊××（深圳市百果园实业发展有限公司人力资源总监）

刘×（深圳市百果园实业发展有限公司广州综合管理部经理）
陈××（深圳市百果园实业发展有限公司人力资源部副经理）
谭××（广州番禺职业技术学院管理学院副院长）
胡××（广州番禺职业技术学院管理学院副院长）
门××（广州番禺职业技术学院连锁经营管理教研室主任）
百果园学院院长：熊××（深圳市百果园实业发展有限公司人力资源总监）
执行院长：谭××（广州番禺职业技术学院管理学院副院长）
教研室主任：门××（广州番禺职业技术学院管理学院连锁经营管理教研室主任）

深圳市百果园实业发展有限公司
2014年11月25日

2. 百果园学院校企双方协议

百果园学院在学校第一个提出实施现代学徒制，如何开展？校企双方的责任、权利与义务是什么，招生与招工如何进行，人才培养如何落实，等等，全部都需要以协议的形式明确下来。

深圳市百果园实业发展有限公司　广州番禺职业技术学院
“现代学徒制”联合培养协议

甲方：深圳市百果园实业发展有限公司
乙方：广州番禺职业技术学院

为贯彻党的十八届三中全会和全国职业教育工作会议精神以及《国务院关于加快发展现代职业教育的决定》（国发〔2014〕19号），依据双方签署的“共建百果园学院框架协议”及《关于成立百果园学院的决定》（番职院〔2014〕19号），甲乙双方在平等自愿、协商一致的基础上确定依托百果园学院联合开展“门店店长”的现代学徒制人才培养试点，并就此项目的相关事宜达成如下协议。

1. 指导原则

以服务甲方企业发展、促进乙方学生就业为导向，坚持校企双主体联合培养，坚持学校教师和企业师傅双导师教学，创新甲方招工和乙方招生制度，创新甲方员工管理和乙方教学管理形式，创新甲方员工培训和乙方人才培养模式，构建校企分工合作、协同育人、共同发展的长效机制，切实提高门店店长人才培养的质量和水平。

2. 试点内容

（1）现代学徒制试点概括起来是坚持“四个双”。一是“双主体”育人，学校和企业均是育人主体；二是“双导师”教学，学校教师和企业师傅均承担教学任务；三是学生双重身份，学生既是学校的学生，又是企业的员工；四是签订两份合同，学生与企业签订劳动合同，学校与企业签订联合办学合同。

（2）现代学徒制试点招生的学员在就读期间既是甲方员工，也是乙方学生。甲方承诺学生按现代学徒制由校企双方共同完成自主招生和正式录取后，所有学员按企业正式员工签订劳动合同并给予相应待遇（含薪酬、津贴、保险等）；乙方承诺所有学员学业完成经校企双方考核合格后，可获取乙方出具的由国家教育部统一印制的普通高等学校专科毕业证书。

3. 工作机制

甲乙双方利用百果园学院工作平台，共同完成人才培养方案的制定、学员的招生、教学运作管理、考试评价方式、师资力量配备以及其他保障措施等各项工作，教育教学投入双方协议分担。

4. 招生与招工

（1）甲乙双方共同完成“招生即招工”的人才选拔与录用过程。

（2）甲乙双方共同拟订招生方案，乙方负责招生方案的报批。

（3）甲乙双方共同制定招生简章，共同负责招生（招工）宣传工作。

（4）甲乙双方共同完成生源资格审查以及考核录取工作。

（5）录取工作完成后，乙方负责学员录取通知书的发放以及学籍注册，甲方负责与学员签订劳动合同。

5. 日常管理

甲方负责学员在岗学习期间的日常管理，并在乙方协助下做好在岗专业课程的教学组织与运行、教学质量保障与监控；乙方负责学员的专业学习及在校学习期间的日常管理，并在甲方协助下做好校内课程的教学组织与运行、教学质量保障与监控。

6. 毕业（就业）

百果园学院实施现代学徒制试点的学员完成人才培养方案所规定的全部课程，经校企双方考核合格获取相应学分，满足毕业学分要求后，准允毕业。乙方负责颁发由国家教育部统一印制的普通高等学校专科毕业证书，甲方与毕业学员续签新的劳动合同。

7. 费用结算

（1）百果园学院学员所有学费（按国家规定标准收取）收入属于甲乙双方共同拥有，学员所有学费由乙方负责代收，并按照人才培养方案中企业课程学时与校内课程学时所占计划总学时的比例进行分配（具体比例以人才培养方案为计算依据），乙方在每学年开学后一个月内，将甲方应得收入通过银行转账方式支付给甲方。

（2）学员所有生活费用由学员自行承担。学员在企业工作时个人住宿、用餐等事宜按照甲方对员工管理的相关规定执行。乙方要为学员在校学习提供住宿条件，费用由学员自行承担，乙方按照国家规定标准收取。

(3) 甲方负责企业带徒师傅（或兼职教师）的指导费（或课酬）以及企业参与人员的津贴、交通费等，乙方负责学校专任教师的课酬（含赴企业授课津贴等）以及学校参与人员的津贴、交通费等。

8. 其他事项

(1) 本协议正本一式四份，甲、乙双方各执两份，具有同等法律效力，复印件仅作为财务报销凭证。因执行本协议而形成的双方签字认可的各类教学文件，可视为本协议的自然延伸，双方均应遵守执行。

(2) 如遇不可抗力（不可抗力指双方在订立合同时不能预见、对其发生和后果不能避免且不能克服的事件）导致本协议部分或全部无法继续履行，双方互不负任何责任，并可协商是否终止本协议。终止协议须提前三个月书面通知对方。

(3) 如有一方违约或有损害对方利益和形象的行为，另一方有权终止协议。

(4) 本协议自双方授权代表签字盖章之日起生效。双方应遵守有关条款，未尽事宜，可由双方协商解决或签订补充协议。

甲　方：	乙　方：
负责人：	负责人：
联系人：	联系人：
电　话：	电　话：
地　址：	地　址：
日　期：　　年　　月　　日	日　期：　　年　　月　　日

3.2.3 校企人员互聘共用

为了构建双师结构的教学团队，校企双方经研究，分别下文互聘共用双方人员。在此基础上，管理学院出台教师下企业的制度，支持和规范“双师型”教师培养。

1. 校企互聘人员文件

(1) 学校聘请文件。

关于聘请徐××等四位同志为我校客座教授的决定

学校各单位：

根据学校《关于成立百果园学院的决定》（番职院〔2014〕19号），为进一步促进百果园学院与业界的产学合作，加强师资队伍建设，不断加深工学结合的人才培养模式，提高人才培养质量，学校经研究决定，聘请深圳市百果园实业发展有限公司徐××等四位同志为我校客座教授。具体名单如下：

深圳市百果园实业发展有限公司总经理　　徐××

深圳市百果园实业发展有限公司人力资源总监　　熊××

深圳市百果园实业发展有限公司运营总监　方××
深圳市百果园实业发展有限公司广州综合管理部经理　刘×
聘期从2014年12月1日至2020年11月30日。

广州番禺职业技术学院
2014年11月25日

（2）企业聘请文件。

关于聘请管理顾问、企业讲师的决定

为了满足公司快速发展下的人才培养的需求，公司决定与广州番禺职业技术学院联合成立百果园学院，共同培养百果园公司未来发展需求的门店管理、物流管理、电子商务、采购等岗位紧缺的人才，培养具有从事连锁企业经营活动的职业道德、职业技能与职业情商，掌握果品及门店运营管理的基本理论和专业知识，能进行商圈调研分析、消费行为分析、门店运营管理、物流管理、电子商务、采购管理等工作，具备“一技之长＋综合素质”的德、智、体、美、劳等方面全面发展的有一定创新能力的高素质管理人才。

百果园学院由深圳市百果园实业发展有限公司与广州番禺职业技术学院共同成立，定位于“双主体”办学、“双元”培养的特色学院，并积极开展“招生即招工、入校即入厂、校企联合培养”的现代学徒制试点工作，全面提升技术技能人才的培养能力和水平。

百果园公司特聘请：

广州番禺职业技术学院管理学院院长阚××教授为百果园公司的管理顾问。

广州番禺职业技术学院管理学院副院长、创业教育中心主任谭××副教授为百果园公司的管理顾问。

广州番禺职业技术学院管理学院党总支副书记雷×副教授为百果园公司的管理顾问。

广州番禺职业技术学院管理学院副院长胡××为百果园公司的管理顾问。

广州番禺职业技术学院管理学院连锁经营管理教研室主任门××为百果园公司的管理顾问。

广州番禺职业技术学院管理学院万×、陶×、彭×、王××、杨××、张××、蒋×、丁××、李×、李××老师为百果园公司的企业讲师。

深圳市百果园实业发展有限公司
2014年11月25日

2．教师下企业管理办法

为支持和规范教师下企业，培养“双师型”教师，管理学院专门制定了教师下企业实践暂行办法。

管理学院教师下企业实践暂行办法

第一条　为了提高教师的社会实践能力，推进校企深度合作，加强管理学院“双师型”教师队伍建设，规范教师下企业管理，根据《广州番禺职业技术学院“双师型”教师队伍建设与管理办法》（番职院人〔2015〕4号）等相关文件精神和要求，结合管理学院校企合作工作实际，特制定本办法。

第二条　教师下企业应符合“定企业、定岗位、定任务”的“三定”原则，即原则要求在专业“核心联系型校外实训基地”[参见《广州番禺职业技术学院校外实训基地建设管理办法（修订）》（番职院教〔2012〕63号）]、在与其专业相吻合的岗位、具有明确的目标任务。

第三条　各专业在完成教学排课任务的前提下，根据专业建设需要，积极制定和安排教师下企业计划。教师下企业须在每学期第14周前向所在教研室提出申请，各教研室主任（专业带头人）根据本专业建设工作及教学安排的实际进行审核，在向下企业教师明确培养锻炼要求，协助教师落实企业及相关事宜后，于第15周前将审核同意的“教师下企业锻炼计划审批表”报管理学院院长审批。

第四条　教师下企业须与挂职单位签订协议。普通专任教师应结合专业情况，与企业、教研室主任（专业带头人）三方协商，教研室主任（专业带头人）应与企业、学院领导三方协商，明确挂职岗位、工作任务和要求，并与挂职单位签订协议。学院审核通过后，申请者将“教师下企业锻炼计划审批表”和“教师赴企业实践锻炼协议书”交学校人事处审批。

第五条　下企业期间，教师必须本着提高专业实践能力的目的，履行相关岗位职责，严格遵守企业的相关劳动纪律，不得私自脱岗，按照学校和企业要求报送考勤情况。教研室主任（专业带头人）要兼顾专业建设和教研室的管理工作。其他下企业专任教师要按时参加学校和学院重要的工作会议和教研教改活动，保持与所在教研室的联系，并主动汇报自己的实践情况。学校和学院要求必须完成的工作或参加的会议若与企业的工作发生冲突，提前向相关领导汇报沟通，以求妥善解决。

第六条　教师下企业实践要有针对性和实效性，着力解决教学和企业的实际问题，圆满完成挂职任务。实践过程中要注意记录、总结，企业实践结束后，要按管理学院的要求在全院教师会议上汇报下企业情况，按学校要求提交“教师下企业锻炼考核表”、工作总结报告和相关佐证材料。

第七条　教师下企业期间，教学工作量计算、下企业认定与考核、交通费和补贴等按照学校相关规定执行。

3.3 百果园学院工作计划

百果园学院定位于一个专业的特色学院，成立后就要开始建设，而工作的重心会慢慢落到教研室主任和专任教师身上，校企之间如何分工、协作，如何“双主体”育人，如何试点现代学徒制，如何为其他专业及后期其他的专业特色学院提供一条成功的发展之路，是必须要考虑的问题，为此管理学院领导指导教研室主任与企业相关负责人一起制订了百果园学院成立后两年的工作计划。

管理学院百果园学院2015—2016年工作计划

一、工作目标

围绕人才培养的中心任务，充分发挥校企双方的优势资源，协同创建“校企深度融合”的管理、服务体制与工作机制，服务于学校、企业、学生、教师、专业的需求与发展，为建设校企深度合作的特色学院打下坚实的基础。

二、工作内容及进度安排（见表3－2）

表3－2　2015年度工作内容及进度安排

时间	工作计划		负责人
	内容	要点	
2015年3月	1. 2014级管理大类行业专业认知教育	按照校企共同制定的教学方案实施，为学生专业分流做好基础工作	门××、熊××
	2. 选派1名专任教师到百果园专职实践	与学校人事处、企业及专任教师沟通，企业提供相应管理岗位，专任教师完成至少20周的专职顶岗实践	阚××、熊××
	3. 与学校、企业确定2015年店长班招生形式	与招生办确定招生范围、规模、形式	阚××、门××
	4. 自主招生前期工作准备	与对口中职学校做好前期沟通宣讲工作	陶×、万×
2015年4月	1. 2015年百果园学院自主招生方案制定、出题与面试	按招生办要求进行，由管理学院统一安排	门××、万×
	2. 落实2013级订单班的开设情况	与百果园沟通，了解企业需求，确定此次订单班的规模、工作区域等内容	门××、熊××
	3. 做好制定2015年人才培养方案的前期工作及专业调研	兄弟院校专业人才培养方案、校企合作等调研交流；企业调研等	门××、熊××

续上表

时间	工作计划		负责人
	内容	要点	
2015年5—6月	1. 2013级百果园订单班宣讲、选报	校企组织管理学院2013级学生宣讲，组织学生选报	门××、杨××
	2. 围绕果品流通产业链开设专业方向研讨会	管理学院相关专业教师与百果园管理人员共同研讨开设专业方向的可行性	胡××、门××
	3. 百果园学院第一次理事会	主要审议百果园学院发展计划、招生计划、人才培养方案等	阚××、门××
	4. 制定专业方向2015级人才培养方案	完成百果园店长班及计划开设百果园定向班的专业方向的人才培养方案	门××及相关专业负责人
	5. 做好2015级管理大类店长班专业分流工作	为学生提供咨询、答疑等专业分流指导，安排指导老师，做好专业辅导工作	门××、陶×
	6. 毕业顶岗实习汇报会	尤其做好在百果园顶岗实习学生的调研工作，为专业人才培养、课程设置、内容调整等提供依据	门××、杨××
	7. 组织学生参加百果园“三下乡”社会实践活动	在管理学院做好宣讲及选拔工作	陶×、杨××
2015年7月	1. 确定课程标准及教学内容	校企研讨确定相关课程标准及项目课程的教学内容及组织实施方式等	校企相关老师
	2. 组织订单班学生分批到岗	与百果园及学生确定好分批到岗时间、地点、组长，负责送学生到岗，指导学生订单班顶岗训练	门××、陶×、万×、杨××
	3. 百果园“三下乡”社会实践团队到岗	与企业沟通确定学生实践内容、地点等	陶×、杨××
2015年9—10月	1. 新生入学及教育	做好新生入学报到的各项工作	阚××、门××
	2. 成立百果园校友职业发展研究与支持中心	与百果园共同成立该中心，确定组织框架、运行机制、工作目标及内容等	门××、熊××
	3. 订单班学生指导	多渠道指导订单班学生在岗训练，参加企业组织的订单班座谈会，听取学生订单培养情况，收集并解决问题	门××、陶×、万×、杨××等
	4. 选派1名专任教师到百果园专职实践	与学校人事处、企业及专任教师沟通，企业提供相应管理岗位，专任教师完成至少20周的专职顶岗实践	阚××、熊××

续上表

时间	工作计划		负责人
	内容	要点	
2015年11—12月	1. 百果园学院第二次理事会	商议百果园学院的重大事项（如专业设置、实训室建设等）	阚××、门××
	2. 申报校级精品资源共享课程建设	按照学校要求完成申报工作，并开展建设	杨××、陶×
	3. 申报校本教材建设	按照学校要求完成申报工作，组织教师团队编写	杨××、陶×
	4. 门店运营管理初级项目企业顶岗环节的实施	校企共同完成为期4周的企业顶岗环节	杨××及企业老师

2016年度工作内容及进度安排

时间	工作计划		负责人
	内容	要点	
2016年1月	1. 2013级百果园订单班汇报会	做好订单班学生的调研工作，为人才培养、课程设置、内容调整等提供依据	订单班指导老师
	2. 组织学生自愿参加百果园假期岗位实践	结合企业季节性用人需求及学生实践需求，组织学生自愿参加，并做好沟通协调工作	陶×及企业老师
2016年3月	1. 2015级管理大类专业行业认知教育	按照校企共同制定的教学方案实施，为学生专业分流做好基础工作	门××、熊××
	2. 选派1名专任教师到百果园专职实践	与学校人事处、企业及专任教师沟通，企业提供相应管理岗位，专任教师完成至少20周的专职顶岗实践	阚××、熊××
	3. 与学校、企业确定2016年百果园学院相关专业的招生形式	与招生办确定招生范围、规模、形式	阚××、门××
	4. 自主招生前期工作准备	与对口中职学校做好前期沟通宣讲工作	陶×、万×
2016年4月	1. 2016年百果园学院自主招生方案制定、出题与面试	按招生办要求进行，由管理学院统一安排	门××、万×
	2. 落实2014级订单班的开设情况	与百果园沟通，了解企业需求，确定此次订单班的规模、工作区域等内容	门××、熊××
	3. 做好制定2016级人才培养方案的前期工作及专业调研	兄弟院校专业人才培养方案、校企合作等调研交流；企业调研等	门××、熊××

续上表

时间	工作计划		负责人
	内容	要点	
2016年5—6月	1. 2014级百果园订单班宣讲、选报	校企组织管理学院2014级学生宣讲，组织学生选报	门××、杨××
	2. 百果园校友第一次座谈会	由百果园校友职业发展研究与支持中心组织，建立校友资源库，了解校友在百果园的职业发展，为校友提供可持续性发展的支持，选聘部分校友为兼职教师等	门××、陶×
	3. 百果园学院第三次理事会	审议百果园学院重大事项	阚××、门××
	4. 制定专业方向2016级人才培养方案	完成百果园店长班及计划开设百果园定向班的专业方向的人才培养方案	门××等相关专业负责人
	5. 做好2016级管理大类店长班专业分流工作	为学生提供咨询、答疑等专业分流指导，安排指导老师，做好专业辅导工作	门××、陶×
	6. 毕业顶岗实习汇报会	尤其做好在百果园顶岗实习学生的调研工作，为专业人才培养、课程设置、内容调整等提供依据	门××、杨××
	7. 门店运营管理中级项目企业顶岗环节的实施	校企共同完成为期4周的企业顶岗环节	门××及企业老师
	8. 组织学生参加百果园“三下乡”社会实践活动	在管理学院做好宣讲及选拔工作	陶×、杨××
2016年7月	1. 资源共享课程及校本教材编写	相关教学团队做好课程建设及教材编写工作	相关课程负责人
	2. 组织订单班学生分批到岗	与百果园及学生确定好分批到岗时间、地点、组长，负责送学生到岗，指导学生订单班顶岗训练	门××、陶×、万×、杨××
	3. 百果园“三下乡”社会实践团队到岗	与企业沟通确定学生实践内容、地点等	陶×、杨××

续上表

时间	工作计划		负责人
	内容	要点	
2016年9—10月	1. 新生入学及教育	做好新生入学报到的各项工作	阚××、门××
	2. 订单班学生指导	多渠道指导订单班学生在岗训练，参加企业组织的订单班座谈会，听取学生订单培养情况，收集并解决问题	门××、陶×、万×、杨××等
	3. 百果园校友第二次座谈会	由百果园校友职业发展研究与支持中心组织，了解校友在百果园的职业发展，为校友提供可持续性发展的支持，选聘部分校友为兼职教师等	门××、陶×及百果园企业人员
	4. 选派1名专任教师到百果园专职实践	与学校人事处、企业及专任教师沟通，企业提供相应管理岗位，专任教师完成至少20周的专职顶岗实践	阚××、熊××
2016年11—12月	1. 百果园学院第四次理事会	商议百果园学院的重大事项	阚××、门××
	2. 申报校级精品资源共享课程建设	按照学校要求完成申报工作，并开展建设	杨××、陶×
	3. 申报校本教材建设	按照学校要求完成申报工作，组织教师团队编写	杨××、陶×
	4. 门店运营管理初级项目企业顶岗环节的实施	校企共同完成为期4周的企业顶岗环节	杨××及企业老师
2017年1月	1. 2014级百果园订单班汇报会	做好订单班学生的调研工作，为人才培养、课程设置、内容调整等提供依据	订单班指导老师
	2. 组织学生自愿参加百果园假期岗位实践	结合企业季节性用人需求及学生实践需求，组织学生自愿参加，并做好沟通协调工作	陶×及企业老师
备注：以上是计划内工作，计划外工作按照要求完成			

3.4 百果园学院现代学徒制总结报告

2014年年底我校与深圳百果园实业发展有限公司共同成立百果园学院，基于市场营销专业，以“职业店长”为人才培养目标，以现代学徒制为人才培养模式，开展以企业为主导的“双主体”办学。2015年百果园学院市场营销专业获得教育部及广东省教育厅批准开展“招生即招工”的现代学徒制试点，校企双方反复研讨，拟定了现代学徒制试点工作方案、人才培养方案、教学组织与运行方案、招生宣传方案等，通过自主招生、签订三方协议、录取、入学与入岗后，进行以在岗学习为本位的人才培养工作，试点工作有序高效开展。现对2015—2018年4年的试点情况总结如下。

3.4.1　现代学徒制招生规模

1. 招生录取情况

2015年实际招生41人，2016年实际招生97人，2017年实际招生116人，2018年实际招生158人，招生规模稳步扩大。一是得益于联合培养企业百果园公司能提供源源不断的适合学徒学习和岗位成长成才的岗位；二是得益于校企双方在岗“双元”育人的人才培养工作做得比较扎实，培养出来的学生得到行业企业及学生的高度认可；三是2018年在原有百果园项目的基础上，又从众多深度合作企业中优选出两家企业开展现代学徒制，分别是绿叶居项目、丝域项目；四是得益于招生宣传工作做得比较到位，每年自主招生前，专任教师和联合培养企业就分赴各学校进行宣讲、沟通、交流，帮助学生答疑解惑，让有意愿报考的学生充分了解现代学徒制人才培养模式。

自2015年来，现代学徒制市场营销专业的招生规模、实际录取人数、新生报到数均创新高（见表3－3），4年来均有多名获得国家或省级技能竞赛奖的学生取得免试入学的资格，近4年新生入学报到率均超过90%，远远高出普通高考录取的学生的报到率。考生从不了解现代学徒制到踊跃报名参加现代学徒制市场营销专业的自主招生，一方面给了校企双方更大范围的选拔适合现代学徒制人才培养模式的机会；另一方面说明家长、考生、社会对现代学徒制人才培养模式的高度认可。

表3－3　2015—2018年现代学徒制市场营销专业录取情况

年份	计划招生学生数/人	实际录取学生数/人	报到学生数/人
2015	50	44（其中3人免试入学）	41
2016	100	103（其中3人免试入学）	97
2017	120	123（其中3人免试入学）	116
2018	180	89（百果园项目）	84
		45（绿叶居项目）	45
		30（丝域项目）	29

2. 学徒在岗情况

百果园学院市场营销专业首届现代学徒制学生（2015级）于2017年7月初毕业，38名在岗培养的学徒全部晋升为副店长及以上岗位，有16人晋升为店长。截止到2018年10月底仍有21人留岗继续在百果园公司就业。

2016级现代学徒制市场营销专业的97名学徒于2018年7月初毕业，到毕业时全部晋升为副店长以上岗位，有 39 人晋升到总部职能部门或店长岗位工作，有 43 人继续留岗就业。

2017 级现代学徒制市场营销专业的 116 名学徒于 2018 年 3 月 5 日到岗，分布在广州、佛山等 110 多家学徒门店，有部分学徒在入岗第一个月后就被店长委派，作为代表店长，在店长休假、外出培训等时间代理店长的职务。大部分学徒在岗位上的学习能力非常强，基本上花 1 ~2 个月的时间就能熟悉门店前台的工作流程和工作内容，企业师傅会按照学徒技能掌握的进度，教他们后台相关业务的操作。截止到 2018 年 10 月底，已有 69 名学徒晋升为店长助理，有 7 名学徒晋升到公司职能部门工作。

2018 级现代学徒制市场营销专业与百果园、绿叶居、丝域三家公司同时开展现代学徒制联合培养，该批学生于 2018 年 9 月入学，按照校企双方制定的联合培养方案，采取三年制，第一学年主要以校内学习为主，计划于 2019 年 9 月初开展在岗联合培养。

3.4.2 学徒合法权益保护情况

1. 校企“双主体”办学成立百果园学院，从体制上保障学生的合法权益

2014 年 12 月，校企双方联合成立了广州番禺职业技术学院百果园学院，确定了理事会领导下的管理体制，明确提出了：百果园学院由广州番禺职业技术学院与深圳市百果园实业发展有限公司共同成立，定位于“双主体”办学、“双元”培养的特色学院，并积极开展“招生即招工、入校即入厂、校企联合培养”的现代学徒制试点工作，全面提升技术技能型人才的培养能力和水平。这些均为接下来的现代学徒制人才培养提供了有力的体制上的保障。

2. 校企签订《现代学徒制联合培养协议》，从机制上保障学生的合法权益

2015 年 4 月，现代学徒制自主招生工作完成之后，在给学生发放录取通知书之前，校企双方签署了《现代学徒制联合培养协议》，明确了校企联合培养的指导原则、试点内容，确定了双方的工作机制、招生与招工、日常管理、费用结算的各项内容，界定了双方的权利义务，为接下来的现代学徒制人才培养及学徒合法权益提供了有力的机制上的保障。

3. 学生与企业签订《劳动用工合同》，从法律上保障学生的合法权益

2015 年 4 月，在发放录取通知书之前，百果园公司和拟录取学生现场签订了正式的《劳动用工合同》，明确了学徒的工作时间、报酬、福利待遇等。按照双方协议，2015 级现代学徒制市场营销专业的所有学生安排在大广州区域门店，按照百果园公司广州区域的储备干部的待遇执行，学生月休 4 天，基本工资 2 900 元 + 绩效工资。储备干部期间，基本上每月工资在 3 000 ~4 000 元之间，公司提供住宿和基本的米油补助，学生享受储备干部的一切福利待遇，如果晋升到店长会有更高的工资待遇。公司每月均举办员工生日会，以增进员工之间情感和对公司的向心力。

3.4.3　人才培养方案的制定

1．人才培养方案制定的前期调研

2015 年年初在上报教育部现代学徒制试点方案之前，校企双方已经就人才培养方案的制定进行了充分的调研。

一是管理学院院长带队调研了江浙地区的部分高职院校，尤其是已开展现代学徒制人才培养的相关院校或有深度校企合作的兄弟院校，如杭州职业技术学院、浙江商业职业技术学院等。

二是通过网络或电话或利用专业培训的契机收集了国内相关院校开展现代学徒制人才培养的资料，如清远职业技术学院、佛山职业技术学院、广东工程职业技术学院、广东科学技术职业学院、江苏经贸职业技术学院、北京财贸职业学院等。

三是走访了广州番禺职业技术学院管理学院百果园公司的校友，尤其是从储备干部一路走过来，已经做到店长、部门主管、运营主管等职位的校友，充分了解百果园公司的员工培训支持体系、职业成长路径、工作中所需要的知识和技能等信息。

四是与百果园公司的高级管理人员，如运营总监、人力资源总监、综合部经理、人事经理等进行过多次调研，了解公司可以提供的在岗培养的保障条件以及储备干部的成长路径。

2．校企双方组织多次的研讨和培训

校企双方前后就人才培养方案的制定组织过多次研讨，企业参与人员有公司人力资源总监（百果园学院院长）、人力资源总监助理以及广州综合部经理、副经理、运营经理等，学校参与研讨的人员有管理学院院长（百果园学院理事长）、副院长（百果园学院执行院长）、市场营销专业带头人、市场营销专业教研室主任及专任教师。学校还先后在校内外召开多次研讨会，听取企业管理人员、专任教师的意见和建议。

2015 年年初有 9 位专任教师参加了由中国职业教育技术学会在广州举办的现代学徒制人才培养方案制定与课程研发的专业培训，接受赵志群、赵鹏飞等现代学徒制研究和实践专家的专题报告辅导，并与专家进行深入的交流和探讨。

3．召开人才培养方案论证会

2015 年 4 月由学校教务处组织召开了现代学徒制市场营销专业人才培养方案论证会议，邀请了企业高级管理人员、校内外专家进行了论证，校企双方专业负责人就现代学徒制人才培养方案的设计进行了汇报，并接受专家的质询，会后根据专家的意见和建议做了进一步修改和完善。

4．人才培养方案的主要内容

（1）人才培养目标：百果园门店店长或总部管理人员。

（2）人才培养模式：以在岗学习为本位的现代学徒制。

（3）课程体系。

①基本素质必修课：

a. 毛泽东思想和中国特色社会主义理论体系概论（计4学分，72学时）：在入学的一个月内集中授课14学时后，安排相应的课程项目让学生第一学期在岗通过网络学习和调研的形式完成，并做出成绩考核。具体任课教师由基础课部派出。第二学期通过网络课程在线学习完成相应内容，并通过集中考试。

b. 形势与政策（计1学分，64学时）：在入学的一个月内集中授课8学时后，安排相应的课程项目让学生第一学期在岗通过网络学习和调研的形式完成，并做出成绩考核。具体任课教师由基础课部派出。第二学期通过网络课程在线学习完成相应内容，并通过集中考试。

c. 大学生心理健康教育（计2学分，32学时）：在入学的一个月内集中授课6学时后，安排相应的课程项目让学生在第一学期通过在岗网络学习和调研的形式完成，并做出成绩考核。具体任课教师由基础课部派出。

d. 军训（计2学分，56学时）：学生入学后采取校内集中军训的方式完成，计相应学分。

②基本素质选修课：

a. 体育课可结合企业组织的各类体育活动进行，体能测试采取周六、周日集中返校进行测试，每年一次，共两次。

b. 公共选修课，共计2学分，采用网络教学方式，课程采用“爱课程”网络教学平台中100门国家级精品视频公开课，学生选修相应1门课程，可以选择线上和线下学习相结合或者完全线上学习方式，完成视频学习和课程任务，考核方式根据学习方式具体制定。

③职业能力课：

职业能力课程分为职业能力必修课和职业能力选修课，采取的教学和学习方式是：网络学习与辅导+集中授课（理论指导）+岗位工作实践与现场指导+课业成果汇报。

a. 职业能力必修课。

在课程内容上与企业内部培训充分衔接，把新员工入职培训、晋升班长岗前培训、晋升店长助理岗前培训、晋升副店长岗前培训、后备店长训练营、精英店长黄埔训练营培训等纳入职业能力课程内容（见表3－4）。

表3－4 职业能力必修课教学组织运行表

学期	开设课程（学时/学分）	集中授课与网络学习		在岗实践与在岗指导		任课教师	
		天数/学时	地点	学时	地点	校方	企方
第一学期	职业规划与成功素质训练（30学时，2学分）	集中授课12学时（包括集中授课1.5天），网络学习10学时	百果园广州公司培训室或学校	8学时	实际工作门店	杨××	张×和门店师傅
	销售型店长项目（120学时，6.5学分）	集中授课28学时（包括集中授课1.5天，新员工入职培训2天），网络学习32学时	百果园广州公司培训室或学校	60学时	实际工作门店	门××	刘×和门店师傅
	职业店长综合技能训练（135学时，7.5学分）	集中授课28学时（包括班长培训2天，集中授课1.5天），网络学习32学时	百果园广州公司培训室或学校	75学时	实际工作门店	门××	刘×和门店师傅
第二学期	职业规划与成功素质训练（30学时，2学分）	集中授课12学时（包括集中授课1.5天），网络学习10学时	百果园广州公司培训室或学校	8学时	实际工作门店	王××	张×和门店师傅
	管理型店长项目（120学时，6.5学分）	集中授课28学时（包括集中授课1.5天，店长助理培训2天），网络学习32学时	百果园广州公司培训室或学校	60学时	实际工作门店	王××	熊××和门店师傅
	职业店长综合技能训练（135学时，7.5学分）	集中授课28学时（包括副店长培训2天，集中授课1.5天），网络学习32学时	百果园广州公司培训室或学校	75学时	实际工作门店	门××	熊××和门店师傅

续上表

学期	开设课程（学时/学分）	集中授课与网络学习		在岗实践与在岗指导		任课教师	
		天数/学时	地点	学时	地点	校方	企方
第三学期	职业规划与成功素质训练（30学时，2学分）	集中授课12学时（包括集中授课1.5天），网络学习10学时	百果园广州公司培训室或学校	8学时	实际工作门店	待定	待定
	经营型店长项目（120学时，6.5学分）	集中授课28学时（包括集中授课1.5天，后备店长培训2天），网络学习32学时	百果园广州公司培训室或学校	60学时	实际工作门店	待定	待定
	职业店长综合技能训练（135学时，7.5学分）	集中授课36学时（包括后备店长培训3天，集中授课1.5天），网络学习24学时	百果园广州公司培训室或学校	75学时	实际工作门店	待定	待定
第四学期	顶岗实习与毕业调研（448学时，16学分）	集中授课56学时（精英店长培训7天）		岗位实践	实际工作门店	待定	待定

b. 职业能力选修课。

共提供6门已建成的校级网络课程供学生选择，要求须在第一至第三学期内选择其中3门课程，每门课程大概共32学时，计2学分。要求学生需回校集中授课1.5天（12学时），通过网络学习，教师通过在线辅导答疑完成10学时，通过岗位实践完成相应项目任务10学时，最后通过考核每门课程可获得2个学分。

职业能力选修课以网络学习、在线辅导、集中授课、岗位工作实践等形式相结合来完成。

3.4.4 教学运行与管理机制

1. 成立现代学徒制工作小组

组　长：阙××——广州番禺职业技术学院管理学院院长，百果园学院理事长

徐××——深圳市百果园实业发展有限公司总经理，百果园学院副理事长

副组长：谭××——广州番禺职业技术学院管理学院副院长，百果园学院执行院长
熊××——深圳市百果园实业发展有限公司校企合作事业部总监，百果园学院院长

项目组成员：

学校人员：门××、张××、王××、杨××、李×、李××、丁××、蒋×、万×、王××

企业成员：方××（深圳市百果园实业发展有限公司运营总监）
刘×（深圳市百果园实业发展有限公司广州区域综合部经理）
林××（深圳市百果园实业发展有限公司校企合作事业部总监助理）

2. 召开现代学徒制人才培养教学管理协调会

为保障我校现代学徒制人才培养工作的顺利开展，教务处于2015年5月组织召开了现代学徒制教学管理协调会，企业负责人、主管教学的校领导、教务处处长、后勤处、人事处、学生处、现代学徒制试点专业所在院系的领导、专业负责人、教研室主任、基础课负责人、任课教师代表、教学秘书等参加了会议。会议确定了校企联合进行现代学徒制在岗培养的总体指导意见和建议，要求各试点专业根据企业实际情况制定具体的教学运行及组织方案，并就公共课程的开设、考核等做出了统一的部署和要求。

3. 校企联合制定现代学徒制教学运行组织与学生管理方案

为保障现代学徒制市场营销专业校企联合在岗人才培养的顺利实施，切实提升学生的职业岗位技能和岗位胜任能力，经与联合培养单位深圳市百果园实业发展有限公司商讨，共同制定教学组织运行及学生管理方案。教学组织运行的总体思路是：遵循“双主体”育人的现代学徒制精髓，市场营销专业人才培养采取学校和企业共同参与和承担的方式，学生全程在岗培养；在教学和学生管理上也遵循“双导师”制。

4. 定期召开现代学徒制学生座谈会

每2~3个月在广州公司培训部召开学生座谈会，具体了解学生集中授课的学习情况、在岗培养及实践情况、导师师傅指导情况及个人的心态、心理情况，了解学徒的诉求以及在在岗培养过程中需要的支持和帮助，校企双方从而共同提供相应的解决方案，力保现代学徒制人才培养的顺利进行。

5. 企业人员参加专业年审工作

2015年年底，广州番禺职业技术学院启动了专业年审和专业诊断工作，市场营销作为我校首批接受年审的专业之一，围绕专业年审和专业诊断的各项指标开展了自查工作，在这个过程中，企方就现代学徒制市场营销专业学徒的在岗培养情况给予了大量的建议，并就如何做好人才培养质量保障，校企双方进行多次的深入研讨。2016年3月，百果园公司校企合作总监（原人力资源总监）熊××参加我校举行的2015年度教学工作会议，并就现代学徒制市场营销专业的人才培养工作进行了专题汇报。这也是我校首次邀请校

企合作企业代表参加年度教学工作会议，凸显了校企双方对现代学徒制人才培养教学运行与管理的高度重视。

3.4.5 “双导师”团队建设情况

百果园学院从2015年开始构建一支校企“双导师”的教学团队，采取校企互聘、共培、共育、互用的原则，进行师资的交互培养。

校内导师有12人，其中有9人在百果园公司和丝域公司进行过半年以上的专职岗位实践；企业导师有16人，包括总经理、运营总监、人力资源总监、校企合作总监、人力资源部经理等高级管理人员和培训部资深讲师、运营部片区经理等，企业导师队伍每年在不断壮大，主要是增加一线的片区经理、资深店长等。同时，企业为每位学徒配备一对一的帮带师傅，进行一对一的针对性指导。

校企“双导师”与所指导的学徒在每月底做出其下个月的《学生成长档案》（见表3－5），从知识、技能、素养三个方面确定成长目标、成长计划及具体的实施，并通过在岗现场指导，以及网络、电话指导、微信培训等多种方式，帮助其达成成长目标，并进行跟踪和评估，根据学生的成长情况，导师填写《导师辅导报告》（见表3－6），还要对学徒做出具体的评价，填写《学生成长检查评估表》（见表3－7）。

表3－5　学生成长档案

时间：＿＿＿＿＿＿

学生姓名		性别		联系电话	
导师姓名		师傅姓名		所在门店	

评估标准	知识	技能	素养
一、成长目标			
二、成长计划			
三、成长实施			
四、检查与评估			

表3－6　导师辅导报告

时间：________

<table>
<tr><td rowspan="2">基本信息</td><td>学生姓名</td><td></td><td>性别</td><td></td><td>联系电话</td><td></td></tr>
<tr><td>导师姓名</td><td></td><td>师傅姓名</td><td></td><td>所在门店</td><td></td></tr>
<tr><td rowspan="3">辅导内容</td><td colspan="6">1. 辅导目标：</td></tr>
<tr><td colspan="6">2. 访谈内容：</td></tr>
<tr><td colspan="6">3. 辅导效果及总结：</td></tr>
</table>

表3－7　学生成长检查评估表

时间：________

<table>
<tr><td>学生姓名</td><td></td><td>性别</td><td></td><td>联系电话</td><td></td></tr>
<tr><td>导师姓名</td><td></td><td>师傅姓名</td><td></td><td>所在门店</td><td></td></tr>
</table>

评估内容	分值/分	得分/分
一、成长目标		
是否能清晰地制定阶段性目标任务	5	
每月目标是否与门店目标保持一致	10	
每月目标是否具有可行性	5	
每月目标是否具有成长性	5	
二、成长计划		
成长计划是否与目标相匹配	5	
每月计划任务是否清晰可执行	5	
每月计划是否发现关键问题并及时应对	5	
每月计划的时间安排是否合理	5	
三、成长实施		
成长实施是否能达成目标	10	
每月实施是否按计划任务进行	5	

续上表

评估内容	分值/分	得分/分
每月实施是否能够完成门店工作任务	10	
每月实施是否对门店有积极影响	10	
每月实施是否具有创新性	5	
四、检查与评估		
是否能客观进行自我检查与评估	5	
是否能认真描述困难、错误并修正	10	
合计	100	
总体评价（工作中的优点、不足及改善意见）：		

校企双方导师定期参加校企组织的现代学徒制学生座谈会，邀请企业运营经理、片区经理、店长代表、师傅代表与学生面对面沟通，及时了解和解决学生反馈的问题，更好地帮助学生成长。

校企双方导师建立微信群，通过网络及时沟通，进行业务培训。

校方邀请企方导师参加校方组织关于高职教育教学方面的培训，增强企业老师对于高职教育教学规律、教学方法的掌握。

校方专任教师和导师参加企业组织的知鸟微课培训，掌握企业培训课程建设的方法，并用知鸟微课平台开展学徒制的课程建设。

校企双方共同制定了《导师制管理办法》《现代学徒制百果园学院带徒师傅标准》，共建导师管理团队。

3.4.6 激励与保障机制

为保障专任教师到百果园公司的专职实践锻炼，学校人事处、教务处、管理学院均出台了相应的政策制度，给予教师下企业极大的支持，也有力地保障了教师下企业的顺利进展。目前市场营销专业先后有 8 位老师下到企业，对于现代学徒制人才培养工作的顺利开展提供了有力的支持。

在校企双方签署的《现代学徒制联合培养协议》中就“费用结算”进行了明确的规定：

（1）百果园学院学员所有学费（按国家规定标准收取）收入属于甲、乙双方共同拥有，学员所有学费由乙方负责代收，并按照人才培养方案中企业课程学时与校内课程学时所占计划总学时的比例进行分配（具体比例以人才培养方案为计算依据），乙方在每学年开学后 1 个月内，将甲方应得收入通过银行转账方式支付给甲方。

（2）学员所有生活费用由学员自行承担。学员在企业工作时个人住宿、用餐等事宜按照甲方对员工管理的相关规定执行。乙方要为学员在校学习提供住宿条件，费用由学员自行承担，乙方按照国家规定标准收取。

(3) 甲方负责企业带徒师傅（或兼职教师）的指导费（或课酬）和企业参与人员的津贴、交通费等，乙方负责学校专任教师的课酬（含赴企业授课津贴等），以及学校参与人员的津贴、交通费等。

这项规定对于企业开展现代学徒制人才培养工作有非常大的促进作用，尤其是在现有国家相关配套制度不完备的情况下，更有利于调动企业参与人才培养的积极性和主动性，也保障了企业的相关利益。

百果园公司就校方按照《现代学徒制联合培养协议》划拨的经费制定了《现代学徒制经费管理办法》，保障专款专用，该项经费只用于现代学徒制人才培养相关项目的开支，包括师傅奖励、学徒奖励、企业教师的相关费用等。

为激励师傅工作的积极性，校企双方共同制定了《现代学徒制百果园学院带徒师傅标准》，据此进行师傅的选聘和评价，并制定了《现代学徒制优秀师傅评选方案》，每3个月根据师傅的指导情况进行一次评比，并发放相应的奖金（见表3－8）。该项奖金由校方划拨给企方的经费中支出。

表3－8　优秀师傅奖

奖励等级	名额/个	奖金/元	小计/元
一等奖	2	1 000	2 000
二等奖	4	500	2 000
三等奖	25	200	5 000
合计	31	—	9 000
说明：“优秀师傅奖”每3个月评选一次，一年评选4次，总计奖金36 000元			

为鼓励学徒积极好学和取得进步，校企双方共同设置了“优秀学徒奖”“学徒进步奖”，每6个月根据学徒在岗学习情况进行一次评选，并发放一定的奖金（见表3－9）。该项奖金由校方划拨给企方的经费中支出。

表3－9　优秀学徒奖

奖励等级	名额/个	奖金/元	小计/元
一等奖	2	500	1 000
二等奖	5	300	1 500
三等奖	15	100	1 500
合计	22	—	4 000
说明：“优秀学徒奖”每6个月评选一次，一年评选2次，总计奖金8 000元			

另每年度针对进步最快的前3名现代学徒制学员进行奖励，分别给予1 000元、500元、300元奖励，小计1 800元。

3.4.7 专业建设诊断与改进

1. 诊断背景

（1）2015年市场营销专业升级人才培养目标和人才培养模式，实施以培养职业店长为目标的现代学徒制试点，是否能达成目标，全新的人才培养模式是否真的体现职业教育的规律？同年管理学院全面启动翻转课堂的教学模式，这种教学模式如何与现代学徒制的教学组织进行有效结合？

（2）2016年管理学院启动以市场营销专业为龙头的职业店长学院建设，市场营销专业能否作为先锋和“领头羊”担此重任，为管理学院职业店长学院的建设提供先行的经验与示范？2016年要完成省教育厅批准的广东省现代学徒制市场营销专业教学标准的研制，该项目能否顺利结项，推出广泛认可的专业标准？

（3）“十三五”期间拟与中国连锁协会、广东省连锁协会及相关企业一道研制“店长”职业资格标准，市场营销专业的人才培养质量、科研与社会服务能力是否可以支撑？为配合深圳百果园公司到2020年完成开店1万家的战略规划，2015年成立了百果园职教联盟，“十三五”期间可否保持盟主的地位，并尝试成立店长职教集团。

2. 诊断与改进的依据

（1）《教育部关于深化职业教育教学改革全面提高人才培养质量的若干意见》（教职成〔2015〕6号）。

（2）《教育部办公厅关于建立职业院校教学工作诊断与改进制度的通知》（教职成厅〔2015〕2号）。

（3）《关于印发〈高等职业院校内部质量保证体系诊断与改进指导方案（试行）〉启动相关工作的通知》（教职成司函〔2015〕168号）。

（4）《广州番禺职业技术学院人才培养工作质量标准与质量保障体系框架（试行）》（番职院教督〔2015〕5号）。

（5）《广州番禺职业技术学院人才培养质量保障体系之专业教学工作年审制度（试行）》（番职院教督〔2015〕6号）。

（6）《关于开展2015—2016学年度专业年审自评工作的通知》（番职院教督〔2016〕1号）。

3. 诊断的内容与年限

（1）诊断内容：学校专业人才培养质量自评表有“人才培养环境与条件”“人才培养方案设计”“人才培养方案实施”“人才培养方案的效果”“人才质量保障体系”五大总体指标，“战略视野”“内部分析”等18个特定指标以及119个具体标准，市场营销专业的本次诊断与改进主要针对专业人才培养质量自评表中需重点关注的评估内容即

“标准代码”中带“×”号的21个具体标准。

（2）诊断年限：虽然学校要求对专业进行2015—2016学年度年审，市场营销专业也是在2015年开始实施现代学徒制招生尚没有毕业生，但该专业近3年实施的订单班与现代学徒制大同小异，故本次诊断主要面向近3年的人才培养质量的过程与结果。

4. 诊断结果与改进措施

通过对专业人才培养质量自评表中需重点关注的评估内容即“标准代码”中带“×”号的内容自评发现，21项标准分是415分，自评得分370分。得分高的主要表现在战略视野、愿景和战略目标、人才培养目标、招生情况、人才培养方案的设计，以及毕业生满足用人单位需要等方面，得分低的主要表现在国际化程度、师资队伍、教学资源的建设等方面，即使得分高的项目也存在改进和提升的空间，对此提出如下质量改进与对策措施。

（1）市场营销专业国际化的视野不够，国际化的程度不高。今后的质量改进与对策：一是配合百果园公司海外开店的规划，创造条件将“海外店长精英班”落地；二是进一步扩大与台湾树德科技大学的交流与合作，吸引该校学生成为市场营销专业的学生；三是在学校领导和国际交流合作中心的领导和支持下，开拓与其他国家和地区的国际化交流与合作，提升本专业的国际化程度。

（2）教学团队中的专任教师缺乏零售连锁的从业经验，企业教师和带徒师傅缺少职业教育方面的理念和经验。今后的质量改进与对策：一是从机制上实现校企双方教师的有效沟通与交流并实现优势互补；二是继续支持校内专任教师挂职下企业锻炼，并规范管理与考核，切实提高校内教师对行业企业的认知与实践能力；三是为企业教师和带徒师傅提供职业教育理念与方法的培训，提升自身的素质与教学水平。

（3）目前市场营销专业师资队伍结构不合理，希望获得学校和相关部门的支持，为该专业引进或培养年富力强的高层次专业带头人1名，引进博士1~2名，教授或副教授1~2名，进而形成一支在年龄、学历、职称等方面结构合理、质量优良的师资队伍，特别是在科学研究与社会服务方面能取得实质性突破，提升该专业的整体建设水平。同时希望学校层面能尽快改革现行教学工作量制度，形成较为科学、合理的业绩考核机制。

（4）虽然招生情况横向比较还算乐观，但依然存在报考的生源不够充分，可选拔的余地不大，生源质量还有待进一步提升等问题。今后要从不同层面进一步加强与相关中职学校的联系，加大招生宣传的力度，特别是努力开发来自偏远和欠发达地区的生源，因为总体来讲，这些地区的学生相对珠三角发达地区的学生更具吃苦精神、更能不断提升自己的志向、更能满足“职业店长”的人才培养目标。

（5）人才方案中对态度、知识、技能的要求拘泥于学校范本的痕迹明显，对企业用人要求的体现还不够充分或表述还不够精准。校企双方对于课程和人员评价方法的设计较为科学合理，但双方对考核细节的把握以及双方评价过程与结果的相互融合有待进一步改进。由于现代学徒制刚开始试点，一些教师尚未适应这种人才培养模式，特别是教学初期对于改革、设计和选择教学方法还需进一步改进和完善。

（6）“销售型店长”“管理型店长”“经营型店长”“职业店长综合技能训练”4门专业必修课程属于新建课程，前3门课程已获得学校校本教材和精品资源共享课程的立项，相关课程资源正在建设过程中，学习资源尚未建设全面和完善。在接下来的一年里，要加快课程资源的建设，以确保学习材料的内容涵盖课程设计和“预期的学习结果”所必需的全部内容。

（7）市场营销专业原有的人才培养方案中安排了“高级营销员”职业资格考试，但现代学徒制班的学生从中职考入，已有自己的职业资格证书，考虑“高级营销员”职业资格证书的价值与意义并不优于企业实际工作岗位的要求与考核，故没有设置。为弥补这一不足，同时为了配合现代学徒制专业教学标准的研制与推广，以及在国内搭建职业店长人才培养的平台，拟与中国连锁经营协会、广东省连锁经营协会及相关企业共同开发“店长职业资格标准”，并向百果园职业联盟和拟成立的店长职教集团来推广。

（8）在学校领导和国际交流合作中心的支持下，已与英国相关院校进行了前期的洽谈，并获得了他们关于“零售店长”现代学徒制的标准，并接触到他们的质量保障体系。市场营销专业人才培养目标升级为“职业店长”、人才培养模式升级为“现代学徒制”、专业与教学管理方式升级为“质量保障体系”，所有这些都能在英国找到很好的、可以学习借鉴的模式，同时也为该专业国际化程度的提高创造了有利的条件。

（9）本专业学生在百果园公司每年的保有率已经达到业内非常高的水平，但受整个社会环境及年轻人个性特征的影响，人员流动率还需进一步降低。同时学员的工作积极性和创造性也有待进一步提升。为此百果园公司拟推出店长持股计划，一方面可从根本上改变店长的从业心态，调动店长的工作积极性和创造性；另一方面对稳定店长队伍、激励学生通过自己的努力尽快升任店长都将起到重要的推动作用。

（10）企业用人饱和、受市场冲击，以及企业自身的转型升级都会对专业的建设与发展带来很大影响，如何控制风险是我们在诊断过程中必须考虑的问题。市场营销专业一方面紧跟市场，与企业同步转型升级；另一方面可以不断提升自己服务其他企业和整个行业的能力。另外为企业提供所需的毕业生只是校企合作的初级阶段，还要有能力与企业一起研制职业资格标准，并且能为企业提供技术、管理与培训服务，进而使校企合作与专业建设向更深层次发展。

3.4.8 实施集群化、连锁化办学模式

1. 我校与百果园公司牵头成立百果园职教联盟

我校与深圳市百果园实业发展有限公司牵头于2015年12月26日成立百果园职业教

育联盟。联盟由深圳市连锁经营协会1家行业协会，深圳市百果园实业发展有限公司1家企业，北京农学院、武汉商学院、台湾树德科技大学3家本科院校，广州番禺职业技术学院、金华职业技术学院、顺德职业技术学院、中山职业技术学院、河源职业技术学院、广东科贸职业学院、东莞职业技术学院、马鞍山职业技术学院8家高职院校，广州市商贸职业学校、东莞市商业学校2家中职学校，共15家单位发起成立，人才培养定位是中职培养店员、高职培养店长、本科培养经理。

2. 制定百果园职教联盟章程

为保障和促进联盟的健康发展，特别制定了百果园职教联盟章程，对联盟的性质、宗旨、组织机构、会员、合作领域、经费等方面进行了明确和规定，提出本着“沟通、协调、分享、创造”的理念，在搭建沟通平台、探索体制机制创新、推动资源共享、加强队伍建设、开展科学研究与社会服务、促进交流与合作等方面开展工作。联盟章程对搭建校企合作职业教育平台，对企业选才育人，对学校深度推进职业教育教学改革，对教师与学生拓展职业空间，均具有重要意义。

3. 联盟初显集群化与连锁化办学效应

联盟自成立以来，以现代学徒制“职业店长”培养为抓手，通过专业教学标准的研制、共同组建科研团队、教师的培训与交流、教学资源的建设与共享、现代学徒制招生的联合申报等方式初步形成了互利共生机制，集群化与连锁化办学效应逐步显现。自广州番禺职业技术学院与深圳百果园公司成功实施现代学徒制试点后，中山职业技术学院今年获得广东省教育厅批准的现代学徒制百果园店长班的招生资格，与广州番禺职业技术学院以连锁的形式为企业和行业共同培养职业店长。浙江金华职业技术学院也根据自己的实际与百果园公司开始现代学徒制的探索；马鞍山职业技术学院等将以连锁的形式开设“百果园学院”；武汉商学院等院校以订单班的形式开设百果园店长班。联盟内的中职学校为现代学徒制百果园店长班提供高质量的中高职衔接生源。

3.5　现代学徒制试点工作质量监控方案

为了确保现代学徒制市场营销专业人才培养质量能更好地满足行业需求、符合联合培养企业的岗位要求，本专业构建了基于校企双方的人才培养质量监控方案，同时引入第三方评价的方式，在质量保障、评价机制和教学调控机制等方面进行了完善和创新（见表3－10）。

表 3－10 质量监控与保障体系

质量监控与保障体系	内涵建设说明	质量监控关键点
现代学徒制目标与过程监控机制	根据现代学徒制内涵要求，学院、企业、行业联合组成专家委员会，共同进行行业调研、岗位职业能力分析、确定专业人才培养目标，并制定专业教学标准	1. 人才培养目标 2. 培养方式，即实施学校和企业联合招生、联合培养、一体化育人的培养模式 3. 课程设置与内容要求 4. 校企教学条件要求，含校企实训条件、“双导师”条件 5. 教学实施要求，含教学组织形式、学业评价方法、教学管理要求等
	通过学校教学质量监控部门和企业负责现代学徒制工作的人力资源管理部门，共同对现代学徒制教学工作进行过程控制	1. 企业教学过程监控部门的建立 2. 对教学过程性文件的执行定期检查 3. 对课堂教学及企业岗位教学随机督导 4. 学生对教学的评价
现代学徒制多元质量评价与反馈机制	学校、企业、行业协会对学生在知识、技能和岗位业绩等方面进行评价	1. 学校对学徒在校学习的情况进行评价 2. 企业对学徒在岗学习情况进行评价 3. 学生参加行业协会的考证 4. 学生对教学的评价
	根据学生培养的教学标准、教学过程以及学生培养质量等信息，形成质量评价报告，并及时修订教学标准、优化教学过程	1. 教学质量定期反馈 2. 专业教学标准修订 3. 育人过程的优化

3.5.1 人才培养方案设计

校企双方联合制定人才培养方案，人才培养方式的设计与制定以企业为主导，在进行充分的行业企业调研的基础上，根据人才培养目标、学徒岗位职业能力的要求进行职业能力分析，梳理出适合行业企业发展需求、学徒职业发展需求的课程体系和课程内容。

1. 人才培养目标

培养适应商业流通领域第一线需要，具有从事商品销售、门店运营管理、商业经营的职业道德、职业技能与职业情商，掌握门店运营管理的基本理论和专业知识，能进行商圈调研与分析、消费行为分析、销售管理、门店运营管理、市场督导等工作，具备

“一技之长+综合素质”的德、智、体、美、劳等方面全面发展的发展型、复合型和创新型的职业店长。

（1）态度要求：具有社会责任感，具有良好的职业态度和职业道德修养，具有正确的择业观和创业观。坚持职业操守，爱岗敬业、诚实守信、脚踏实地、严谨求实、勇于创新，具有坚忍不拔的毅力、积极乐观的态度、良好的人际关系和健全的人格品质。

（2）知识要求：具有果品流通及门店运营管理、商圈分析、消费行为分析、营销策划与管理、门店开发与设计等方面的基本理论和专业知识。

（3）技能要求：职业规划与实施能力、商品销售管理能力、团队管理与领导能力、门店运营管理能力、门店开发与设计能力、创业与创新能力等。

2. 人才培养模式

采用企业主导的“双主体”培养模式。根据联合培养企业所处行业对岗位人才能力的需求，梳理岗位工作内容和工作流程，分析岗位工作能力，设计出符合行业企业需求的课程体系和课程内容，培养的方式以“在岗学习”为本位。

3.5.2 人才培养方案的实施与学业评价

（1）人才培养方案的实施方法的设计既要与职场工作需要相匹配，也要有利于实现培养目标和预期的学习结果。评价体系应该以有利于检验学生是否完全、有质量地达到培养目标和预期的学习结果来加以设计。

（2）根据人才培养方案要求为学生提供高质量的教学过程，应使用多种教学方法，创造性地合理使用现代信息技术。学习材料应是高质量的，而且应将重点集中于学生如何学习。

①市场营销现代学徒制实施以“在岗学习”为本位的人才培养模式，学习的方式主要是“做中学”“学中做”“工学结合、工学交替”，教学方法主要是真实工作任务法。

②对于理实一体化的课程，在集中授课的课堂中主要采取“翻转课堂”的教学理念和教学模式，课堂中运用小组讨论、个人工作分享、情景模拟、项目训练、师生互相答疑、让学生做老师等多种教学方法让课堂“动”起来，提高教学质量。

③对于思政课等，合理地使用现代信息技术，采用集中课堂学习、网络学习与考核方式。

④根据课程的性质不同、根据学生实践所处的阶段不同以及任课教师的风格不同，上述教学方法相互搭配为不同的教学对象、教学内容和教师所使用，为实现人才培养目标创造了最为有利的条件。

（3）围绕行业、企业用人标准，针对不同类型的课程设计不同的评价标准，自我评价、学生评价、企业评价和学校评价相结合的评价模式。对学生的评价分为在校学习评价（见表3-11）和在企业在岗评价（见表3-12）两个部分。现代学徒制市场营销专业实施“双导师制”，学生在企业在岗学习期间，企业委派管理和技术骨干作为学徒的岗位导师，以师带徒的方式实施在岗培养，并按照企业岗位考核的标准与方式考核学生的学业成绩；学校委派骨干教师作为学生的校方导师，按照学校的学习标准和要求对学生进行评价。学生在岗评价以企业师傅为主、学校导师为辅，现代学徒制更注重企业师傅对学生的传、帮、带，以及师傅对徒弟（学生）最终的考核，企业对学生的考核是判定人才培养是否成功的标准。

表 3－11　学生在学校学习的评价方法设计

课程	评价项目	评价主体	评价方式
纯理论课程	学生考勤、课堂表现、课程作业、理论知识考试	校内老师评价为主，学生互评为辅	过程评价和结果评价相结合
理实一体化课程	学生考勤、课堂表现、课程作业、企业岗位工作表现、项目任务完成情况	校内老师、企业老师评价为主，学生互评为辅	过程评价和结果评价相结合
纯实践课程	学生岗位工作状态、学生团队合作情况、学生岗位工作完成情况。具体包括：实习周记、实习成果、实习总结	企业老师评价为主，校内老师、学生自评评价为辅	过程评价和结果评价相结合

表 3－12　学生在岗实践的评价方法设计

考核内容	考核方式	合格标准	考核责任人/考核部门
认同公司文化和融入部门工作氛围	360 度调查评价	80 分以上	岗位导师、学校导师/人力资源部
公司业务、架构、产品知识等	转正考试	80 分以上	岗位导师、学校导师/培训学院
对本岗位工作的认识与掌握	导师辅导计划落实执行率	90 分以上	岗位导师、学校导师/部门负责人、人力资源部
管理能力与领导技能培养	360 度调查评价	80 分以上	岗位导师、学校导师/人力资源部

（4）为了确保评分的准确性和客观性，同一门课由课程组教师集体研讨，根据人才培养方案和课程标准确定考核内容和方式，然后由教研室主任、分管教学的学院院长审核通过后予以实施。

（5）学生在岗评价是企业根据学生德、能、绩、勤，结合岗位标准、技能标准与教育的标准设计出考核评价标准，由岗位导师和学校导师共同进行评价，以保证评价的准确性。

（6）每一年度学院组织各专业对教师出卷、阅卷、登分等进行自查，学校组织各二级学院领导进行互查，发现问题及时进行整改。

3.5.3　学徒在岗学习管理

1. 组建学徒制项目组

成员包括：

校方——院领导、专业带头人、教研室主任、项目负责人、班级导师、班级专业指导老师（动态调整）、专业课程老师（动态调整）、辅导员。

企方——企业负责人、项目负责人、班级导师、企业课程老师（动态调整）、企业师傅（代表）。

2. 召开例行会议、研讨会

（1）自主招生会议。每年1月份，商讨招生计划、学制、生源类型、培养模式、自主招生组织形式等。

（2）人才培养方案制定研讨会。每年4—5月份召开2次以上，着重研讨培养目标、课程设置、课程内容、课程组织形式、考核方式、资源协调等。

（3）学徒毕业（出师）汇报会。每年6月下旬，听取学徒毕业汇报，校、企、生三方座谈，改进“双元”育人的相关要素设计。

（4）人才培养质量研讨会。可与学徒毕业（出师）汇报会同期举行，根据本届学徒的培养质量和行业企业发展需求，完善人才方案。

（5）校、企、生三方座谈会。每学期召开2次以上校、企、生三方座谈会，原则上每3个月召开一次（学徒入岗第1个月一定要召开一次座谈会）。参加人员包括校企双方领导、项目负责人、校企导师、课程老师、企业片区经理代表、企业师傅代表、全体学徒。听取学徒在岗学习情况、学徒诉求、校企现场办公答疑等。

（6）拜师仪式（会议）。每年9月初学徒入岗时举行，增加仪式感，确立师徒关系和责任义务。参加人员：校企领导、项目负责人、校企导师、企业师傅代表、全体学徒。

3. 应对突发事件的校企工作机制

在校企“双元”育人过程中，一旦出现有涉及在岗学徒的突发事件，如学徒严重违反公司制度、与顾客发生严重冲突、学徒与员工之间发生严重冲突、宿舍安全、学徒上下班安全等其他不可预料的突发事件，应由校企双方项目负责人牵头成立应急小组，并在事件发生的第一时间启动磋商应对机制，以便迅速响应，做好事件处理的相应工作，双方负责人在第一时间向各自直属领导上报事件的进展情况。

3.5.4　建立学徒门店

根据联合培养企业门店人员需求情况，结合在岗学习的教学组织要求和学徒意愿，在合作企业相关区域优选门店，建立学徒门店。

1. 学徒门店选择标准

（1）能为学徒提供轮岗。学徒在2年的在岗培养期间可以轮换4个以上工作岗位，每3个月左右轮换一个有教育价值和成长价值的学徒岗位。

（2）员工和顾客对门店评价较高。近2年该门店的内部员工和顾客对于该门店的整体管理水平评价较高，员工流动率低，未有员工投诉店长和片区经理的情况。

（3）片区经理、店长和帮带师傅有较好的素质和能力，有较高的积极性、热情、责任心帮带学徒。

（4）宿舍条件和员工之间氛围较好。

（5）地理位置。门店所处位置便于学徒返校上课或到企业培训部参加培训和会议。

2. 学徒门店评价

（1）公司制定相应制度把学徒门店的评选纳入到该门店店长、片区经理的绩效考核。

（2）半年内出现2次以上学徒投诉员工、帮带师傅、店长、片区经理的情况，经调查情况属实，取消该门店的学徒门店资格，形成动态调整机制。

（3）学徒对门店整体评价较好，对店长或帮带师傅带教水平、员工关系、宿舍环境、岗位技能提升等方面满意度较高，学徒岗位晋升速度快。

（4）建立学徒门店评价指标，每半年评价一次，参与评价的人员包括学徒、校企项目负责人或班级导师。

3.5.5 构建“双师”教学团队

1. 校方教学团队构建

任职资格：硕士研究生及以上学历或中级以上职称；有2年以上行业企业工作经验；有责任心、有耐心；优先选用在合作企业有半年以上企业实践的老师；能跟踪指导学徒课程学习、岗位学习；能与企业导师共同研发课程资源。

2. 企方教学团队构建

（1）班主任（辅导员）：负责对接学徒门店及岗位安排、企业课程安排、跟踪学徒成长、学徒在岗心态辅导等。要求有责任心、有耐心。

（2）企业课程老师：可以从现有的培训部讲师中选拔，也可以从现有的擅长课程内容的管理人员中选拔。要求有责任心、有一定的管理能力、掌握教育教学的方法和技巧，制订详细的课程计划、课程大纲、设计课程内容并开展教学实施和课程评价。高中或中专以上学历，有2年以上的行业企业管理经验。

（3）企业师傅：可以从现有的门店店长或门店资深员工中选拔。要求高中或中专以上学历，有2年以上的门店岗位工作经验。有责任心、有耐心，品德高尚，有较好的职业素养，有一定的岗位带教技巧和能力。制订详细的岗位带教计划和指导方案，并根据学徒岗位学习情况进行评价。

（4）企业导师：从片区经理、督导、运营经理中选拔一批优秀的人员担任，并建立激励考核机制。

3. “双师”团队的培养

（1）企业每年为校方老师提供1～2个岗位进行半年以上的企业实践。

（2）企业酌情提供真实的商业项目让校方老师带领学生一起参与。

（3）企方老师、师傅每年参加校方组织的教育教学方法与技能培训、带教能力、带教方法培训等。

（4）校方老师每年参加企业内部的业务培训3次以上。

（5）校企双方老师共同研讨课程内容、教学资源的建设等问题。

3.5.6 建立激励机制

（1）学校根据企业学时占比划拨给企业的学费设立专门的资金管理账户，并专门用于学徒制的教学、管理、培训、导师、企业老师和师傅津贴奖励、学徒奖励等方面。

（2）设立优秀企业老师奖励（半年一次评选）。并根据评比情况，对连续2次排名靠后的企业老师进行淘汰机制和动态调整。

（3）设立优秀企业师傅奖励（半年一次评选）。并根据评比情况，对连续2次排名靠后的企业师傅进行淘汰机制和动态调整。并根据企业师傅带教学徒的成长速度、成长情况进行奖励，并作为企业晋升考核的必要条件。

（4）设立学徒导师月度津贴。

（5）设立优秀学徒奖励、学徒进步奖励或奖助学金等（半年一次评选）。

（6）设立优秀学徒门店评选奖励（半年一次评选）。

3.5.7 现代学徒制门店安排流程

（1）企业从先期设立的学徒门店中选出可以接受学徒的具体门店信息。

（2）校方老师组织学徒入岗前根据个人意愿选报。

（3）企业根据学徒选报情况进行整体协调。

（4）企业公布学徒门店帮带师傅（原则上1名师傅在同一家门店可带1～3名学徒）。

（5）企业发布帮带师傅职责、工作内容及优秀师傅评选方案、优秀学徒评选方案。

（6）校企在学徒入岗前举行拜师仪式。

（7）学校组织学徒入岗报道。

（8）企业入职培训、到门店报道。

（9）正式在岗培养，企业师傅按计划进行帮教。

（10）按计划组织校、企、生三方座谈会，校内集中上课，企业集中上课，校企对课程进行评价。

3.5.8 专业年检

现代学徒制市场营销专业根据专业计划的执行情况和人才培养的情况，展开调研分析，撰写专业年检报告。市场营销专业由校企专家组成的百果园学院理事会，代表本专业的利益相关者对报告的撰写提出建议。专业人才培养质量监控年度检查报告要由以下证据支撑：专业培养目标、课程安排计划及课程标准；专业培养数据与年度统计数据；

上年度的专业年度监控报告和外部评估报告；学生反馈等。并根据专业年检报告不断改进和优化专业人才培养质量。

3.6 百果园现代学徒制试点典型案例

百果园学院入选教育部首批现代学徒制试点，2016 年在教育部首批现代学徒制经验交流会上被选为典型案例做经验介绍。2019 年通过教育部的验收，再次被选为现代学徒制试点典型案例。

校企共建百果园学院　深度探索现代学徒制

“招生即招工、入校即入厂”；“校企‘双主体’育人、‘双导师’教学、学生双重身份”；企业承诺现代学徒制学员起步工资包住 2 900 元/月，经过两年培养，90% 以上的学生成为合格的职业店长。这是广州番禺职业技术学院百果园学院现代学徒制的真实写照。2015 年校企双方联合招生招工 44 人，2016 年为 103 人，2017 年为 123 人，2018 年为 164 人，现代学徒制试点成效显著。

一、选好合适企业与岗位，让现代学徒制试点可持续、可推广

“双主体”办学在我国高职教育领域已有多年的发展历史，但它往往是以“学校为主导”，而现代学徒制应该以“企业为主导”。现代学徒制试点能否成功关键在企业，它不仅在于企业的参与意愿与热情，更在于企业的规模与发展是否能够支撑现代学徒制的可持续发展，在于企业提供的学徒岗位是否具有真正的教育价值，在于探索出的路径、方法与成果是否可复制、示范和推广。百果园公司是国内规模最大的果品连锁专卖企业，计划到 2020 年门店数量达到 10 000 家（见图 3－1）。企业如此之大的发展规模为高职院校相关专业的发展提供了稳定、可靠的“职业店长”学徒岗位，确保了招生与人才培养的可持续性。而公司优秀的企业文化、完善的员工生涯规划与成才计划及培训体系则是学校选择其作为现代学徒制试点合作伙伴的最为关键的要素（见图 3－2）。

二、成立百果园学院，构建理事会领导下的办学体制与机制

广州番禺职业技术学院与百果园公司已有四年的合作基础。双方合作基于市场营销等专业培养“职业店长”，前期合作的主要形式是订单班。而实施现代学徒制试点可以依托一个专业或专业群，以试点专业或试点班的形式进行。但为了让现代学徒制的体制、机制、管理更有利于校企合作，我们采取了校企共同成立特色学院——百果园学院的做法（见图 3－3）。百果园学院定位于“双主体”办学、“双元”培养的特色专业学院，实行理事会领导下的院长负责制。校企双方签订了《广州番禺职业技术学院与深圳市百果园实业发展有限公司共建百果园学院框架协议》《现代学徒制联合培养协议》（见图 3－4），对现代学徒制试点内容、工作机制、招生与招工、日常教学管理、毕业与就业、

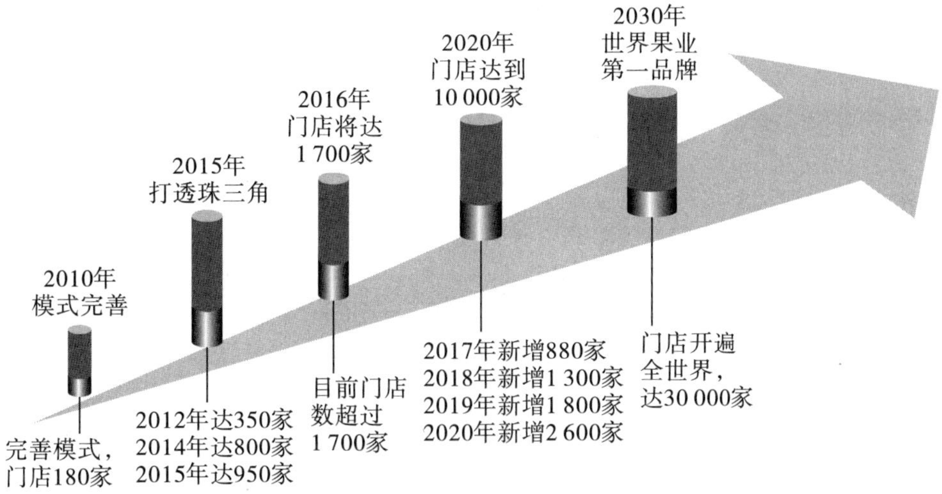

图3－1　百果园公司门店发展战略图

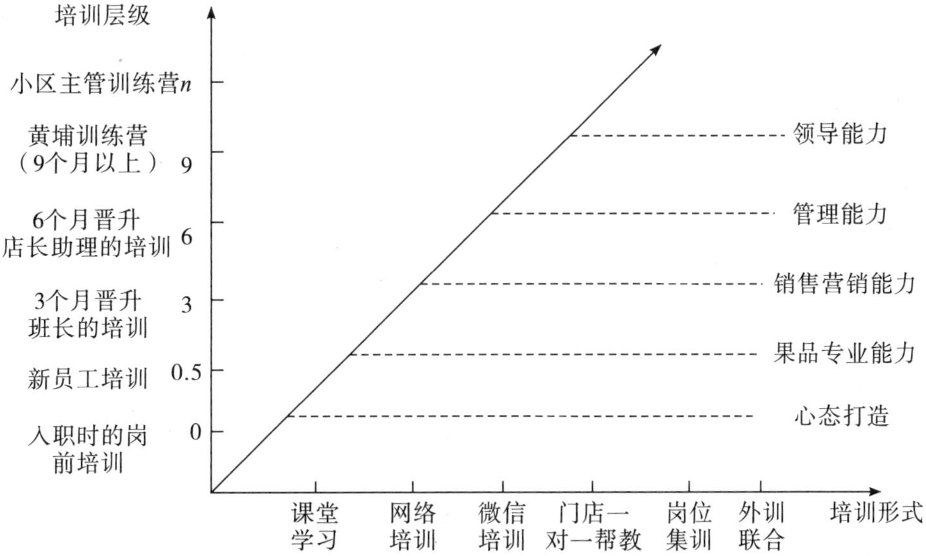

图3－2　百果园公司员工发展与教育培训体系

办学费用结算等进行了约定。

三、推进一体化招工与招生，构建中高职衔接的人才培养体系

百果园学院重点推进一体化的招生与招工，校企共同面向应届和往届中职毕业生完成自主招生与招工，构建中高职衔接的人才培养体系。在招生宣传时，为保障考生广泛而全面的知情权，学校将人才培养的模式、合作企业情况、课程开设情况、报考及录取条件、毕业与就业要求等充分告知到每一位有意向的考生及家长。在面试时再次向学生介绍现代学徒制的招生与招工同步进行，以及岗位学习为本位的人才培养模式。在面试结束后至学生正式录取前，再将企业的正式用工合同发送给学生和家长以征求意见，达

图3－3　校企合作成立百果园学院

图3－4　校企签订《现代学徒制联合培养协议》

成共识后校企共同举办现代学徒制百果园店长班正式签约与录取仪式，在学生与企业签订合同后（见图3－5），学校发放学徒制班录取通知书（见图3－6）。

四、适应产业升级与专业发展，确立“职业店长”人才培养目标

一方面，高职院校传统市场营销、企业管理等专业没有行业背景，面向各行各业，基于学科体系的理论而泛泛培养；另一方面，学生培养面向市场调查、销售、策划和客

图3－5 学生与百果园人力资源总监签订用工合同

图3－6 签订用工合同后，学校为学生发放录取通知书

服等这样一个庞大的岗位群，如此培养出来的学生对行业不“专”、对企业不“专”、对岗位也不“专”，难以适应零售产业升级和企业激烈竞争的市场需要，也无法满足学生的学习要求，学生常常抱怨在市场干一个月要比在学校学一年收获更大。而与百果园公司合作的现代学徒制，人才培养定位非常明确，就是培养“职业店长”（见图3－7）。

五、以企业“在岗学习”为本位，确立符合职教规律的人才培养模式

现代学徒制最根本的特征是以企业“在岗学习”为本位的人才培养。它是最符合职业教育教学规律，能够真正实现人才培养与就业岗位的“零对接”的一种育人模式。目前，很多高职院校的人才培养都遇到“高等性”“职业性”“教育性”难以有机融合的瓶颈。我们试点的现代学徒制就是要改革传统校企合作人才培养中存在的弊端，具体做法

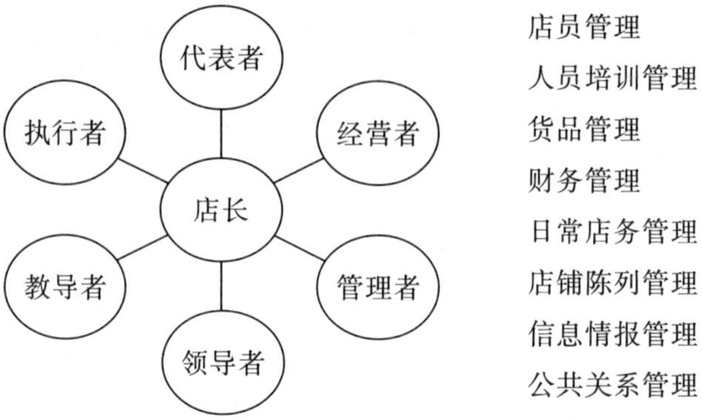

图 3－7　确立市场营销专业的人才培养目标为“职业店长”

是学校老师通过下企业锻炼和到门店指导学生，从实践中提炼实战性、实效性强的理论进而再造课程体系并开发校内课程。企业老师则通过学习专业理论、职业教育理论以及教书育人的思想和方法来提升其“高等性”和“教育性”。更重要的是校企双方教师彼此通过岗位融合、工作融合、育人融合最终实现“高等性”“职业性”“教育性”的有机融合。

● 人才培养模式：“三双、四跟、五对接”的人才培养模式

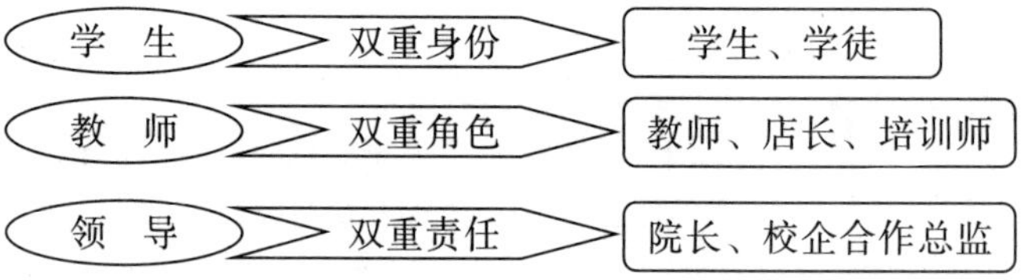

- 专业跟着行业企业走
- 课程跟着服务管理走
- 教学跟着岗位标准走
- 教材跟着项目任务走

> “五个对接”：专业与职业岗位对接；专业课程内容与职业标准对接；教学过程与生产服务过程对接；学历证书与职业资格证书对接；职业教育与终身学习对接。

图 3－8　“三双、四跟、五对接”的人才培养模式

六、科学进行校企交替课程安排，企业在岗学习超过 60%

学生入学后一个月集中在校学习，完成军训、思政课等课程的部分内容，其他内容则是通过网络学习和调研的形式完成，并做出成绩考核。职业能力课程采取的教学和学习方式是：网络学习与辅导＋集中授课（校内老师理论指导）＋岗位工作实践（师傅一对一辅导）＋课业成果汇报。在课程内容上与公司的内部培训充分衔接，把新员工入职培训、晋升班长岗前培训、晋升店长助理岗前培训、储备店长黄埔训练营培训，以及企业提供的 100 余门线上微课程等纳入职业店长综合技能训练课程。企业在岗学习的时间

安排超过60%，并采用工学交替的形式完成。（见表3－13）

表3－13 两年制的现代学徒制市场营销专业核心课程

学期	开设课程（学时/学分）	集中授课		在岗实践	
		学时	地点	学时	地点
第一学期	职业规划与成功素质训练（基础篇）（32学时，2学分）	18	学校	14	线上学习
	销售型店长项目（120学时，6.5学分）	50	学校	70	实际工作门店
	职业店长综合技能训练（135学时，7.5学分）	60	公司培训室	75	实际工作门店
第二学期	职业规划与成功素质训练（成长篇）（32学时，2学分）	18	学校	14	线上学习
	管理型店长项目（120学时，6.5学分）	50	学校	70	实际工作门店
	职业店长综合技能训练（135学时，7.5学分）	60	公司培训室	75	实际工作门店
第三学期	职业规划与成功素质训练（成熟篇）（32学时，2学分）	18	学校	14	线上学习
	经营型店长项目（120学时，6.5学分）	50	学校	70	实际工作门店
	职业店长综合技能训练（135学时，7.5学分）	60	公司培训室	75	实际工作门店
第四学期	顶岗实习与毕业调研（448学时，16学分）	岗位实践			实际工作门店

七、建设校企互聘共用的师资队伍，满足校企双方的共同发展

校企双方各自选拔出的10位员工进行首期的互聘共用，他们一方面作为学生的双导师，另一方面作为校企双方各自发展所需人才的有效补充。在此基础上，企业再为每一位学徒配备一名带教师傅，一对一进行在岗指导。而双方的20位导师一方面给予学徒指导，另一方面更是给予师傅进行指导。学校每学期还会派两名教师去企业挂职锻炼半年，目前已有七位老师下企业锻炼。我们对校内专业教师的要求是：第一要有高度的责任感；第二要有半年以上下企业的经验；第三要熟练掌握信息技术等教学手段以及翻转课堂等教学模式，只有这样才能胜任学徒制导师这一岗位。

八、研制现代学徒制专业教学标准，成立百果园职教联盟推行试点成果

教育部在《现代学徒制试点工作实施方案》中明确规定，“完善人才培养制度和标

准”是试点的主要内容。我校“现代学徒制高职市场营销专业教学标准的研制项目”获得广东省职业教育专业教学标准研制立项。校企共同制定专业教学标准、课程标准、岗位标准、企业师傅标准、教学组织标准、教学质量评价标准、质量监控标准及相应实施方案。2015 年 12 月，我校与百果园公司牵头组建百果园职业教育联盟（见图 3－9），联合金华职业技术学院等 7 家高职院校、台湾树德科技大学等 3 家本科院校和 2 家中职学校、1 家行业协会，共 15 家单位发起成立，人才培养定位于中职培养店员、高职培养店长、本科培养经理。联盟以现代学徒制“职业店长”培养为抓手，通过专业教学标准的研制、教师的培训与交流、教学资源的建设与共享、现代学徒制招生的联合申报等方式初步形成了互利共生机制，集群化与连锁化办学效应逐步显现。2016 年 6 月，第一家百果园连锁学院在马鞍山职业技术学院诞生。中山职业技术学院更是与我校以“连锁”现代学徒制的形式为企业和行业共同培养职业店长。

图 3－9　成立百果园职教联盟推行试点成果

九、成立店长职教集团，推动零售店长社会生态系统健康发展

2016 年 12 月，百果园职教联盟转型升级为店长职业教育集团。我校携手深圳百果园公司、广东赛曼集团、永辉集团等 10 家国内零售标杆企业、深圳市连锁经营协会、浙江金华职业技术学院和台湾树德科技大学等 20 所中高本院校共同发起成立店长职业教育集团。店长职教集团是国内首家以一个职业岗位命名的职教集团。店长是零售业的战略性人才，单就广东省而言，2015 年零售连锁企业门店达到 75 605 间，在产业升级与社会消费方式变革的背景下，企业及店长群体对于职业教育服务的需求日渐迫切。店长职教集团的成立旨在充分发挥行业领军企业的平台作用及集团成员单位的特色资源优势，优化店长社会生态环境，推动店长职业化进程，传播店长匠心文化，协同推进现代学徒制人才选拔与培养模式，探索集团化、连锁式职业教育发展道路，为现代零售业的结构调整与转型升级贡献力量。

第 4 章　职业店长学院

高职院校传统的二级学院大多按照学科体系进行设置，如管理学院。而“产教融合、校企合作”是职业教育的基本规律，如果管理学院没有确定的行业背景、相关专业没有确定的工作岗位，想做出质量、做出特色是个难题。我校已经先后成立并建设了校企“双主体”办学的华好学院、百果园学院，其他学校也都开始开办这类的企业学院，但事实证明，以一个企业的名称来命名教学的机构并不是最好的选择。一方面，校企合作不会从一而终，当两者不能协同发展、不能持续双赢，必将分道扬镳，更何况企业受市场的影响较大，故对人才的需要也难以持续永恒。另一方面，长期以一个企业的名称来命名二级学院等教学机构不符合学生的需求和服务社会的责任。基于此，我们面对中国零售业对职业店长长期稳定及庞大的需求，成立职业店长学院，百果园学院依然保留，它们是职业店长学院下属的以企业为主导而成立的企业学院，它是动态的、开放的。而管理学院与职业店长学院的关系是，前者是为顺应现有的体制由上级主管部门确定的编制内的机构名称，后者是前者的内涵和特色。

4.1　职业店长学院的成立与定位

这次成立职业店长学院的过程要比前期成立华好学院和百果园学院简单、顺利得多。原因是恰逢广州市面向区域发展产业，重点建设 35 个紧贴广州产业发展需求、产教深度融合、建设机制效率高、专业群特色鲜明、人才培养质量优、社会服务成效好、国际合作程度深、社会认可度高的特色专业学院，实现“一学院一产业”（一个特色学院对接一个区域发展产业）目标。广州市教育局以挖掘和培育学校特色为抓手，推进市属高职院校发挥特色专业优势，进一步明确办学定位，创新体制机制，促进校企深度融合，建成与区域发展产业对接的师资提升基地、人才培养基地、科技创新基地、文化传播基地和社会服务基地。我校抓住机会，于 2016 年 7 月职业店长学院成功申报了广州市高等职业教育特色学院，并获得资助。在此基础上，学校同意成立广州番禺职业技术学院职业店长学院。

4.1.1 学校发文成立职业店长学院

2016 年 12 月 1 日，学校发文成立广州番禺职业技术学院职业店长学院。职业店长学院由广州番禺职业技术学院联合零售行业企业共同成立，定位为产教融合、校企合作的特色学院。

关于成立广州番禺职业技术学院
职业店长学院的通知

学校各单位：

根据《国务院关于加快发展现代职业教育的决定》和《教育部关于开展现代学徒制试点工作的意见》，为深化产教融合，进一步完善校企合作育人机制，创新人才培养模式，学校决定成立职业店长学院。

职业店长学院由广州番禺职业技术学院联合零售行业企业共同成立，定位于产教融合、校企合作的特色学院，并积极实践现代学徒制人才培养模式改革，对接零售业人才培养国际标准，全面提升技术技能人才的培养能力和水平。

职业店长学院依托管理学院相关专业进行建设和发展，并采取理事会领导下的院长负责制，理事会及日常机构组成如下：

一、理事会

理事长：

刘 × ×（广州番禺职业技术学院副校长）

副理事长：

徐 × ×（深圳百果园实业发展有限公司总经理）

朱 × ×（赛曼集团及名创优品运营副总经理）

张 × ×（永辉超市股份有限公司副总经理）

罗 × ×（广州市绿叶居食品有限公司总经理）

张 ×（深圳市中诺思科技股份有限公司总经理）

邵 × ×（深圳市怡亚通益达教育服务有限公司华南区总监）

沈 × ×（广东骏和通信设备连锁销售有限公司人事经理）

杨 × ×（广州番禺职业技术学院教务处处长）

阚 × ×（广州番禺职业技术学院管理学院院长）

理　事：

谭 × ×（广州番禺职业技术学院管理学院副院长）

胡 × ×（广州番禺职业技术学院管理学院副院长）

熊 × ×（深圳百果园实业发展有限公司校企合作事业部总监）

陈××（广东葆扬投资管理有限公司校企合作项目负责人）

支××（永辉超市股份有限公司校企合作项目负责人）

门××（广州番禺职业技术学院市场营销专业教研室主任）

占×（广州番禺职业技术学院工商企业管理专业教研室主任）

盛×（广州番禺职业技术学院物流管理专业教研室主任）

曾××（广州番禺职业技术学院电子商务专业教研室主任）

二、日常机构

院　长：谭××

副院长：门××

办公室主任：黄××（广州番禺职业技术学院管理学院办公室主任）

广州番禺职业技术学院
2016年12月1日

4.1.2 职业店长学院建设概况

按照广州市对于已经立项的特色学院的要求，职业店长特色学院建设便成为管理学院未来工作的重中之重，且要有更长远的眼光、更高的站位、更宽的视角去确定学院建设的总体框架和思路。

中国是世界零售业变革的引领者，广东是高端零售业聚集区。职业店长学院需紧密围绕高端零售业职业店长岗位群的人才需求，坚持德技并修，创设“管理+技术+艺术”跨界融合人才培养模式，融入“艺术”丰富职业店长素质层面的内涵，升级“技术”优化职业店长能力方面的水平，为高端零售业培养管理能力突出、专业技术精湛、审美情趣高雅的复合型人才。

职业店长学院建设以专业群建设为核心。职业店长学院源于工商管理专业群。管理学院于2014年按学校统一部署，启动了工商管理专业群建设，被列为校级重点专业群，2016年管理学院获批广州市“职业店长特色学院”，逐步形成了以工商企业管理为中心、以市场营销为龙头、以电子商务和物流管理为两翼，基于零售终端工作业务链和职业链培养职业店长的格局，被零售行业和其他院校誉为高职经管类专业群建设的一面旗帜。2018年，学校为适应特色高水平学校建设需要，对该专业群进行重新规划，形成以市场营销为龙头专业、以工商企业管理为骨干专业、以物流管理和电子商务为支撑专业、以跨境电商和视觉传播与制作为特色专业的“职业店长”专业群新格局。

聚焦于零售管理技术技能创新。构建具有国内先进水平的职业店长岗位标准与教学标准体系，在复合型职业店长关键能力培养方面形成新成果，在零售门店管理技术创新与技术积累方面形成完备体系；开发基于能力单元的课程体系与系列专业能力证书，优化专业结构，完善职业教育集团，提升专业群办学效益；建设大平台，服务技术创新与教学创新；改革校企协同育人机制与质量保障机制，对接国际标准，提升服务高端零售业的能力。

聚焦于职业店长专业群现代化发展模式。面向零售业对规模化高素质技术技能人才需求，构建“点面结合”专业集群模式。坚持以服务需求、优化行业人才质量与培养体系为目标导向，以店长人才培养的规模效应为基点，以现代学徒制为具体抓手。通过特色学院建设，店长职教集团在规范运行与高效运行方面取得了重要成果，在人才培养方面探索出适应零售连锁业发展要求的规模化、集约化人才培养模式，成为职业教育集团化发展典型。

面向一个岗位群、建设二级集群、沿着三条主线、构建四大平台、攻克五大改革任务、在六个零售管理技术领域占据优势、完成十大建设任务，以助推广东省职业教育率先实现现代化为目标，使专业群综合实力、服务能力大幅提升，在零售管理职业教育方面形成独特优势与鲜明个性，专业群龙头专业与骨干专业达到国内先进水平。

4.2　建设目标与规划

一流产业孕育一流职业教育。中国是世界零售业技术创新与商业模式转型的引领者，这是职业教育的机会。物联网、机器人与人工智能等颠覆性技术，催生零售管理数字化、消费场景化、顾客服务定制化变革。建设职业店长专业群，是职业教育对高素质零售技术技能人才需求的积极回应，是服务粤港澳大湾区产业转型升级与优质生活圈建设的主动担当，也是我校助推职业教育现代化的具体行动。

依据国家关于建设“引领改革、支撑发展、中国特色、世界水平的高职骨干专业（群）”的指导思想，按照学校“特高校”建设计划的具体部署，服务零售业现代化建设和高质量就业，以建设具有国内先进水平的零售管理职业教育标准统领各项工作，坚持德技并修，按照“管理为体、技术为根、艺术为品”的原则，分层分类建设专业，以“管理＋技术＋艺术”跨界融合的集群化模式，规模化培养复合型零售管理人才，坚持基于现代学徒制的“双元”育人机制，坚持零售管理技术创新与人才培养模式创新相结合，面向零售业服务于人民群众美好生活与产业转型升级的追求，在创建具有中国特色、世界水平零售管理技术技能形成体系方面发挥先锋作用。

4.2.1　指导思想

坚持党的教育方针，结合零售管理高职教育的特性，践行习近平总书记关于教育的重要论述。

坚持将“四个自信”作为新时代零售管理高职教育政治路线的“定盘针”。在中国零售业引领世界产业发展的格局中确立自己的坐标，从新时代中国特色社会主义理论体系中，获取指导零售店长职业教育教学改革的思想指引与理论工具，按照新时代中国特色社会主义现代化要求设计与实施各方面工作，从中华民族传统文化与新时代中国特色社会主义价值体系中汲取精神信仰。

坚持将“实事求是”作为新时代零售管理高职教育认识路线的“开瓶器”。植根于零售管理职业需求规律与零售管理技术创新规律，深化产教融合、校企合作，构建“双元”育人机制，提升标准化建设水平与书证融通，做到教学标准与工作标准有序衔接，完善学分制建设和专业群治理机制，推动教学运行体系与生产经营体系的高效互动，创新职业教育集团化新模式，提高规模化人才供给体系的集约化水平。

坚持将“技术进步”作为新时代零售管理高职教育创新路线的“压舱石”。将创新创业教育贯穿于专业群育人的全过程，秉承跨界思维，跨界建设专业群平台，跨界建设零售管理技术创新与技术积累生态圈平台，教学创新与技术进步协同并进。

4.2.2　建设目标

创新专业布局与集群发展模式，建设国内先进水平的“职业店长”专业群。系统构建零售管理技术技能创新体系，深入改革校企“双元”育人机制与评价机制，全面优化“管理＋技术＋艺术”复合型职业店长培养模式，协同开发职业店长实践教学体系与教学资源，增强零售创新创业教育能力与社会服务能力，提高店长职业教育标准化与国际化水平，为中国零售业发展提供技术支持与人才保障，为城乡劳动力高品质就业创业提供支持，为弘扬中华优秀商业文化搭建平台。

（1）聚焦于为高端零售业培养复合型职业店长。坚持德技并修，贯彻创新创业教育理念，升级毕业生质量标准，落实小班化教学，对接行业先进技术职业技术技能标准、国际零售职业资格标准与专业教学质量认证标准，传承与发扬“素质与能力并进”的专业传统，融入“艺术”丰富职业店长素质层面的内涵，升级“技术”优化职业店长能力方面的内涵，培养门店管理能力突出、专业技术精湛、审美情趣高雅的复合型零售管理人才。

（2）聚焦于零售管理技术技能创新。坚持创新引领，培育创新型教师队伍，搭建零售管理技术创新平台与社会服务平台，形成零售管理技术技能创新与职业店长培养模式创新的协同，率先在店长人才专业技能认证、店长人才现代学徒制教学质量国际化认证、零售创新教学资源库建设等方面形成标志性成果，在零售业技术技能形成体系建设方面发挥引领作用。

（3）聚焦于职业店长专业群现代化发展模式。坚持协同发展，构建校内专业间跨界培养与店长职教集团化培养的“点面结合”集群化发展体系，规模化培养高端店长，形成彰显大国风范的职业教育新模式。

4.2.3　总体规划

1．优化专业群结构

职业店长专业群建设首要的是通过结构优化提升体制机制创新活力。主动适应零售业门店经营业务链与技术链的革新，以高端零售业复合型店长的职业需求为导向，通过“管理+技术+艺术”跨界融合，借助集团化办学，形成彰显示范与特色、国内一流的职业店长专业群。

（1）市场营销加速升级，引领零售管理技术创新，承担职业店长教学标准示范，增强“技术”与“艺术”内涵，深化基于现代学徒制的“双元”育人机制，发挥专业群龙头作用。

（2）工商企业管理、物流管理、电子商务、跨境电商加速衍生，把握零售管理技术与职业店长岗位群关键领域，融入“技术”与“艺术”，建设具有国内一流水平的新型专业。

（3）视觉传播与制作加速重构，占领零售门店空间设计技术高地，融入“管理”内涵，在建设高水平零售门店管理教学资源库方面发挥独特作用。

立足我国零售业对高端复合型店长的规模化需求，在店长职教集团层面，以机制创新作为集团化办学“核心能力”的着力点，推动校际之间专业集群化发展，全面提升店长职业教育集团化办学水平（见图4－1）。

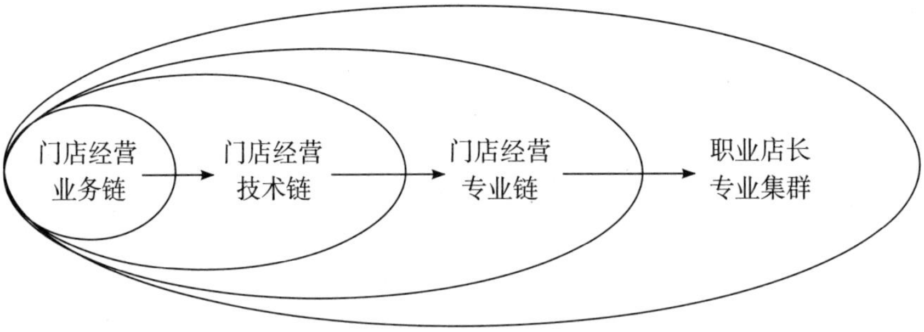

图4－1　职业店长专业集群建设路线

建设“点面结合”集群机制。围绕零售管理关键技术技能跨专业构建教研项目平台（点），形成对关键技术技能的综合开发体系，围绕核心企业业务链与技术链优化集团化办学体系（面），形成技术技能大范围应用与人才规模化培养能力。

推行技术技能模块化建设。将技术技能模块化作为落实教学资源库建设、教师分工协作教学、专业群共享机制建设、教学标准建设等工作的突破口，紧抓高端零售业渠道与门店管理中的关键技术，培育关键技术领军人才与创新团队，搭建技术技能积累体系，夯实零售管理职业教育创新基础。

实施系统工程。坚持问题导向、质量导向，以系统工程破解制约零售店长职业教育高质量发展的难题，基于六类零售管理技术创新，走管理、技术与艺术跨界发展之路，推行五项改革任务，实现育人机制与评价机制的根本转换，搭建四个平台，支持规模化店长人才培养与行业管理变革，沿着结构创新、技术创新、标准创新三条主线，构建“点面结合”二级集群机制，发展核心能力，缔造特色鲜明的专业群，在引领职业教育改革方面发挥示范作用（见图4－2）。

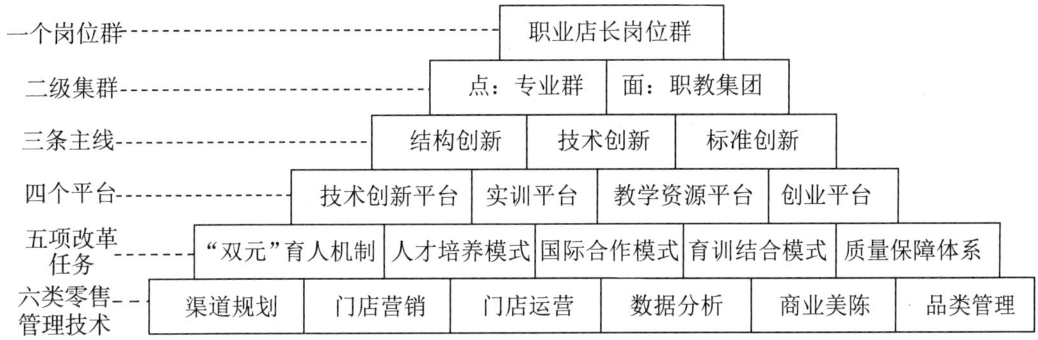

图4－2 职业店长专业群体系要素

2. 专业群中各专业的角色定位

按照“管理为体、技术为根、艺术为品”的原则，分层分类建设专业（见表4－1），将市场营销建成龙头专业，突出营销创新能力在店长职业能力体系中的关键地位，将工商企业管理建成骨干专业，以其作为专业群创业教育的引领者，适应零售数据化及物联网发展趋势，将电子商务与物流管理作为支撑专业建设，视觉传播与制作、跨境电商作为特色专业建设，提高学生的艺术品位与经营管理能力。

表4－1 职业店长专业群的专业构成

在群中的角色	专业名称	目标岗位	衍生专业
龙头专业	市场营销	渠道运营、店长、产品经理	基于粤港澳大湾区新兴零售行业，建设面向健康、文创、数字产业的新型零售管理专业
骨干专业	工商企业管理	零售合伙人、店长、品类经理	
支撑专业	电子商务	网店（品牌）运营、数据分析师、新媒体运营	
	物流管理	零售物流经理	
特色专业	视觉传播与制作	陈列师、新媒体运营	
	跨境电商	网店运营（跨境）	

着眼于零售业转型升级的未来态势，基于粤港澳大湾区零售业新兴业态与业种，建设面向健康、文创、数字产业的新型零售管理专业。

4.3 建设背景分析

中国是世界零售业创新发展的引领者，为创建具有中国特色、世界水平的零售职业教育提供宽阔平台。中国零售业进入到一个变革创新的关键期，淘汰旧的零售技术，重构新的零售技术，彻底提升在新时代、新消费、新物联网环境下的零售效率，是零售业未来发展的主题，为职业教育融入零售技术创新大潮提供了机会，同时也对职业教育提出了更高的需求。粤港澳大湾区是中国高端零售业发展的集聚地，职业店长专业群乘势而为、创新发展，主动担当职业教育改革的排头兵。

4.3.1 零售业发展需要新型职业教育

1. 技术变革重构零售业人力资源模式

在互联网革命背景下，零售业正在经历一个重大的转型，由以商品销售为导向的传统商业模式转型升级为以消费者为主导的新零售模式。随着云计算、大数据、物联网和人工智能等技术在零售行业的广泛应用，传统零售业正在被快速重塑，人才瓶颈成为零售企业进行转型升级所面临的最主要困境之一。据埃森哲的调查研究，新零售在颠覆传统零售企业的组织架构和流程的同时，也在重构传统的人力资源模式，现有的员工难以适应新环境且缺乏及时进行自我调整的行动力，难以为企业在充满不确定性和挑战的竞争环境中赢得竞争优势，必须重新审视新零售的力量，特别是适应数字技术带来的颠覆性创新，加大在新零售领域的人才储备，尤其需要关注职业店长的培养，适应未来零售发展趋势。

自 2006 年开始，新零售进入快速发展阶段，专业人才缺口大。新零售具有六大特征（见表 4－2）。

表 4－2 新零售的六大特征

新角色	零售商从交易的中介转变为供应链的组织者，指导供应链前端的设计和末端的消费模式
新内容	零售内容由单纯的商品转变为“商品＋服务”
新业态	零售业态从服务生产制造转为服务消费需求
新业种	随着智能制造的发展，新型零售业种不断出现
新关系	供应链关系由对立、博弈的上下游关系转变为互利共赢的合作关系
新理念	价值创造成为零售经营的出发点

2017 年，我国零售百强企业销售规模达到 6.08 万亿元，同比增长 26%。零售业上接生产、下连消费，是国民经济的重要先导产业之一，直接影响和带动经济总量的增长与产业结构优化，关系人民群众生活品质的高低。全国零售业从业人数也由 2008 年的 4 500 万增加到现在的 6 000 多万，根据国家信息统计中心有关调查数据显示，中国零售业在未来几年各类专业人才的需求量约为 1 000 万人，而市场供应量仅有 400 万人左右，专业人才缺口很大。

改革开放以来，零售业走过了具有跨越性和巨变性的发展历程，无论是在行业规模、发展速度，还是组织业态创新、现代化水平提升以及对国民经济贡献等方面都发生了深刻变化。特别是近5年来，随着国家扩大内需、转变经济发展方式等系列政策的实施，以及服务业发展步伐的加快，零售业取得长足发展，城乡消费市场日趋活跃繁荣，在引导生产、促进消费、扩大就业方面的作用日益突出，已经成为推动经济社会发展的一支重要力量。

2. 零售业加速大湾区经济体系现代化进程

新零售不仅仅是零售业问题，更关系到产业链和价值链的重构，其功能和作用已远远超出流通范畴。作为现代服务业重要组成部分的零售业是经济发展的客观需要，也是国家启动市场、扩大内需的战略任务。它不仅是改变经济增长模式、寻找经济持续发展的引擎，也是构建和谐社会、丰富群众生活内容、优化生活质量的一项民生工程。“互联网 + 商贸流通”是粤港澳大湾区重要城市启动经济增长的新动力。广东省是商贸大省，广州是千年商都，深圳是现代商都，香港是国际商都，零售业在大湾区产业链和价值链的转型升级中扮演着重要角色。

《广东省现代服务业发展“十三五”规划》明确：按照产业发展对商品流通的需求，加快构建现代采购分销体系，努力建设门类齐全、布局合理、运营灵活的全国现代流通中心、国际采购分销中心、电子商务中心和商品信息采集中心，以“广东制造”为依托，以“广东商贸城”为品牌，在国内外大中型城市建设一批“广东商贸城”，促进优势产品内销；鼓励本土具有较强影响力的专业市场以连锁经营的方式向国内外扩张，为广东产品开拓国内外市场、扩大内外需提供支撑。

3. 零售业创新发展期待高职商科教育变革

新一轮科技与产业革命促进了现代零售业商业模式创新发展，新商业的发展对商科人才培养提出新的需求和期待。如何培养适应新商业发展的人才已经成为产业界和教育界共同关注的重要课题。

新商业环境下主流商科人才发展趋势，对商科人才的能力结构提出了新的要求。高职院校需要凝聚资源，为新商业时代零售人才培养提供新理念、新思维和新方法。升级商科人才培养目标，系统构建新商科教育教学体系，推行数字时代校企协同创新商科人才培养模式，重构以学习者为中心的教学互动关系，激活学习者热情，提升教学价值；重构新商科教育生态圈，创变新商科人才创新力、创业力和领导力培育体系，服务新产业、新业态领军人才需求（见表4－3）。

在新时代、新生活、新商业环境下，新零售业店长需要具有复合能力：用创新的方式管理，例如新媒体；用新技术工具运营，例如基于大数据优化品类；用具有美感的设计关注生活，例如场景设计；用创业的心态工作，例如在合伙人机制下创造价值。

表4-3　零售变革对人才培养的需求

驱动力量	零售变革	对专业技术的需求	人才培养目标
1. 颠覆性技术：物联网、机器人、人工智能 2. 人口结构：老龄化、高等教育大众化 3. 资源与环境：能源紧张、绿色消费 4. 社会秩序：国际化	1. 数据化变革 2. 消费终端互联网化 3. 利润率降低 4. 场景化体验 5. 组织结构网络化 6. 人员减少 7. 分工更细致 8. 国际化	1. 营销创新能力 2. 独立工作能力 3. 网络体系中的协作能力 4. 专注于具体工作的专业能力 5. 场景设计能力 6. 运用数据精准识别用户需求与为用户提供解决方案的能力	1. 重视创新能力、设计能力、运营能力 2. 重视人文素养、美学与环保意识 3. 培养国际化视野 4. 培养跨文化交流与传播能力

4. 现代零售业的“银领”——职业店长的人才需求

大国零售业需要与之相匹配的职业人才培养体系。店长人才是决定零售企业市场体系拓展节奏的战略资源，店长供给速度决定开店速度是业内的共识。2017 年，中国连锁百强企业销售规模达到2.2 万亿元，同比增长 8.0%，占社会消费品零售总额的 6.0%，连锁门店总数 10.98 万家，同比增长 9.1%。而零售企业普遍面临的问题是店长离职率高、门店从业人员学历层次偏低、成才率低、企业培训资源相对不足等问题，这充分表明了开展职业店长教育的必要性与紧迫性。见图 4-3。

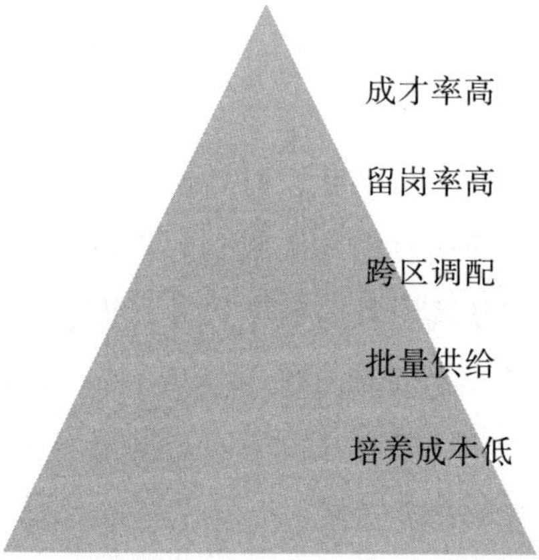

图4-3　店长人才供给体系的效率指标

零售店长人才供应链亟待重构。伴随中国经济步入新常态，零售业进入转型升级的调整期，通过互联网、大数据、人工智能等新技术的运用及经营模式创新重塑企业价值是行业发展的主流趋势。在创新原有商业模式的过程中，必然会涉及经营理念转变、价值链重新定位、盈利模式创新、组织结构调整等一系列变革，需要建立与改革相匹配的人才队伍。企业、学校、行业协会等多方协同构建店长人才供应链已经成为关乎连锁零售业发展的战略选择，见表4－4。

表4－4 现代零售业对店长人才培养的关键诉求

能力诉求	六项能力：营销能力、规划能力、运营能力、数据分析与决策能力、设计能力、学习能力
体系诉求	五项指标：批量供给、成才率高、留岗率高、培养成本低、跨区调配
标准诉求	一个口径：教学标准与职业技术标准相一致

4.3.2 店长职业教育需要凝练中国特色

中国是零售业变革的引领者，但零售人才职业教育发展水平亟待提升。零售人才职业教育在发达国家有成熟体系，除了市场化服务机构外，大学开设零售管理专业有近50年的发展历程，形成了完善的科学研究、技术创新、职业教育与培训体系，知名大学或机构包括英国伦敦城市行业协会、英国玛格丽特女王大学、新西兰梅西大学、美国康奈尔大学等。国内开设零售管理专业的高校仅有上海商学院，作为零售店长培养主力的高职院校尚未开设零售管理方面的专业，零售店长培养主要集中在市场营销、工商企业管理、连锁经营管理、电子商务等专业。高职院校培养零售店长的专业普遍存在以下七个问题：①培养定位不清晰；②培养规格偏低端；③培养体系不健全；④教学资源匮乏；⑤规模化培养能力不足；⑥教学标准与职业标准不健全；⑦技术创新与社会服务能力弱。

发达国家的如下经验值得我们学习借鉴，对建设中国特色、世界水平的零售职业教育具有参照意义。

（1）用高水平职业标准保证人才培养的质量。职业教育发展好的国家无不重视职业技术技能标准建设，将其贯穿于职业人才培养全过程，并有完善的第三方质量保障体系。

（2）用多元化育人体系保证培养机制的活力。学校、企业、行业协会、政府等多方参与的职业人才育人体系发展成熟，学校治理结构、学分制、资历框架等制度完善，多元协作的交易成本比较低，多元育人机制与学生学习过程和职业生涯管理得以充分衔接。

（3）用技术创新型组织体系保证教育活动的价值。发达国家的职业教育类院校重视技术创新与技术积累，在与企业的合作中，注意坚守教育本位。譬如在零售门店营销领域，国外院校形成了购物学、零售空间设计、零售空间消费者行为方面的研究成果，并以此引领教学设计。相较而言，国内院校则更加重视对岗位技能的训练，对技术及技术之后的学术问题关注不够，见图4－4。

以“当地离不开、业内都认同、国际可交流”为参照，国内零售职业教育与行业需求有差距，与国际水平有差距，其原因主要在于：

（1）培养能力与行业规模化需求的对接水平需要提升，专业缺少协同，不能适应大国零售业发展对高端店长规模化培养的需求。

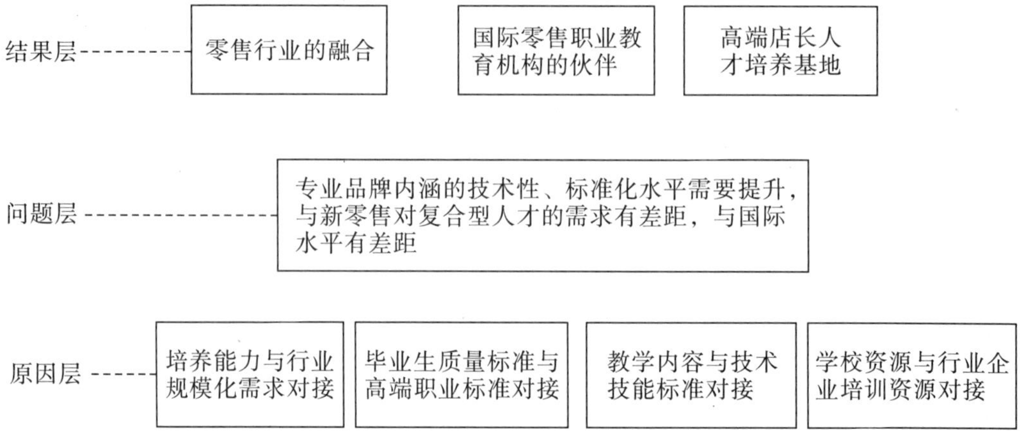

图4－4　零售职业教育差距分析

（2）毕业生质量标准与高端职业标准的对接水平需要提升，专业人才培养定位过于低端，不能适应高端零售业发展需求。

（3）教学内容与行业技术技能标准的对接水平需要提升，教学体系缺少主动适应性，跟不上行业技术革新速度。

（4）学校资源与行业企业培训资源的对接水平需要提升，教学资源共建共享机制不完善，零售职业教育资源相对不足。

4.4　建设基础

近年来，本专业群立足广州，面向珠三角地区，定位职业店长培养，坚持将深度校企合作作为促进就业质量、提升专业发展水平的抓手，充分利用国家推动现代学徒制试点与职业教育集团化办学的重大机遇，形成了特色鲜明的专业品牌，取得了国家级教学成果奖等荣誉，具备向更高水平发展的坚实基础。

4.4.1　理念与定位

1. 办学理念

贯彻落实习近平总书记“人民对美好生活的向往，就是我们的奋斗目标”的执政理念，服务现代零售业的快速发展与迭代升级，深化产教融合、校企合作，促进教育链、人才链与新零售产业链、创新链的有机衔接，以“学生、企业、教师”的协同发展作为专业群建设的三个基点，不断提升服务行业企业的贡献度，提升新零售对于人民美好生活的满意度，提升学生和教师的幸福感。

2. 办学定位

建设服务现代零售行业、国内领先、世界一流的“职业店长”专业群。坚持为人民美好生活服务，为中国共产党治国理政服务，为中国零售业引领世界零售业发展服务，为新零售助力粤港澳大湾区服务，坚持“德技并修”“育训结合”，传承“工匠精神”，重视现代零售业对管理创新、技术创新以及审美升级的需求，培养“管理 + 技术 + 艺术”跨界融合的复合型、创新型高端店长。

4.4.2　优势与特色

“职业店长”专业群源于管理学院的工商管理专业群。管理学院于 1995 年成立，先后设立了工商企业管理、市场营销、电子商务和物流管理专业，并于 2014 年按学校统一部署，启动了工商管理专业群建设，2016 年管理学院获批广州市“职业店长特色学院”，逐步形成了以工商企业管理为中心、以市场营销为龙头、以电子商务和物流管理为两翼，基于零售产业链培养职业店长的格局，形成了以下八个方面的优势与特色，被国内相关企业和院校称为高职经营类专业群建设的一面旗帜。2018 年，学校为适应特色高水平学校建设需要，对该专业群进行重新布局，形成以市场营销为龙头专业、以工商企业管理为骨干专业、以物流管理和电子商务为支撑专业、以跨境电商和视觉传播与制作为特色专业的“职业店长”专业群新格局。

1. 实现了人才培养目标与培养模式的转型升级

将营销、管理类专业人才培养目标定位于“零售店长”，彻底改变面向各行各业培养“万金油”、不能满足行业企业用人需求的状况；同时与中职培养店员相区分，升级人才培养目标。

以现代学徒制为抓手，升级人才培养模式，面向天虹、百果园、丝域、绿叶居等 4 家企业，连续 4 年通过“招生即招工、入校即入厂、‘双导师’培养、双环境交替”，真正实现“工学结合”，用 2 ~ 3 年将 60% 以上的学徒培养成零售店长，进而在课程、基地、师资、学院建设等方面实现专业群建设的全面转型升级（见图 4 – 5）。

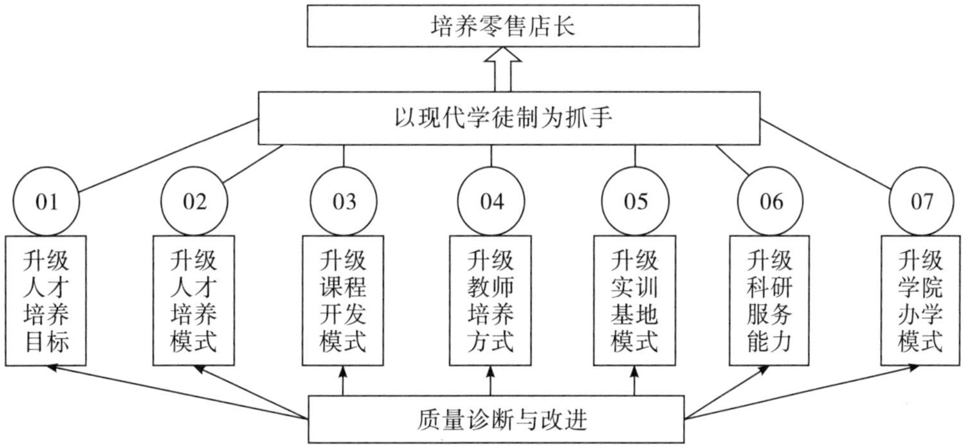

图 4 – 5　专业群建设全面转型升级

2. 完成了校企合作从1.0到4.0阶段的全面升级

2008年以前，工商管理专业群的校企合作停留在以“顶岗实习”为代表的1.0阶段，实施“2.5+0.5”的人才培养模式；从2009年起，选择具有教育价值和教育功能的企业，探索“2+1”的“店长订单班”培养模式，进入了校企合作的2.0阶段；2011年与华好集团合作，成立华好学院，实施以学校为主导的“双元”培养模式，进入了校企深度合作的3.0阶段；2014年起与百果园等企业合作，实施现代学徒制培养职业店长，进入了校企深度合作的4.0阶段。

目前全面发挥企业办学的重要主体作用，成立名创优品学院、天虹学院、丝域学院等企业学院，校企“双主体”办学、以企业的人才需求为主导、以学生的成长与发展为中心，“双元”培养、育训结合，解决了实训基地与工作场地一体化、企业课程与学校课程一体化、企业师资与学校师资一体化等方面的问题，同时为企业解决招工难、人员流动率高、人才培养难等方面的问题，提升服务行业企业的贡献度（见表4-5）。

表4-5 校企合作从1.0到4.0阶段的全面转型升级

校企合作阶段		校企合作与人才培养模式	优劣势分析与比较
校企合作从广度走向深度↓	1.0阶段 顶岗实习	广泛吸纳合作企业，以半年顶岗实习为主要特点，校企合作实施“2.5+0.5”的人才培养模式	合作企业数量可观，但人才培养定位低端，虽然有效提升了学生就业率，但就业质量不高，学生跳槽频繁，不能满足校、企、生三方需要
	2.0阶段订单班	选择具有教育价值的企业合作，将“企业订单班”作为专业选修课的一个系列，安排在第五学期并与第六学期的顶岗实习相衔接，实施“2+1”的人才培养模式，培养职业店长	学生在企业一年不仅体现了“职业性”还体现了“教育性”，而店长的培养目标也体现了“高等性”，在一定程度上满足了校、企、生三方需求。但“2+1”模式中的两年和一年的人才培养依然是“两张皮”，未能有效融合
	3.0阶段“校中厂”“双元”培养	校企“双主体”办学成立以企业冠名的特色学院，以“校中厂”为主要办学形式培养职业店长，实施校企“双元”培养模式，但是以学校为主导，体现在教学的时间、地点、师资、方式甚至内容等方面	学生三年学习期间可全程实施校企“双元”培养，解决了“2+1”模式的“两张皮”问题。但因主要学习场所依然在学校，脱离了商科专业的市场工作环境，培养出的店长人才依然不能与企业零对接
	4.0阶段 现代学徒制	校企“双主体”办学成立以企业冠名的特色学院，以“厂中校”为主要办学形式培养职业店长，通过“招工即招生”，实施以“在岗学习”为本位的现代学徒制人才培养模式，体现以企业为主导	学生具有学生和学徒双重身份，走进市场、走近企业，学习的内容是工作的内容，学习的方式以“在岗学习”为本位，且工学交替，企业承诺学徒制学生后即可有90%以上升任店长，实现了人才培养与企业的零对接

3. 开创了商科“高素质、强技能”的综合实践课程

2001 年自主研发商科学生“实战型”综合实践课程“工商模拟市场实训（开店）”，为学生创设由在校师生组成的有万余人的真实市场，让千余名商科学生组建百余个校内临时企业，自主经营，自负盈亏，完成企业成立与生产经营全过程的工作任务，进行实战型训练，该课程已经开展了 20 年，并不断进行实践和完善。“工商模拟市场实训（开店）”是基于工作过程系统化的课程，循环递进地开课三次，学生每学年“开店”一次，三次实践不同的经营范围、不同的经营规模和不同的盈利水平，在“做中学、学中做”，全方位提升学生的职业能力（见图 4－6）。

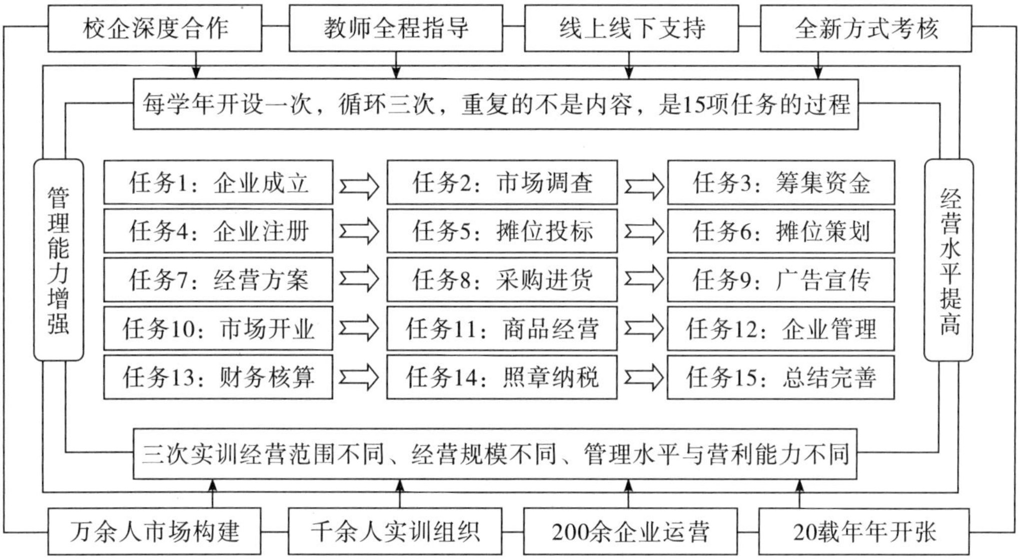

图 4－6 全方位提升学生的职业能力

2002 年自主研发“体验式”的综合素质课程“职业规划与成功素质训练”，在对企业广泛调研的基础上，确定了以职业规划为起点，以就业能力为落脚点，中间有增强进取心、建立诚信素养、科学管理时间、培养积极心态、学会有效沟通、培养个人自信、加强团队合作、提高学习能力、培养创新能力、提高解决问题能力这 10 项素质，分五个学期层层递进地持续训练，改革传统教学组织与学习策略，摒弃“说教式”“鸡汤式”的教学方式，每项素质都设计出真实项目，让学生通过“体验式”“探究式”的学习，全面提升个人的综合素质（见图 4－7）。

4. 创设了有利于教师培养与发展的赋能型“自组织”

管理学院于 2014 年成立了我省公办高职院校第一个教师发展中心，探索了“公益型”“自组织”的发展之路，通过“青蓝工程”“半山学堂”“名师工作室”“青橙生涯咨询室”“小而美读书会”等搭建了“自我赋能”的教师发展平台，构建了“纵向为专业教研室、横向为自组织平台”的矩阵式、赋能型的专业群组织机构。

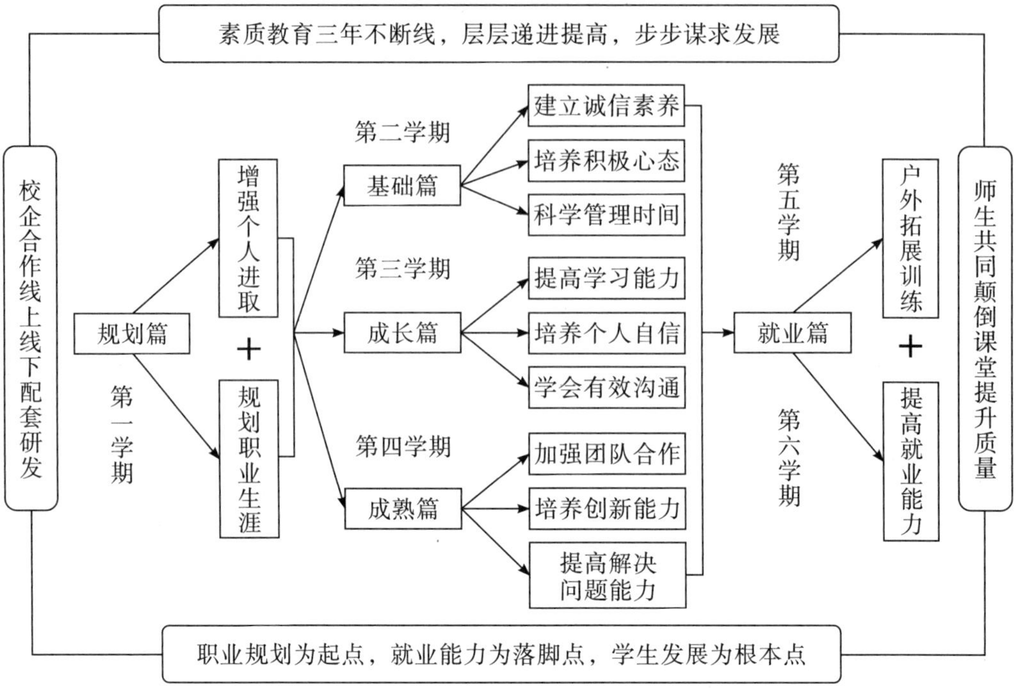

图 4-7　全方位提升学生的综合素质

与此同时，基于高职教师的岗位与任职需求，研制了职业能力标准，并借鉴职业教育课程开发方法，基于教师的工作过程和工作任务开发了“成为一名优秀高职教师”“店长领导力与学徒培养能力”“领导力与执行力”等教师培训课程。为体现“学中做、做中学”的人才培养理念，启动“名生工程”，让教师在人才培养的过程中与学生协同成长。

5. 构建了“三维立体”店长人才培养的新体系

传统零售行业的店长往往基于企业内部培养，本专业群提出了以“连锁企业学院”为基点，通过校企合作、校校合作，实现规模化、集约化培养店长人才的新思路。“三维立体”是指以不同专业按类型、企业学院按行业、职教集团按区域来培养店长，解决校企、校际之间人才培养协同度低，难以满足零售行业和企业对店长人才大批量、跨区域、持续性的需求问题。

基于现代学徒制，将传统按学科体系设置的管理学院打造成为职业店长学院，下设市场营销、工商企业管理、电子商务、物流管理等专业，基于零售产业链的销售、管理、网店、配送等按类型培养店长；发起成立店长职教集团，下设百果园、名创优品等不同企业学院，每个学院依托果品、快消品等按行业培养店长；职教集团则在全国不同院校，以连锁企业学院的形式按区域培养店长，开创了校企合作、校校合作培养零售店长的新体系（见图 4-8）。

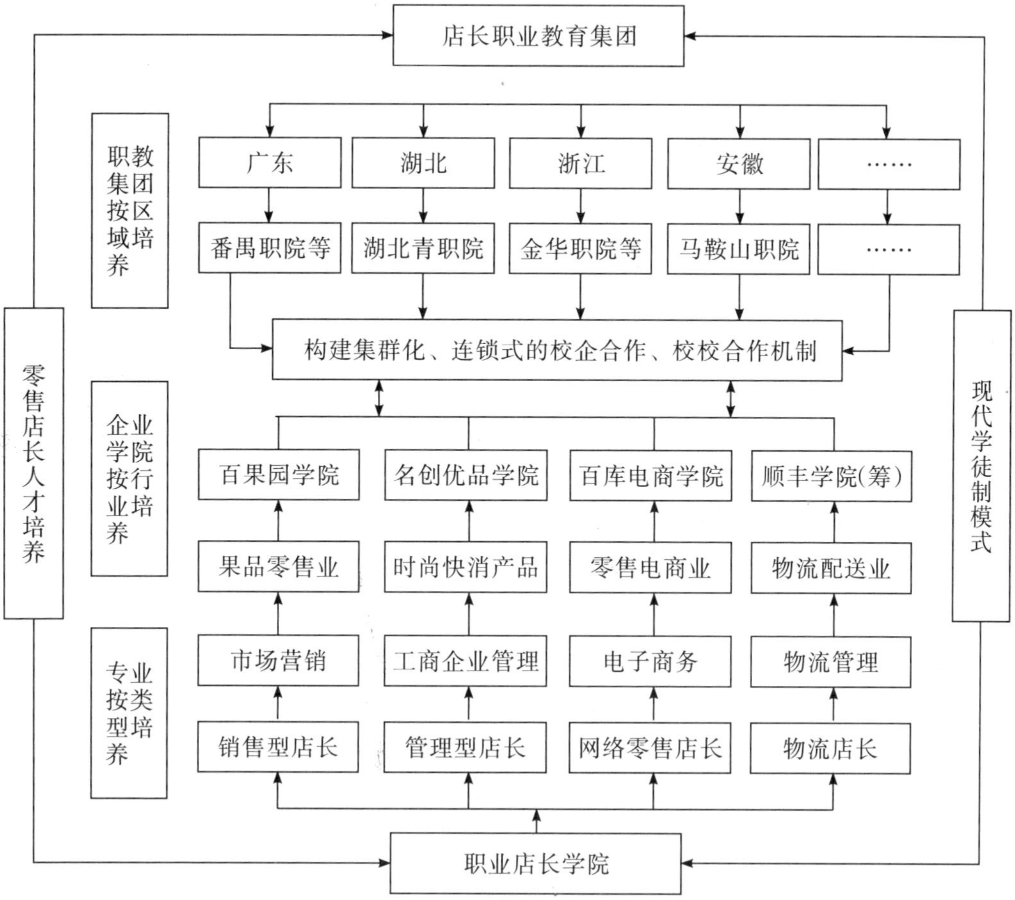

图4-8 基于现代学徒制的零售店长人才培养体系

6. 研制了现代学徒制专业教学标准和行业指导意见

为保障店长职教集团内不同院校店长人才培养质量，有效对接门店经营与管理标准，校企联合研制了现代学徒制市场营销专业教学标准、课程标准，开发了相关教学资源。如适合工学结合、工学交替的“销售型店长”“管理型店长”“经营型店长”“职业店长综合技能训练”等课程。相关标准和资源在店长职教集团中全面共享，以此提升零售行业店长人才培养质量。

受中国连锁经营协会委托，研制并发布了《连锁经营行业推进现代学徒制指导意见》，包括《连锁经营行业现代学徒制校企合作工作内容指引》《连锁经营行业现代学徒制企业评价标准》《连锁经营行业现代学徒制学徒管理办法》《连锁经营行业现代学徒制校企合作常见问题解答》，并以中连协〔2018〕31号文件下发，供行业内企业与学校参照执行，这标志着我校服务行业与企业的贡献力不断提升。

7. 获评了电子商务、跨境电商人才培养的多个示范基地

专业群的店长人才培养既面向线下，也面向线上；既面向境内，也面向境外。境内

电商主要基于“动态能力”机制构建实践项目链，通过分析工作岗位所必需的新能力、新技术，将其任务化、项目化，构成新的“动态能力集”并及时调整补充到实践教学体系中，形成专业实践项目链，并环环相扣、逐级深入。跨境电商一直致力于解决跨境领域复合型人才短缺的核心问题，创新提出并实践了“课证融合、课岗融合、课赛融合”的“三融合”，以及“单一岗位业务员、复合型业务员、业务经理”的“三进阶”人才培养模式，在课程建设、校企合作、实践基地建设上起到了示范作用。

作为全国唯一一家高职院校获得了淘宝大学“县域电商人才服务商”资质，借此有效利用淘宝大学提供的各项资源，深耕华南区人才培训市场，承接政府的电商创业人才培训服务以及为企业输送符合要求的电商人才。专业群还获得了商务部授牌的“全国跨境电商校行企合作教育示范基地”、教育部授牌的“全国高校跨境电商师资培训基地”以及“全国跨境电商专业人才培养示范校”等称号。

8. 带动了国内相关专业和院校的协同发展

专业群带头人阚雅玲为国家“万人计划”教学名师，2012 年受邀作为 4 个代表之一，在全国示范高职院校校企合作高峰论坛上做题为《校企深度合作　共建华好学院》的典型发言。2015 年受邀作为高职 2 个代表之一在教育部组织的现代学徒制国际研讨会上做题为《校企共建百果园学院　深度探索现代学徒制》的大会发言。2016 年在教育部首批现代学徒制试点经验交流会上作为 2 个专业的代表之一分享试点经验。

近年来，专业群承担了 20 余个国培、省培项目，如“高职教师综合能力提升培训”“翻转课堂与微课程开发及应用”“现代学徒制试点与专业和课程建设”“高职院校中层领导力与执行力”“电商骨干教师 SEO 实战技能与企业顶岗培训班”“电商骨干教师移动电商与网店美工专项技能提升培训班”“跨境电商平台操作技能培训班”“跨境电商综合素质提升班”等，面向国内中高职教师开设课程建设、专业建设、示范建设、现代学徒制、中层领导力等公开课程，并应邀为 200 余所中高职院校和相关机构讲学，培训 2 万余人。

4.4.3 重大成就

国内工商管理专业群建设成效突出的学校集中在有商业背景的院校，如无锡商业职业技术学院、浙江商业职业技术学院和山东商业职业技术学院等，而广州番禺职业技术学院虽属综合性院校，但工商管理专业群在课程建设、教学名师、教学成果、现代学徒制、职教集团等方面取得多项重大成就，与具有商业背景的院校相比，在国内同类专业群中依然处于领先位置。

1. 荣获 3 门国家级课程

专业群带头人阚雅玲教授主持的“工商模拟市场实训（开店）”在 2008 年荣获国家精品课程、在 2016 年荣获国家精品资源共享课程；主持的“职业规划与成功素质训练”在 2010 年荣获国家精品课程、在 2016 年荣获国家精品资源共享课程，而且，该课程

2016 年与本科院校一起竞争，荣获广东省高职院校中唯一的一项国家级精品视频公开课程。3 门课程首批入选中国职教 MOOC 频道。

2. 荣获 3 项国家教学成果奖

专业群带头人阚雅玲教授主持的“基于现代学徒制的零售店长人才培养体系构建与实践”课题荣获 2018 年国家教学成果奖二等奖、广东省教学成果奖特等奖；阚雅玲主持的“商科学生‘实战型、体验式、网络化’技能与素质并进的课程创新与实践”课题荣获 2014 年国家教学成果奖二等奖；阚雅玲参加的“基于职业发展的高职素质教育体系构建与实践”课题荣获 2009 年国家教学成果奖二等奖。

3. 专业群带头人入选国家“万人计划”教学名师

专业群带头人阚雅玲曾在特大型企业工作十年，自 2000 年起在我校任教，2005 年荣获校首届教学名师，2008 年荣获广东省高职院校首批教学名师，2015 年荣获广东省特支计划教学名师，2016 年荣获国家第二批“万人计划”教学名师，2018 年入选广州市高层次人才，同时入选广东省首批职业教育名师工作室主持人。

4. 入选全国现代学徒制试点首批 34 个典型案例

教育部组织专家对现代学徒制第一批试点单位进行验收，确定 124 家通过验收，32 家暂缓通过验收，3 家不通过验收，2 家延期验收。我校顺利通过验收，其中市场营销专业的“基于现代学徒制的零售店长人才培养体系构建与实践”入选全国首批现代学徒制试点 34 个优秀案例。

5. 成立全国唯一一个由专业群牵头的职教集团

2016 年，专业群牵头 10 家行业领先企业、20 所中高本院校和 1 家连锁经营协会，成立店长职教集团。集团以现代学徒制“职业店长”培养为抓手，构建了“不同专业按类型、企业学院按行业、职教集团按区域”的三维立体零售店长人才培养体系，探索职业教育集群化、连锁式办学道路。店长职业教育集团于 2017 年入选全国集团化办学典型案例，2018 年入选广东省示范职教集团建设项目。

6. 入选广东省一流高职院校高水平建设专业

市场营销入选广东省一流高职院校高水平建设专业；工商企业管理和物流管理在 2009 年入选广东省高职示范校重点建设专业，2015 年入选广东省高职重点专业；电子商务在 2012 年入选广州市示范建设专业，2015 年作为全国唯一一家高职院校获得了淘宝大学“县域电商人才服务商”资质。管理学院基于这 4 个专业打造的职业店长学院入选广州市高职特色学院，专业群还荣获 3 项省级校外实训基地。

7. 入选广东省优秀教学团队并获 100 余项国家、省级大奖

2015 年工商企业管理专业团队入选广东省优秀教学团队，2017 年市场营销专业团队入选校级优秀教学团队，商业学徒制学术团队入选学校科研创新团队。专业群团队拥有教授 6 人，副教授 18 人；国家名师 1 人，省级领军人才、省技术能手、省“千百十”人

才培养对象、广东省高校优秀青年教师培养对象等4人；省高层次企业兼职教师8人。近年来，教师获得国家、省级信息化教学大赛、教学能力比赛奖励30余项，指导学生参加技能竞赛，获国家、省级大奖100余项。其中，在2013年第十三届“挑战杯”全国大学生课外学术科技作品竞赛中荣获的国赛二等奖及交叉创新二等奖，是高职院校获得的最高奖项。

8．科研与社会服务能力不断提升

以近2年为例，2016年9月我校入选广东省一流高职院校，4年建设期的科研与社会服务业绩指标分解到工商管理专业群（专任教师共40人），其中：核心论文25篇，纵向课题到账额200万元；省部级课题4项，横向课题到账额100万元；社会培训1.08万人次，到账金额320万元。截止到2018年8月31日中期验收时，2年完成情况如下：核心论文22篇，纵向课题到账额218.48万元；省部级教学改革8项，横向课题到账额88.32万元；社会培训0.9327万人次，到账金额191.15万元，全部大幅超额完成中期任务。

4.4.4 服务行企贡献

1．校企合作典型案例

（1）与新零售代表、行业领先企业天虹商场股份有限公司等企业合作，以现代学徒制为载体，培养职业店长。专业群与天虹商场股份有限公司（股票代码：002419）、深圳百果园实业发展有限公司等企业合作，以现代学徒制模式联合培养适应新零售发展需要，掌握门店规划能力、运营能力、创新营销能力、数据分析能力、商品陈列能力并具有美学修养的职业店长。校企“双主体”办学成立天虹学院、百果园学院等企业学院，签订合作框架协议，对合作内容、运行机制、招生与招工、专业建设、师资队伍建设、实训基地建设、产学研合作、双方权利与义务等达成了共识。在此基础上校企双方又签订了《现代学徒制联合培养协议》，对现代学徒制试点内容、工作机制、招生与招工、日常教学管理、毕业与就业、办学费用结算等进行了约定。自2015年以来共为4个企业招收近500名学徒，同时成为企业的员工和我校的学生，经过2~3年的培养，超过70%的学生晋升为零售店长。

（2）与中国500强、零售行业龙头企业永辉超市股份有限公司等企业合作，以订单班为载体，培养零售合伙人。为适应新零售行业、企业变革与发展需要，专业群与永辉超市股份有限公司（股票代码：601933）在大三全年开展了企业订单岗位合作培养。以自愿为原则，由公司与学生进行双向选择达成培养意向后，学生到企业进行为期一年的在岗学习，并由公司安排企业品类教师负责一对一指导，系统学习掌握零售门店的基础技能，并逐步成长为具有较强创新创业能力和门店管理能力的基层管理者和企业的“合伙人”。截至2018年，工商管理专业群与永辉超市股份有限公司等企业共开设100余个订单班，订单学生培养超过1 000余人，晋升店长、合伙人及相关管理人员的比例超过

50%，学生的表现与成长获得了公司的一致认可，实现了学生受益、企业获益和家长满意。

（3）与零售跨国企业广东名创优品股份有限公司等企业合作，以“教学门店”为载体，构筑校企合作育人平台。专业群与广东名创优品股份有限公司合作，按照“学校出地、企业出资”的模式，在校园建设了占地100平方米，耗资60万元的“职业店长培养基地——名创优品校园体验店”（以下简称“培养基地”）。该培养基地借鉴新加坡南洋理工学院“教学工厂”的人才培养模式，采取“教学门店”模式进行建设，实现以企业为主体，以项目为载体，以任务为引领，全程“双元”培养，工学结合、工学交替。该基地以培养职业店长为目标，由企业派遣优秀的店长负责日常管理，实训课程由店长统一带教，所有实训学生均作为企业员工参与到门店运营过程，系统学习门店卖场布局、商品陈列、商品采购、价格管理、促销管理等知识与技能，真正做到教学内容与工作内容对接，教学过程与工作过程对接，教学场地与工作场所对接，实现校企合作人才共育。

（4）与国内最具实力的卫浴品牌企业箭牌卫浴等合作，以企业线上店铺为载体，构建线上店长人才培养体系。专业群与电子商务行业内实力雄厚的企业合作，成立校园电商工作室，实施“双导师”制，校内教师与企业教师经过精心设计，将企业的实战任务如网络客服、策划文案、网店运营、产品摄影、详情页设计等设计成为职业技能竞赛任务或教学实训任务，学生在校内教师与企业教师的指导下独立完成任务。在此基础上，校企共同成立“电子商务运营精英”训练营，以真实的店铺运营和工作任务为载体，企业讲师团和专业教师共同指导，进入运营精英班的学生按照人才培养方案进行课程替代，实训结果与学生的成绩和学分挂钩，形成了“校内专业培养＋校园电商工作室＋校企“双导师”指导＋企业店铺实战”的校企深度合作的线上店长人才培养体系。

2. 服务行企主要贡献

（1）专业群直接服务贡献。我校基于现代学徒制为天虹、百果园等4家企业招收四届学徒近500人，因入学前要签订用工合同和三方联合培养协议，故保证了就业率、对口率均为100%；毕业生店长成才率超过80%，学生与企业满意度超过90%。通过订单班为永辉、名创优品、珠海丝域等行业领先企业输送1 000余名储备店长，近年来专业群已成功培养出零售店长近500人。

专业群通过横向课题与咨询项目，如“校企协同育人平台开发与整体解决方案”“百果园店长带教能力提升解决方案”“双十一电商项目技术服务外包”“华南诚通物流有限公司阳江物流项目可行性研究”“广州米格方舱制造有限公司人力资源管理整体解决方案管理咨询”等，为合作企业解决选人、育人、用人、留人等难题，并为企业提供电子商务和物流管理等方面的技术咨询与服务。

（2）带动其他院校共同服务。我校与百果园等企业成功实施现代学徒制后，广东农工商职业技术学院、中山职业技术学院、东莞职业技术学院等多所院校获得广东省教育厅批准的现代学徒制百果园店长班的招生资格，与我校以“连锁”形式为百果园公司培养店长。马鞍山职业技术学院、湖北青年职业技术学院、江西环境工程职业技术学院等以“连锁”形式开设百果园学院、名创优品学院等20余家。店长职教集团中还包含了台湾树德科技大学、武汉商学院、浙江金华职业技术学院在内的中高本院校30余家，连锁式、集团化的零售店长人才培养体系应用范围不断扩大。

国家教学名师阚雅玲领衔开展现代学徒制及职业教育骨干教师培训班，学员共计2万余人，并积极辅导成员单位开展现代学徒制师资（师傅）队伍建设工作。阚雅玲名师工作室入选广东省职业教育名师工作室，以名师工作室为基地、以院校与企业名师为引领、以骨干教师为主体、以教育服务型企业为支撑等现代学徒制培训与辅导组织体系逐步形成，为其他院校开展现代学徒制提供了支持与帮助。

（3）引领行企人才的选拔与培养。针对校企合作“企业热、学校热、学生冷”的难题，开发“企业校园大使计划”，并与天虹、百果园、永辉、丝域等单位合作探索，引导丝域集团在发挥校园大使促进校企合作绩效方面形成具有推广意义的做法，为完善校园大使计划提供了宝贵经验。拓展企业学院体系，用“连锁”形式建构与维系校企合作长效机制。支持与引导百果园学院、名创优品学院、天虹学院、丝域学院、绿叶居学院等拓展合作伙伴，在制定《企业学院建设工作指导意见》的基础上，完善企业学院运营方案和企业学院连锁机制。尝试开展现代学徒制店长人才认证服务，借助认证服务促进企业学院的协同化。

店长职教集团目前有合作企业30余家，且不断扩大。近年来，店长职教集团为零售行业输送店长及储备人才近万人。为扫除因标准缺失给人才协同培养带来的障碍，受中国连锁经营协会委托，研制了《连锁经营行业推行现代学徒制指导意见》，并在2018年5月18日的中国连锁企业人力资源峰会上发布。组织团队完成了《现代学徒制项目实施方法》专著的撰写工作。由市场营销专业与珠海丝域联合开发了《教学门店与学徒岗位建设方案》，形成了标志性成果。经过5年的探索，形成了行业、企业、院校相互支撑的现代学徒制发展模式。

4.4.5　生源与培养质量

（1）学生报考与报到踊跃，录取分数线超过本科，“入”口很火。近3年来，工商管理专业群的招生持续保持良好的势头，学生对专业的热度有增无减。近年来的招生分数都超过2B本科线，第一志愿投档率超过90%。近3年的本专业录取分数均保持在高位，2016年录取分数线文科为443.98分，理科为428.83分；2017年录取分数线文科为452.73分，理科为404.57分；2018年录取分数线文科为477.67分，理科为408.8分。学生高考录取分数线超过本科分数线，第一志愿录取率为100%，报到率超过92%，本专业在社会上有很高的认可度。

（2）用人单位对工商管理专业群毕业生评价很高，“出”口很旺。根据麦可思调查公司提供的数据，近年来工商管理专业群的就业率始终保持高位，平均在98%以上；毕业生的就业质量也得到持续改善与提高，毕业生工资水平近年来保持在4 000元以上，对母校的满意度均在95%以上。专业群建立了由用人单位、学生、麦可思调查公司等多方共同参与的人才培养质量评价机制，多角度、全方位地开展了毕业生跟踪调研。结果显示：用人单位对本专业群毕业生的综合评价称职率平均达到96%以上，优良率平均达到92%以上；93%的企业满意学生的职业素质，94%的企业满意学生的专业技能；92%的企业认为本专业毕业生能吃苦耐劳、踏实肯干；90%的企业认为本专业学生沟通能力较好；用人单位普遍认为本专业群毕业生整体质量水平在同类高职院校毕业生中处于较高位置。

（3）以赛促教、以赛促学，学生参加技能竞赛活动，成绩突出。为实现学生培养的全面发展，专业群组织学生参加各种技能大赛，先后获省级以上大奖100余项。其中，在2013年第十三届“挑战杯”全国大学生课外学术科技作品竞赛中获国赛二等奖及交叉创新二等奖，为高职院校获得的最高奖项；在第十二、十三届“挑战杯”广东省大学生课外学术科技作品竞赛中均获特等奖；2014年荣获第九届全国高职高专“发明杯”大学生创新创业大赛国家二等奖；2015年荣获全国职业院校技能大赛高职组市场营销技能大赛团体二等奖；2016年获第九届“畅享杯”全国职业院校创业技能大赛“企业经营管理沙盘竞赛”全国总决赛团体一等奖、荣获全国“互联网+”快递大学生创新创业大赛创业计划实施竞赛银奖；2017年荣获第二届全国“互联网+”快递大学生创新创业大赛铜奖两项；2018年荣获全国职业院校技能大赛高职组电子商务技能赛项广东省选拔赛一等奖；2017年、2018年荣获全国大学生管理决策模拟大赛总决赛特等奖。

4.4.6 质量保证体系

1. 严格执行学校的各项人才培养与管理制度，落实质量保障

学校人才培养与质量保障体系是从人才培养方案的总体设计、人才培养方案的实施过程与实施结果三个层次进行全方位的质量监管。专业群严格执行学校规定的相关制度，主要包括：

一是严格执行“教学运行管理”制度，包括《教学工作规范》《导师制管理暂行条例》在内的22项管理制度。

二是严格执行“教学质量管理”制度，包括《教学质量管理办法》《关于建立各级领导老师听课制度的规定》在内的12项管理制度。

三是严格执行“教学基本建设”制度，包括《专业建设与管理办法》《校企合作管理办法》《专业建设指导委员会管理规定》在内的12项管理制度。

四是严格执行“实践教学管理”制度，包括《顶岗实习管理办法》《学生职业技能竞赛管理办法》在内的11项管理制度。

五是严格执行“师资管理”制度，包括《专业带头人和双师型骨干教师的标准与要求》《优秀教学团队立项建设与管理办法》在内的12项管理制度。

2. 狠抓落实课程负责人与项目经理制，保障课程建设质量

专业群对所有课程实行课程负责人制度。每门课程都由负责人在期初、期中、期末针对课程教学计划、教学实施与考核，以及课程资源建设等进行全过程管理。在期初，课程负责人撰写或修订课程标准、授课计划；组织期初集体备课，检查授课教师的教学课件和教学辅助资料等；并负责组织及时更新、完善课程网站上的相关内容。在期中，则要组织3~5次集体备课、相互听课，结合课程教学与资源建设等存在的问题，开展教研活动。在期末，则要统一确定课程考核的内容、试卷批阅方式、课程教学评价以及汇总和分析授课教师相互听课情况。电子商务专业还进一步提出了课程项目经理制的改革方案，通过梳理现有课程之间的逻辑关系、专业人才培养目标及参照企业工作岗位，将所有课程分为“电商美工类”“营销推广类”“运营管理类”这三大类，每个大类选择具有丰富教学经验的专任教师和业务能力娴熟的企业兼职教师担任项目的正、副经理，由课程项目经理负责统一课程标准、统一授课计划、统一教材、统一习题作业、统一实践教学资源、统一考核标准等，结合行业企业能力需求动态变化，组织实施以能力培养为主线的教学过程。

3. 按照学校统一部署开展专业年审工作，撰写专业年审报告

按照《广东省高等职业院校内部质量保证体系诊断与改进实施方案（试行）》（粤教高函〔2016〕81号）、《广州番禺职业技术学院人才培养工作质量标准与质量保障体系框架（试行）》（番职院教督〔2015〕5号）、《广州番禺职业技术学院人才培养质量保障体系之专业教学工作年审制度（试行）》（番职院教督〔2015〕6号）等文件要求，积极开展专业年审自评和“三级质量年报”工作。专业带头人和负责人在专业教学团队协助下，作为专业计划的执行者负责专业年审并完成报告撰写；专业指导委员会代表本专业的利益相关者对报告的撰写提出建议。专业人才培养质量监控年度报告涵盖以下证据支撑：专业培养目标、课程安排计划及课程标准；专业培养数据与年度统计数据；上年度的专业年度监控报告和外部评估报告；学生反馈；本年度的专业指导委员会（或教学委员会）会议记录。专业群建立了学生评教、督导监控、第三方评价等。

4.5 建设内容

坚持扎根中国大地办教育，突出高素质零售人才培养核心地位，建立适应中国零售业发展的职业店长人才集群化专业培养模式。构建具有国内先进水平的职业店长职业技术标准与教学标准体系，在复合型职业店长关键能力培养方面形成新成果，在零售门店管理技术创新与技术积累方面形成完备体系；开发基于能力单元的课程体系与系列专业能力证书，优化专业结构，完善职业教育集团，提升专业群办学效益；建设大平台，服务技术创新与教学创新；改革校企协同育人机制与质量保障机制，对接国际标准，服务高端零售业与高质量充分就业的能力大幅提升。

4.5.1 十大建设任务

1. 建设零售管理技术创新型师资队伍

（1）对接英国伦敦城市行业协会的零售职业标准，将其引入到教师培养体系，加强教师海外培训，提升师资队伍国际化水平。

（2）推动师资队伍高水平与特色化，实行“一师一方案一企业”，为每位教师设计针对性培养方案，联系一家零售企业，提升专任教师水平与企业服务专长。规范企业兼职教师选聘与使用程序，充分利用学校鼓励引进企业兼职教师的政策，发挥企业兼职教师在特色课程建设、教学资源开发、校内教师专业能力提升等方面的带动作用。

（3）落实教师5年一周期的全员轮训制度，在原有以“学校为主导”全面培养教师职业教育教学理念、方法的基础上，依托核心紧密层合作企业；以“企业为主导”培养懂行业、懂企业的“双师型”教师。

（4）不断强化专业带头人、课程负责人、教研室主任、中青年骨干教师的科研意识与科研能力，支持教师通过挂职锻炼、社会兼职、访学、参加高层次学术会议等形式提升科研水平，围绕零售管理关键技术领域，培养技术创新领军人才与技术创新团队。

（5）建设一支名师引领的教学团队，5年内培养1～2名省级教学名师，争创国家级教学团队。

（6）面向行业企业开展技术服务、成果转化、企业员工培训工作，建设全国性师资培训基地，建设零售行业现代学徒制企业师傅培训基地。

（7）加大名师与技术创新领军人才引入力度，提升名师工作室与商业学徒制学术创新团队的影响力。

2. 开发复合型职业店长课程体系

巩固和完善“素质与技能并进”的课程体系，以“管理+技术+艺术”三元复合人才培养目标为指引，以高端零售业领军企业为主体，发挥现代学徒制项目在引入新技术、新工艺、新规范方面的引领作用，建设“零售行业职业店长技术技能数据库”，完善技术技能单元动态更新机制，发挥专业群在零售业技术技能积累方面的作用，为模块化教学、学分制改革及资历框架建设创造条件。

在强化学生综合素养的前提下，突出学生零售新兴管理技术和美学修养方面的能力，突出零售创新能力训练，建设具有全国示范意义的高端店长人才课程体系，开发覆盖高端零售业职业店长核心工作领域的在线精品课程、教材与信息化资源。健全标准与制度体系，具体内容包括：引入行业与国际职业标准升级课程内容；开发多层级、多类型职业店长专业技能证书；完善学习成果认定、积累和转换制度；完善课程评价标准、实施方案，如图4－9所示。

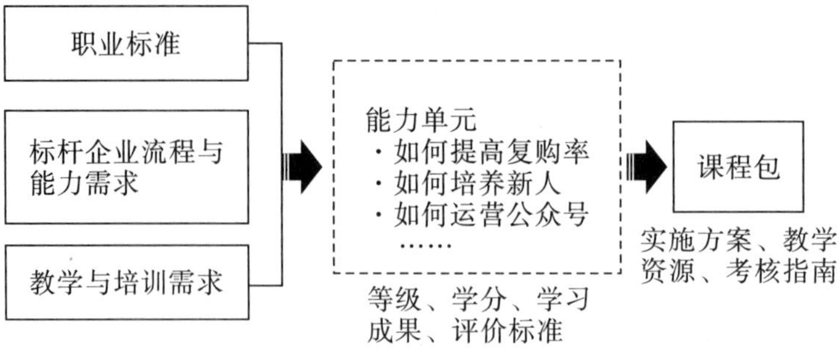

图 4-9　基于能力单元课程体系开发路线

基于职业店长岗位群，设置专业群平台课、专业群职业方向课、专业群选修课，各专业协同开发，开放共享，如图 4-10 所示。

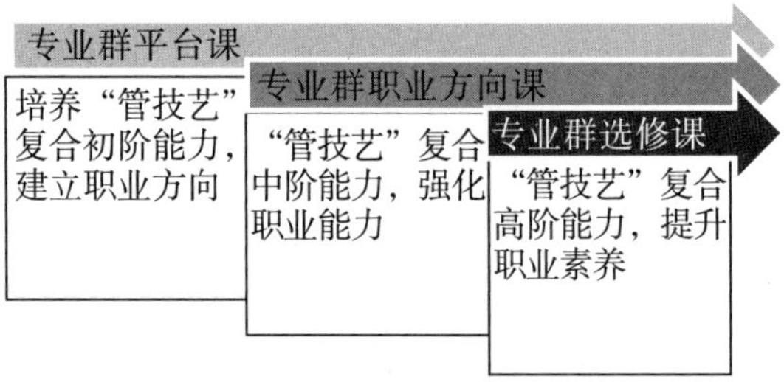

图 4-10　专业群课程体系框架

3. 打造零售管理技术创新平台

坚持以技术创新支撑高素质技术技能人才培养及职业教育高质量发展。联合国内外零售管理技术创新学术及服务机构、领军人物，建设零售管理技术创新平台，在店铺规划、门店空间设计与消费者行为、门店数据分析、门店品类管理、新媒体营销等技术领域，形成国内影响力，支持中国引领世界零售业发展潮流。

构建基于专业集群的技术创新体系，形成技术创新资源集成、技术开发、技术分享与持续优化的机制。以课程为节点，建立技术创新平台与教学资源平台的联系，实现技术创新与教学创新的协同，如图 4-11 所示。

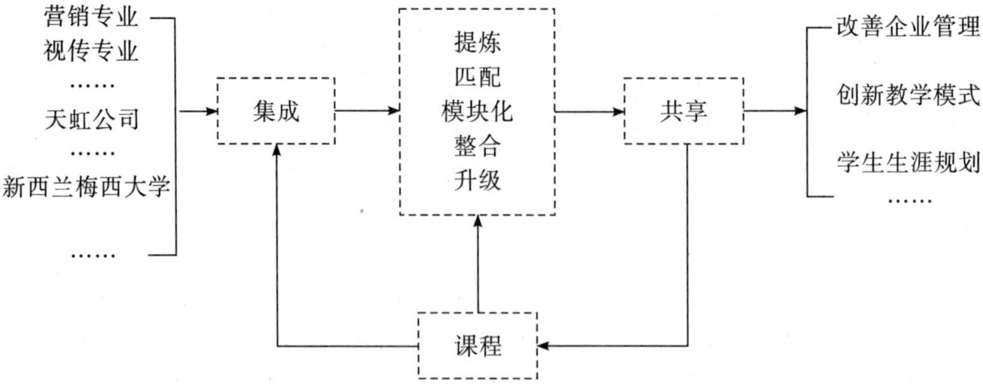

图 4-11　零售管理技术创新平台基本架构

4. 构筑区域性职业店长实践教学基地

与行业领军企业共建教学门店，强化教学门店在实践教学、技术创新、教师队伍建设、海外学生实习等方面的平台作用，基于教学门店构筑区域性职业店长实践教学基地。完善教学门店遴选机制、动态调整机制、区域协同机制，如图4－12所示。

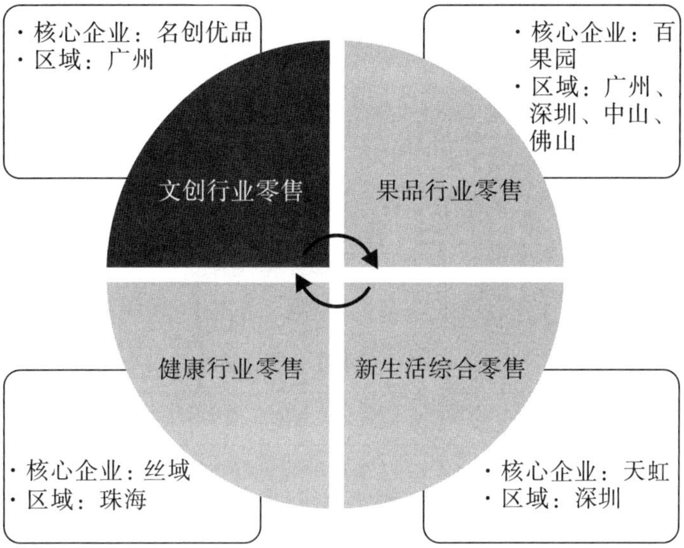

图4－12　未来3年拟建教学门店

升级校内实训基地为"'1＋X'零售创新空间"，将零售专业技能训练、零售专业技能考证与零售创新的结合，为创新型、复合型店长人才培养提供实训保障。

5. 优化零售合伙人创业平台

发挥零售合伙人模式在带动大学生就业创新与精准脱贫方面的优势，基于"互联网＋零售合伙人教育培训"模式，提升零售合伙人创业平台的服务范围与服务能力。依托领军企业零售网络，帮扶中西部欠发达地区及"一带一路"沿线国家，以零售合伙人形式带动当地就业创业。

6. 创建职业店长教学资源库

以结构创新为引领，建设立体化、多样性的职业店长教学资源库。以学生自主学习、课堂教学、企业培训和技术创新为目标，充分发挥企业在天虹学院、丝域学院、绿叶居学院、百果园学院、名创优品学院等企业特色学院在专业群建设中的主体作用，涵盖职业店长生涯发展关键阶段，使学校专业教学资源与企业培训资源在共建共享领域取得重大突破。

7. 升级职业店长教学标准

坚持德技并修，用高标准培养高素质职业店长。升级人才培养目标，适应高端零售业对复合型店长人才的需求，培养兼具"管理、技术、艺术"多重能力的现代化人才。探索适应培养高端店长人才需求的教育教学模式，进一步完善现代学徒制办学模式和人才培养模式，进一步深化课程改革，推行小班化教学、特色课程与"名生工程"。对接行业与国际先进标准，引入新思想、新技术、新工艺、新规范，建立中国特色的职业店长教学标准，研制和推广现代学徒制专业教学标准，扩大现代学徒制办学与人才培养模式的试点成果和实施范围。

8. 完善零售店长职业教育集团

构建“点面结合”专业集群模式。以党的十九大报告关于完善职业教育和培训体系，深化产教融合、校企合作的精神为指引，深入贯彻落实《国务院办公厅关于深化产教融合的若干意见》，坚持以服务需求、优化行业人才结构与培养体系为目标导向，以店长人才培养的规模效应为基点，以培育集团核心企业主动参与职业教育的意识与能力为重心，以现代学徒制为具体抓手。

通过特色高水平建设，店长职教集团在规范运行与高效运行方面取得重要成果，在人才培养方面探索出适应零售连锁业发展要求的规模化、集约化的人才培养模式，在职业教育集团化发展方面成为具有示范意义的典型，如表4－6所示。

表4－6 标志性成果汇总表

序号	建设内容	标志性成果	计划完成时间
1	规范治理结构	（1）议事规则等规范	2019年6月
		（2）企业学院运行方案及成果	2019年12月
		（3）企业学院达到10个	2021年6月
2	健全运行机制	（4）成员动态调整制度等规范	2020年6月
		（5）教学门店运行方案及成果	2021年6月
3	完善资源共建共享机制	（6）师傅资源库	2020年6月
		（7）现代学徒制实施方法	2019年6月
		（8）现代学徒制教学资源库	2021年6月
		（9）校园大使运行方案及成果	2020年6月
4	提升综合服务能力	（10）名师工作室运行方案及成果	2019年6月
		（11）人才规模化培养体系	2021年6月
		（12）现代学徒制行业标准	2021年6月

9. 创建零售管理新专业

以支撑发展为导向，预判零售业发展趋势，提前谋划新专业建设，在升级现有专业人才培养目标与培养模式的基础上，根据新的零售业种与业态需求，开设新专业。

10. 培育新型专业文化

以组织创新与制度创新巩固专业文化基础。厘清专业群、专业、教师等创新主体之间的关系，建设分布式专业文化，培育与发挥资深教师、专业带头人和教学骨干等角色的领导力，在现有教师发展中心、半山学堂、商业学徒制学术团队等项目基础上，完善项目平台，呵护与培育教师自我发展的内在动力，如图4－13、图4－14所示。

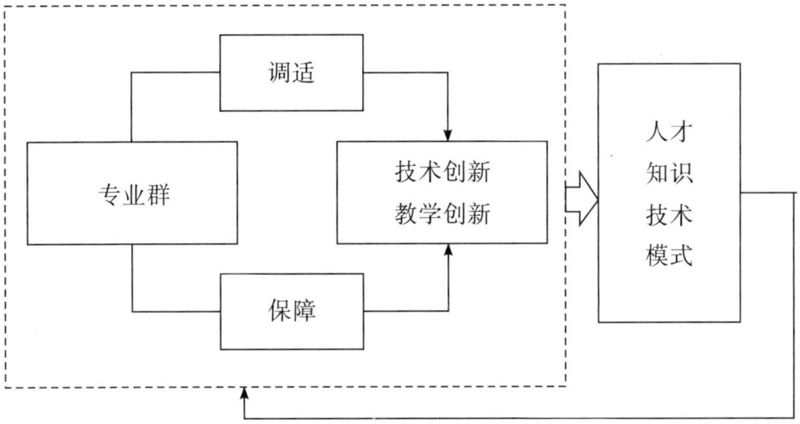

图4－13 专业群与创新活动的关系

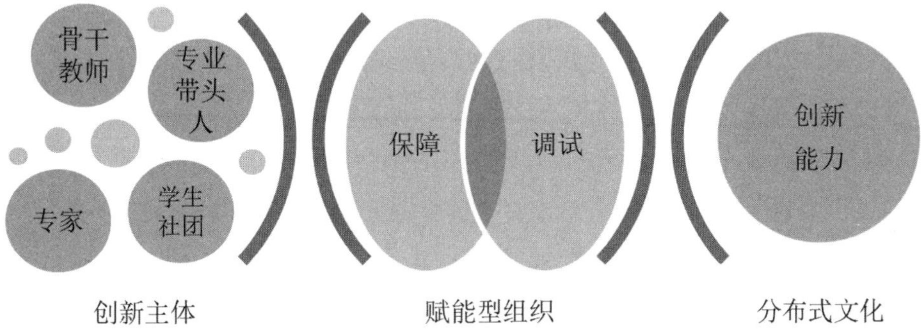

图4－14 分布式专业文化形成逻辑

坚持弘扬中华传统文化。将“义利相兼”的理念融入专业与课程建设，融入现代学徒制培养体系。传承与发扬粤商文化，立足广东省，整理“海上丝绸之路”商业学徒文化，建设文化场馆。

4.5.2 五大改革任务

1．完善校企合作育人体制机制

落实专业教学委员会主体责任。发挥紧密层合作企业在专业教学委员会中的引领作用，全面实施“双主体”办学机制。

完善企业学院治理体系。发挥企业学院在招生、人才培养方案制定、实训基地建设、教师队伍建设、教学质量评价等方面的主导作用；探索混合所有制企业学院。

2．升级人才培养模式

从单纯的人才培养转型为面向终身教育的人才服务。与行业协会、教育服务型公司一起开发基于现代学徒制的人才服务系统，企业可通过此平台进行现代学徒制岗位发布，学生和社会人员可自主选择现代学徒制岗位，学校根据企业发布岗位和学员选择岗位的情况组班，同时学生学籍管理、学分学习与实践成果互认、考核评价体系也可在此平台上操作。

结合零售行业特点及零售行业服务工作特性，与社区共建职业店长学习基地和学习平台，开发网络支持系统，完善学校、企业、社区三方教学资源协调机制，在提升教学效率的同时，服务社区，传承优秀商业文化。

探索现代学徒制学分银行，完善学习成果认定、积累与转换制度，完善职业店长终身教育服务体系。

3．拓展国际合作模式

基于中国零售业的世界地位开展国际合作，在零售店长职业技术技能标准输出方面做出贡献。配合战略合作企业国际化进程，开设国际化店长培养项目；对接英国伦敦城市行业协会的零售职业标准，将其引入到教学内容与教师培养体系；对接美国商科专业ACBSP认证；积极开展联合竞赛、短期研修、夏令营等多种形式的学生交流活动。

服务粤港澳大湾区建设，联合港澳职业教育与培训机构，依托战略合作企业的教学门店，开设特色学习项目，让港澳学生体验与服务内地零售新模式。

4．突破育训结合关键环节

打通教学内容标准、教师专业标准、教学管理标准与店长职业标准之间的“梗阻”，推动专业群与职教集团的标准体系建设。

由行业领军企业引领，开发通行的职业店长专业能力证书，认证标准坚持“一平一高”，即对专业能力的认证，校内标准不低于标杆企业标准；对综合素养的认证，校内标准高于标杆企业标准。专业群各专业普遍实施“1+3专业技能证书”制度，即“毕业证书+综合管理素养证书+操作技能证书+艺术修养证书”。

改革教师队伍培养模式。在原有以“学校为主导”全面培养教师职业教育教学理念、方法的基础上，依托核心紧密层合作企业；以“企业为主导”培养懂行业、懂企业的“双师型”教师。

5．创建职业店长现代学徒制外部质量保障体系

改变原有基于学校单一主体立场的现代学徒制质量评价模式，植根于学校、零售企业及学生的需求特点，联合中国物流采购与联合会、中国连锁经营协会，立足现代学徒制“双元”育人机制，兼顾学校、企业、学生三方利益诉求，开发资源库、信息平台与认证服务，提供质量生成、质量保持与质量提升递进式服务。提升专业群在标准创新方面的学术能力，构建专业群在新标准研制、试用与推广方面的示范机制，如图4－15所示。

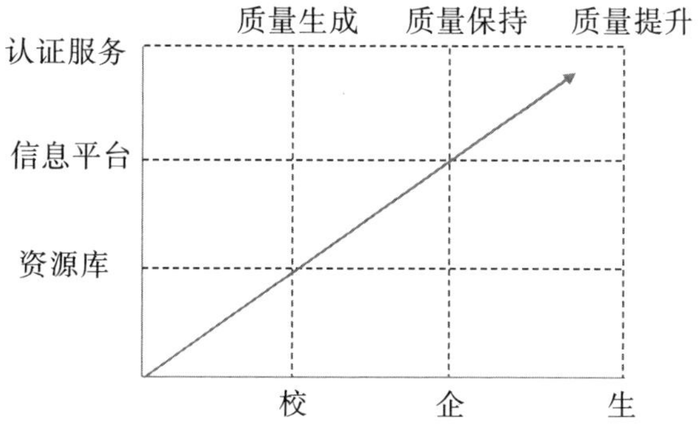

图4－15 职业店长现代学徒制外部质量保障体系框架

4.6 预期成效

在“引领改革、支撑发展、中国特色与水平”方面取得标志性成果，专业群综合实力、服务能力与影响力大幅提升，在零售管理职业教育方面形成独特优势与鲜明个性，专业群龙头专业与骨干专业达到国内先进水平。

（1）形成服务高端零售业的机制优势与体系优势。以企业学院为专业办学主体的“双元”育人机制更加完善，“点面结合”专业集群化发展效益突出，为零售业规模化培养高素质职业店长，店长职业教育集团化办学具有示范性。

（2）复合型店长培养体系高质量运行。建成覆盖大湾区重要城市、以教学门店为载体的产教融合实训基地，零售店长职业技术技能积累平台基本建成，形成“管技艺”融合型职业店长课程体系、培养模式及教学资源库，专业群各专业实践教学课时占总课时60%以上，选修课占专业群总课程数的50%以上，专业群平台课与职业方向课全部实现在线教学。

（3）零售管理技术创新能力与社会服务能力大幅提升。建成零售管理技术创新中心，建立以技术创新骨干为首的团队，企业参与技术创新的机制更加完善。

（4）初步建成覆盖职业店长岗位群关键领域的、具有世界水平的教学标准体系。建成具有中国特色的职业店长现代学徒制外部质量保障体系，开发覆盖职业店长关键工作领域的专业技能证书，专业群内在校生90%以上取得“1＋3专业技能证书”。

（5）教师团队创新能力大幅提升。“双师型”教师占专业课教师总数超过80%，企业骨干兼职教师占比20%以上，30%以上教师具有累计1个月以上国外进修学习经历，培养1～2名具有影响力的领军人才，建成全国性师资培训基地。

（6）国际合作水平有明显提高。与5个左右国际知名零售管理职业教育机构建立伙伴关系，形成特色鲜明的海外学生研习项目，引入零售店长国际职业标准，启动专业教学质量国际认证。

（7）教学条件大幅改善。校企教学资源共建共享机制更加完善，专业群生师比小于18∶1，小班化教学全面推行。

4.7 保障机制

职业店长专业群建立在高速发展的新零售行业之上，特色鲜明，基础扎实，办学方向与发展战略清晰，是学校实现特色高水平发展的战略力量，是面向美好生活职教体系的战略板块，校院两级提供有力保障。

4.7.1 组织管理保障

（1）成立高水平专业群建设项目工作领导小组，设立项目管理办公室。为了确保高水平专业群建设工作科学、有序、高效地进行，广州番禺职业技术学院成立了以主要校领导为核心的高水平专业建设项目工作领导小组，由分管教学校领导任组长，副组长由教务处和创建办负责人担任，成员由人事处、计划财务处、科技处（校企合作处）、国际交流与合作中心、创新创业教育中心等部门主要负责人和各专业群建设项目负责人组成。领导小组负责项目建设的规划、决策、组织、资源筹措与调配、指导、督促等工作。

（2）设立项目管理办公室。项目管理办公室设在教务处的教研科，办公室主任由教务处处长兼任。在领导小组领导下工作，办公室是领导小组的办事机构，负责项目建设的日常管理、协同工作，包括制订项目具体计划、项目实施方案，协调各子项目的建设工作，检查项目实施情况，定期向领导小组汇报建设情况，总结、交流建设经验等。

（3）在原管理学院职业店长专业群的基础上，协同艺术学院视觉传达设计专业与外语外贸学院跨境电商专业方向，集合基于店长职教集团、天虹学院、百果园学院、丝域学院、名创优品学院等方面的专业力量，由管理学院主要领导牵头，组建专业群建设团队，形成校企共建组织体系。

4.7.2 制度与机制保障

（1）制度保障。按照项目要求，结合学校现有管理制度，补充并完善相关专项管理制度，形成科学合理、可操作的制度体系，形成项目组织、实施的全程管理机制。加大制度执行力度，严格执行基本程序，按照相关规定落实项目负责人制，实行项目建设责任追究制度，层层落实责任，确保实现项目进度目标。

（2）机制保障。高水平专业群建设项目工作领导小组建立督促与协调工作会议制度，由项目管理办公室具体组织，定期指导与督促相关工作，并协调重大事项、突破主要障碍。专业群建设项目建立工作例会制度和专题会议制度，按照目标与进度要求，定期研讨相关问题，开展自我诊断与改进，确保项目各方面工作顺利实施。

4.7.3 人员保障

（1）组建专业群建设专业师资团队。实行项目负责人制，组建包括全体专业群专任教师和骨干兼职教师的团队，划分为多个分项项目小组，具体落实各分项的实施工作。

（2）成立专业群建设管理服务团队。实行二级学院院长负责制，组建包括教学秘书和学生辅导员在内的管理服务团队，负责项目的日常管理、协调工作，保障各项工作顺利实施。

第 5 章　店长职教集团下属企业学院

2016 年 12 月 17 日，广州番禺职业技术学院携手深圳市百果园公司、名创优品、永辉集团等 10 家国内零售标杆企业、深圳市连锁经营协会，以及浙江金华职业技术学院、台湾树德科技大学等 20 所中高本院校共同发起成立店长职业教育集团。来自政、研、行、校、企五方的领导和嘉宾出席在我校召开的成立大会，广东省教育厅高等教育处郑×处长、广东省教育研究院李××副院长、中国连锁经营协会校企合作委员会郭××主任、广东省连锁经营协会樊××秘书长等到会做了重要讲话并对集团的成立和运营给予了多方指导。

店长职教集团是国内首家以一个职业岗位命名的职教集团。店长是零售业的战略性人才，单就广东省而言，2015 年零售连锁企业门店达到 75 605 间，在产业升级与社会消费方式变革的背景下，企业及店长群体对于职业教育服务的需求日渐迫切。店长职教集团的成立旨在充分发挥行业领军企业的平台作用及集团成员单位的特色资源优势，优化店长社会生态环境，通过建设连锁的企业学院，推动店长职业化进程，传播店长匠心文化，协同推进现代学徒制人才选拔与培养模式，探索集团化、连锁式职业教育发展道路，为现代零售业的结构调整与转型升级贡献力量。

5.1　店长职业教育集团章程

在《店长职业教育集团章程》中，明确提出集团下设企业学院，企业学院定位于由企业主导成立和运作、与集团内的院校合作、以连锁的形式培养企业与行业所需要的店长及相关岗位人才。校企共同制定人才培养的标准、方案并建设相关的教学资源，并在集团单位间分享。

店长职业教育集团章程
（2018 年修订版）

第一章　总　则

第一条　依据《国务院关于加快发展现代职业教育的决定》《现代职业教育体系建设规划（2014—2020 年）》，面向现代零售业对职业店长人才的广泛需求，依托现代零售业领军企业，联合部分高职院校、中职学校、本科院校、行业协会、行业服务机构，以促进现代零售业职业店长人才联合培养为宗旨，发起成立“店长职业教育集团”（以下简称“集团”）。

第二条　集团发起单位

（一）企业

深圳百果园实业发展有限公司、广东葆扬投资管理有限公司（名创优品）、永辉超市股份有限公司、深圳怡亚通供应链股份有限公司、广东合富房地产置业有限公司、广东骏和通信设备连锁销售有限公司、广州市绿叶居食品有限公司、深圳市友琪便利店有限公司、广东益华百货有限公司、深圳市中诺思科技股份有限公司等 10 家。

（二）学校

广州番禺职业技术学院、中山职业技术学院、顺德职业技术学院、东莞职业技术学院、河源职业技术学院、广东科贸职业学院、广东松山职业技术学院、广东生态工程职业学院、金华职业技术学院、马鞍山职业技术学院、聊城职业技术学院、山西财政税务专科学校、山西轻工职业技术学院、新疆石河子职业技术学院、江西环境工程职业学院、河北能源职业技术学院、安徽商贸职业技术学院、台湾树德科技大学、北京农学院、武汉商学院、广州市商贸职业学校、东莞市商业学校等 22 家。

（三）协会

深圳市连锁经营协会

第三条　集团性质

集团是由校、行、企等方面相关单位自愿组成的、非营利性的、非法人资格的职业教育联合体。

第四条　集团宗旨

本着自愿、平等、合作、发展的原则，在集团成员之间建立互惠、稳定的协商与合作机制，围绕培养现代零售业店长人才这一核心任务，充分发挥行业领军企业平台作用及集团成员单位的特色资源优势，协同推进零售店长职业教育改革，探索集团化、连锁式职业教育发展道路，为现代零售业的结构调整与转型升级贡献力量。

第五条　集团依据《高等教育法》《职业教育法》等法律法规开展各类活动，接受有关主管单位的业务指导。

第六条　集团中文全称：店长职业教育集团，简称：店长职教集团，英文译名：Vocational Education Group of Retail Manager，英文缩写：GRM。

第二章　会　员

第七条　团体会员以高等职业教育类院校、应用型本科院校、零售连锁知名企业、行业协会（学会）、中职学校为主。团体会员分为理事单位、副理事长单位、常务副理事长单位、理事长单位四类；发起单位为副理事长单位，集团成立后新加入团体会员第一年为理事单位，经理事会同意，第二年可转为副理事长单位。个人会员以对现代零售业或职业教育有深入研究的专业人士为主，个人会员为理事。

第八条　申请成为本集团的会员，必须具备下列条件：

（一）承认集团章程；

（二）自愿提交申请；

（三）在职业教育领域内具有良好声誉；

（四）同本集团核心企业具有良好的前期合作基础。

第九条　入会程序：

（一）提交书面申请及本单位或个人介绍材料；

（二）集团秘书处审核资料；

（三）理事会讨论通过；

（四）理事会授权秘书处颁发会员证书。

第十条　会员享有下列权利：

（一）参加集团理事会，参与讨论和决定集团发展的重大事项；

（二）分享集团各类职业教育资源，参与集团相关活动；

（三）入会自愿、退会自由，一年内缺席重要活动累计两次者视为自动退出。

第十一条　会员履行下列义务：

（一）拥护和遵守集团章程；

（二）执行集团的决议；

（三）维护集团及本行业的合法权益和声誉；

（四）积极参与集团组织的活动；

（五）承担并完成集团委托的工作；

（六）向本集团反映情况，提供所需信息和资料。

第十二条　会员申请退会应书面通知集团秘书处；会员如不遵守集团章程，有严重违反本章程的行为，经理事会表决通过，予以除名。

第三章　组织机构

第十三条　集团组织机构由理事会、常务理事会、秘书处组成。

第十四条　理事会由全体理事、顾问、战略伙伴代表人组成，顾问与战略伙伴代表人在议事过程中具有表决权。理事会主要职责是：

（一）审定与修改集团章程及内部管理制度；

（二）审定集团工作计划、资金预（决）算；

（三）任命秘书长及秘书处工作人员，对秘书处工作进行考核；

（四）审批新成员的加入；

（五）确定理事长、常务副理事长、副理事长；

（六）决定联盟组织的变更和终止；

（七）聘请集团顾问；

（八）确定集团战略伙伴单位；

（九）决定联盟的其他重大事项。

第十五条　理事会设理事长 1 名，理事长在常务副理事长级别院校的代表人之间产生，每任 3 年，首任理事长由广州番禺职业技术学院校领导担任。

第十六条　集团核心单位为常务副理事长单位，其代表为常务副理事长；对集团发展有杰出贡献的个人会员，聘其为常务副理事长。首任常务副理事长单位由集团成立筹备处提名，理事会表决。

第十七条　常务理事会由理事长、常务副理事长、集团秘书长组成，在理事会闭会期间，代行理事会职能。

第十八条　集团下设秘书处。秘书处为集团常设办事机构，负责沟通成员关系、落实集团工作计划及其他日常事务。集团秘书处设在广州番禺职业技术学院。

秘书处设秘书长 2 名（院校代表 1 名，企业代表 1 名）。

秘书处主要职责是：

（一）拟订集团年度工作计划、资金预（决）算；

（二）执行理事会决议，落实工作计划及理事会交办的其他工作；

（三）负责集团经费日常管理；

（四）工作总结与汇报等；

（五）新闻宣传；

（六）其他日常工作。

第十九条　根据集团发展需要，可以设专项工作委员会。

第二十条　议事制度

（一）每年召开一次理事会议，研究集团工作。适时召开理事长会议，部署集团工作。

（二）每年召开一次常务理事会议，推进落实集团工作。

（三）召开理事会议和常务理事会议，参会人数须有二分之一以上方能召开；常务理事会三分之一以上成员联名可提议召开临时会议；与会成员如有特殊情况的，也可采用通信方式召开；因特殊原因延期召开的，须提前告知参会成员，通报情况。

（四）理事会议和常务理事会议的决议须由二分之一以上成员单位人员通过表决方可生效。

第四章　工作领域

第二十一条　搭建沟通平台

完善理事会、秘书处、顾问团等组织机构，逐步建立和完善沟通渠道，形成稳定、高效的沟通机制；定期举办店长职业教育交流活动，搭建政、校、行、企多方对话平台。

第二十二条　探索体制机制创新

以提高零售店长人才培养质量为目标，通过深化校、行、企之间的合作，推动现代学徒制深入开展，探索零售店长学院连锁发展模式，建立多方共赢的集团化办学体制与机制。

集团下设企业学院，企业学院定位于由企业主导成立和运作，与集团内的院校合作，以连锁的形式培养企业与行业所需要的店长及相关岗位人才。校企共同制定人才培养的标准、方案并建设相关的教学资源，并在集团单位间分享。

第二十三条　推动资源共享

探讨专业建设及教学管理的新路径，在课程建设、实习实训基地建设、教师队伍建设、就业指导等方面加强合作，实现师资、课程和实习实训基地的优势互补；对接国际标准，共同开发与推广专业教学标准，推动跨校选课，探索院校间学分互认。

第二十四条　加强队伍建设

在保持人事关系不变及知识产权归属为原单位的前提下，推进集团成员间的教师（或企业导师）跨校授课、跨校指导学生等，实现优质师资共享。为专业教师到企业挂职学习创造机会，提高集团专业教师教学、研究与服务能力。

第二十五条　开展科学研究与社会服务

以集团成员的优势科研领域为支撑，结合行业与企业发展急需解决的重大理论与实践问题，联合开展研究项目，积极为研究成果的转化应用创造条件，提升集团对行业企业的研究支持能力。

研发体现现代学徒制办学要求及企业高层次职业人才培养需求的教学资源。

第二十六条　促进零售店长职业文化建设

发挥院校与行业领军企业在职业文化领域的引领作用，搭建店长交流平台，积极参与店长群体组织化工作，优化店长社会生态环境。

第二十七条　集团的工作内容包括但不限于以上领域。

第五章　经　费

第二十八条　集团为非法人资格的职业教育联合体，在未建立独立法人治理结构之前，各类工作支出由活动承办方负责落实。经费来源包括：

（一）成员单位提供的资助和支持；

（二）集团所得政府拨款；

（三）其他合法收入。

第二十九条　集团取得的收入，由秘书处所在单位按照相关制度进行管理，坚持专款专用、财务公开。

第三十条　秘书处按年度向理事会汇报当年经费收支情况及下年度经费概算。

第六章　附　则

第三十一条　本章程未尽事宜或有关条款的修改，由集团成员单位提出补充或修改意见，报理事会审议通过。

第三十二条　本章程于2018年1月21日经集团理事会审议通过。

第三十三条　本章程的解释权属集团秘书处。

5.2　店长职业教育集团化办学规模效应促进计划

实现店长人才培养的规模效应是我们职教集团成立的初衷，也是职教集团得以持续发展的根基。也就是说我们要搭建平台，为合作企业提供更多院校，为院校提供更多的合作企业，但这还远远不够。如果一家企业与一所学校的学徒制和订单班仅有少数学生报名，这样的校企合作将难以持续，更无法深入。在规模上不去的情况下，无论是学徒制还是订单班，无论是企业还是学校的管理成本都会很高。

现代学徒制为实现校企合作规模效应创造了条件与机会，因为它是“招生即招工、入校即入厂”，但如何将现代学徒制在更大范围推广，保持与扩大现代学徒制对校企双方的贡献，是我们接下来要解决的问题，我们需要在校企合作的认识、机制、质量和方法等方面进行深入探索，如果这四个方面的问题不解决，也就是校企合作的认识不到位、机制不健全、质量不满意、方法不高效，规模化发展就难以实现。为此，我们在建设连锁型企业学院之初，制定了《店长职业教育集团化办学规模效应促进计划》。

店长职业教育集团化办学规模效应促进计划

为深入贯彻落实《国务院办公厅关于深化产教融合的若干意见》（国办发〔2017〕95号），发挥店长职教集团平台作用，通过提升集团化办学规模效应，进一步深化产教融合，促进教育链、人才链与产业链、创新链有机衔接，特制定本方案。

一、背景

不忘初心，方得始终。实现店长人才培养的规模效应是职教集团成立的初衷，也是职教集团得以持续发展的根基。

自店长职教集团成立以来，由企业学院、订单班、校园教学门店等多种形式构成的店长人才培养体系进一步扩大，2017年度新增企业学院15家、订单班60余个、校园教学门店2个，直接参与学生3 000余人，为行业店长人才队伍建设做出了重要贡献。正是因为有了规模效应作为保证，企业的人才招聘与培育成本才得以下降，人力资源管理绩效得以提升，校企合作才会获得进一步发展的机会。

提升店长职业教育集团化办学规模效应需要突破如下三个方面的约束。

（一）认识问题

规模效应需要以认识提升为前提。对校企合作认识不到位是制约校企深度融合与人才培养规模效应提升的瓶颈。部分企业仍然习惯性地认为校企合作就是校园招聘，部分企业人力资源或校企合作部门人员仍然凭借自己读大学时的经历去理解今天的大学与职业教育，例如招聘前缺少品牌渗透，招聘后缺少关系维护，校企合作模式通用性有余、个性设计不足。部分教师仍然固守传统学科体系，不能客观评价校企深度融合对学生、学校以及自身发展的意义，例如只基于学科体系界定专业内涵与课程框架，而不是基于学生职业发展需求。学生的学习观、实习观、择业观、职业发展观等方面与校企合作职教模式存在不和谐的地方，例如只有学生将实习与兼职等同视之，择业时过于看重近期收入却不顾后期发展机遇。

（二）机制问题

规模效应需要以特定的发生机制为保障。现代学徒制为构建规模效应发生机制创造了条件与机会，但在规模上不去的情况下，现代学徒制的管理成本比较高，如何将现代学徒制在更大范围推广，保持与扩大现代学徒制对校企双方的贡献，需要探索基于职教集团层面的合作机制。订单班等其他类型的校企合作同样面临机制创新的问题。如果一家企业与一所学校的订单班仅有少数学生报名，这样的校企合作将难以持续，更无法深入。

（三）质量问题

规模效应需要以质量为内涵。通过分析集团内现代学徒制案例可知，当质量得以保证的情况下，学生报名人数、留岗率、晋升率等指标会有更好表现。当企业师傅素质下降、师徒帮带关系疏于管理、师傅待遇不能落实、教学门店建设落后等问题突出，培养质量下降，上述指标的表现就会陡然变差，进而影响规模效应的继续发生。

二、指导思想

以党的十九大报告关于完善职业教育和培训体系，深化产教融合、校企合作的精神为指引，深入贯彻落实《国务院办公厅关于深化产教融合的若干意见》，坚持以服务需求、优化行业人才结构与培养体系为目标导向，以店长人才培养的规模效应为基点，以培育集团核心企业主动参与职业教育的意识与能力为重心，以现代学徒制为具体抓手，逐步探索店长人才职业教育集团化办学的共享共治模式。

三、重点内容

（一）开发与分享教育教学资源

持续开展校企合作“微创新”，及时将具体工作中形成的新知识、新方案、新思想等进行成果化；探索基于职教集团平台的店长职业教育教学资源库；建立线上与线下结合的资源分享渠道；探索通过校企课程共建及学分互任的标准化，降低院校人才培养体系与企业培训体系的沟通障碍。

（二）完善校企联合培养对话机制

梳理校企合作业务流程，完善交流形式与渠道，提高联合培养对话机制的系统化、标准化与制度化；重点做好招生宣传、考试、人才培养方案制定、例行座谈、教学质量考评、毕业汇报等关键环节的对话与协商工作。

调整对突发事件的应对思路，由事后应急转为事前预判，在校企合作对话活动中，设立专门议题，关注敏感现象、敏感区域、敏感时间与敏感人群，提前思考可能发生的严重违反公司制度、与顾客发生严重冲突、学徒与员工之间发生严重冲突、学生人身财产受到伤害等事件，健全相关制度、组织机构与应急防范措施，并将其列为对校企合作项目可行性论证与绩效评估的关键指标。

（三）完善基于职教集团平台的校企联合育人机制

依托集团核心企业及现代学徒制先行院校，以企业学院连锁体系标准化建设为抓手，协助企业建立规模化、集约化店长人才选拔体系；纵向上，通过连锁模式将同一企业与不同院校合作的现代学徒制班（或专业、学院）联结起来；横向上，搭建平台促进不同企业之间的分享。

（四）提升“双师型”教师（师傅）队伍专业素养

充分发挥企业技术能手与院校教学名师在学徒培养中的示范作用，设立名师工作室，以名师带导师，将名师工作室打造成为指导校企合作、促进教学教改、提升人才培养质量的智库。完善合作企业遴选标准，将企业师傅队伍建设水平作为关键指标，引导企业重视师傅队伍建设工作。建立对订单班、现代学徒制、顶岗实习等指导教师（师傅）的动态评价制度。建立优秀指导教师（师傅）名录及与之相配套的激励制度。

（五）试点现代学徒制示范门店认定与共享机制建设

支持成员单位创新体制机制、优化政策环境、强化保障措施，建设课堂、实训基地、生产现场“三位一体”的教学型门店，遴选符合条件的教学门店，授予现代学徒制示范门店称号。集中生源与教育教学资源，加大对现代学徒制示范门店的宣传与支持力度，将其建成区域性店长人才集中培养基地。

（六）推行校企合作项目动态评估机制

深入开展店长人才培养规律研究，对参与企业及院校的资质、教师（师傅）资格、教学基地建设、师傅带教规范、师傅权益保障、学生权益保障、教学评价等提出具体要求，分批制定作业规范。分项评估与系统评估相结合，以评促建、评建结合，始终保持以优秀伙伴引领职教集团发展的健康格局。

四、保障措施

（一）加强交流、培训与宣传。开展校企合作系列交流研讨与培训活动，通过多种渠道与形式，加强对校企合作，特别是现代学徒制政策、典型案例、国内外经验的宣传，提高成员单位对校企合作的认识水平与操作能力。

（二）加强内部协同。院校内部的专业之间、职能部门之间，企业内部人力资源部门、校企合作部门与运营部门之间，需要适时建立校企合作联动机制，减少因部门沟通不畅带来的负面影响。

（三）争取政策支持。发挥集团的平台优势，积极协助企业和职业院校开展校企合作创新试点，争取国家与地方政府在资金、技术、基地建设等方面的政策支持。

（四）加强科学研究。坚持边试点边研究，及时总结提炼，将集团内校企合作工作中的好做法和好经验上升成为理论，形成优化店长人才职业教育体系的对策方案，实现理论与实践同步发展。

5.3 职业店长现代学徒制连锁模式探索

零售连锁业在广东省经济社会发展中占据重要位置，为主动适应产业结构优化与零售连锁业变革的需要，在店长职教集团内部统一认识、更新观念，推进连锁企业学院的建设，广州番禺职业技术学院与深圳百果园实业发展有限公司携手境内外高校，借助现代学徒制人才培养方式，通过连锁发展的路径，探索职业店长培养新模式，推动店长从业人员职业化发展水平，助力零售连锁业变革。在此总结概括职业店长现代学徒制连锁模式的需求背景、目标定位、现状与成效、完善措施，并结合我校的现代学徒制探索实践，提出促进现代学徒制深入发展的建议。

5.3.1 连锁模式需求与背景

1．零售连锁业发展需要店长职业化培养模式

培养零售店长人才具有重要意义。2002 年连锁百强企业销售额是 2 465 亿元，2014 年达到 20 964 亿元；2002 年连锁百强企业有门店 16 986 间，2014 年达到 107 366 间。据广东省连锁经营协会发布的《2015 年广东省连锁企业五十强企业榜单》，广东省连锁企业 50 强的门店数是 75 605 间，以每间店有一位店长计算，单单广东省连锁企业 50 强就有至少 75 605 位在岗店长。这些简单的数字背后是对零售店长人才的庞大需求，仅此一点就足以引起职业教育机构的关注。

据联商网 2014 年门店增长潜力调查报告，对于大部分企业来说，具有高增长潜力水平的门店占比未能达到 50%。一方面，约三分之二门店表示，无论是与门店自身的业绩目标要求相比，抑或是与竞争对手相比，当前表现均未达理想目标，凸显连锁企业逆市增长的压力。在此次调查中，46% 的企业认为，与普通店长相比，高绩效店长所在门店的产出水平高出 30% ~50%，此外，对于 15.38% 的企业来说，这种差距更达 80% 以上。

另一方面，企业指出店长的绩效水平不仅反映在对门店业绩与利润创造的贡献上，其对门店运营效率、团队塑造、人员激励与保留、市场策略落实、制度建设等方面亦发挥着重要的影响作用。这些数据表明作为基层管理人员代表的店长在连锁企业门店业绩增长中扮演着非常重要的角色。

培养零售店长人才需要职业教育承担更多社会责任。在经济增长放缓和电子商务冲击的背景下，实体零售业延续低增长态势，O2O（Online To Online，线上到线下）全渠道整合营销，正成为越来越多传统零售企业走出困境，转型变革的方向，线上线下融合发展模式已成趋势。商务部监测数据显示，2014 年 1—12 月，有 5 000 家重点零售企业销售额增长 6.3%，较上年回落 2.6 个百分点；专业店、超市和百货店分别增长 5.8%、5.5%和 4.1%，增长率比上年分别回落 1.7 个、2.8 个和 6.2 个百分点；购物中心虽增长 7.7%，但也比上年放缓 4.5 个百分点。但 5 000 家重点零售企业的网络零售增长 33.2%，比上年加快 1.3 个百分点。随着移动互联网的迅猛发展，传统零售业态升级改造已经成为必然趋势，体验式消费、个性化定制、大数据应用将成为传统零售业新的经营利器，新技术与传统商业的结合将促进新业态的产生。2015 年国务院印发《关于推进线上线下互动加快商贸流通创新发展转型升级的意见》，提出大力发展线上线下互动，推动实体店转型，促进商业模式创新。人才是迎接经济转型和技术变革的根本力量。当前零售店长人才的职业化培养水平滞后，职业化培养体系尚未建立，难以适应产业发展与店长群体发展的需求，职业教育界需要与企业界一起培养适应未来零售业发展的店长人才。

2. 职业店长现代学徒制需要破解高成本与高风险的束缚

现代学徒制为在新形势下培养零售店长人才创造了平台。学徒制是一种关于文化、习俗、技术技能、规范等的内容传承机制，同时也是一种人才选拔与供给机制。在历史上，跟随师傅的人以及最后能继承师傅技艺或家业的人都是要经过多年的磨炼，也有了“师徒如父子”的说法。在培养精英人才方面，学徒制具有其他教育形式所不具备的优势。学徒制在手工业、商业、教育等领域都曾有着长期的历史实践，虽然现在仍然可以看到类似的形式，但至少在教育领域，传统的学徒制已经难以适应大众化教育发展的需要。现代学徒制借助制度与技术的革新赋予学徒制以新的生机，使其能适应在更大范围内进行推广应用的社会需要。零售店长是商界的精英人才，历史上对于此类人才的培养主要是以学徒为主。但在现代商业环境下，传统的师傅带徒弟的方式已经难以满足企业的发展需要，尤其是对于需要大量店长人才的零售连锁企业，因此，是否建立零售店长人才培养体系就成为决定企业能否继续开店的因素。

高职院校培养职业店长工作是伴随零售连锁行业发展与职业教育改革的节奏逐步进行的，目前已经形成了一些典型模式，如教学项目融合模式、校内模拟实训模式、精英训练模式、渐进式现代学徒制模式、校内工厂模式、完全现代学徒制模式等。现代学徒制操作成本高、风险大，这是困扰现代学徒制深入与广泛开展的主要障碍。其中个别院校和企业参与的校企合作模式难以承担现代学徒制的高成本与高风险，但通过集团化发展的协作机制，有助于分担成本，降低个别校企合作不稳定性所带来的风险。这说明，连锁发展模式在协同的基础上保持各单位的独立性是值得探索的方向。

3. 优化职业店长社会生态，协同人才培养与服务体系

联商网的调查揭示了店长在零售连锁业转型期的重要地位，但是，店长所处的社会生态如何呢？下面所列现象表明了店长社会生态存在的深层次的问题。

· 大部分家庭仍然认为孩子大学毕业后去零售门店工作是不体面的。

· 大部分的零售门店缺少服务体验，更缺少文化内涵。

· 零售行业店长的平均月薪在 6 500 元左右，九成便利店店长的平均月薪低于 5 000 元。

· 超过一半的店长对目前的薪资表示不满意。

· 将近 40% 的店长有跳槽的打算。

· 将近 25% 的店长表示如果重新择业，不会选择零售。

· 64% 的店长觉得没有时间跟家人相处。

· 90% 的店长没有时间（或由于其他原因）去锻炼身体。

· 普遍认为缺少学习交流、同行交流和升职加薪的机会。

· 10% 的店长一个月一天都没有休息。

· 60% 的店长下班后的主要休闲活动是上网。

· 将近 70% 的店长年龄在 25 ~ 35 岁之间。

· 没有专门针对店长群体的社会组织。

· 没有专门针对店长群体的专项从业规范。

· 店长人才储备有较大的随意性和无序性。

· 61% 的企业没有系统开展店长储备计划。

· 仅有 38% 的企业建立了店长人才标准。

· 企业对店长人才外部获取机制建设工作没有充分重视。

店长群体的规模是巨大的，但却处于一种无序的状态。优化店长社会生态，推动其职业化进程，理应成为现代学徒制的责任。目前关于现代学徒制的试点更多集中于提升人才培养的适用性，尚未提升到职业生态环境建设的高度，这是一大缺漏。优化店长社会生态环境不是个别院校或企业能做到的，这是社会问题，必然需要社会化的解决路径。连锁发展模式为凝聚资源、培育文化、建立规则提供了平台，有助于集体应对职业店长培养的社会生态问题。

5.3.2 职业店长现代学徒制培养连锁模式的目标定位

从店长社会生态体系视角反观职业教育，目前的店长培养目标定位尚未进入职业教育主航向。为企业提供店长储备人才是目标诉求之一，但不是全部，需要完善综合化服

务体系，传播优秀店长从业文化，促进建设店长职业自律机制，引领店长职业化发展。

从店长人才供需关系角度分析职业店长社会体系，需求主要来自雇佣和创业（自我雇佣），培养服务体系、保障服务体系和文化体系构成了店长人才的供给系统。在供给侧，影响店长人才成长和发展的文化力量来自商业和社会两个方面，店长群体也会反作用于文化系统。除企业直接对雇员进行培训以外，学校和培训机构是培养服务的主要提供者，其服务内容主要包括教学和储备人才选送；保障服务来自政府、中介服务机构、学校等，提供的保障服务内容包括征信、金融、援助等。如图 5－1 所示。

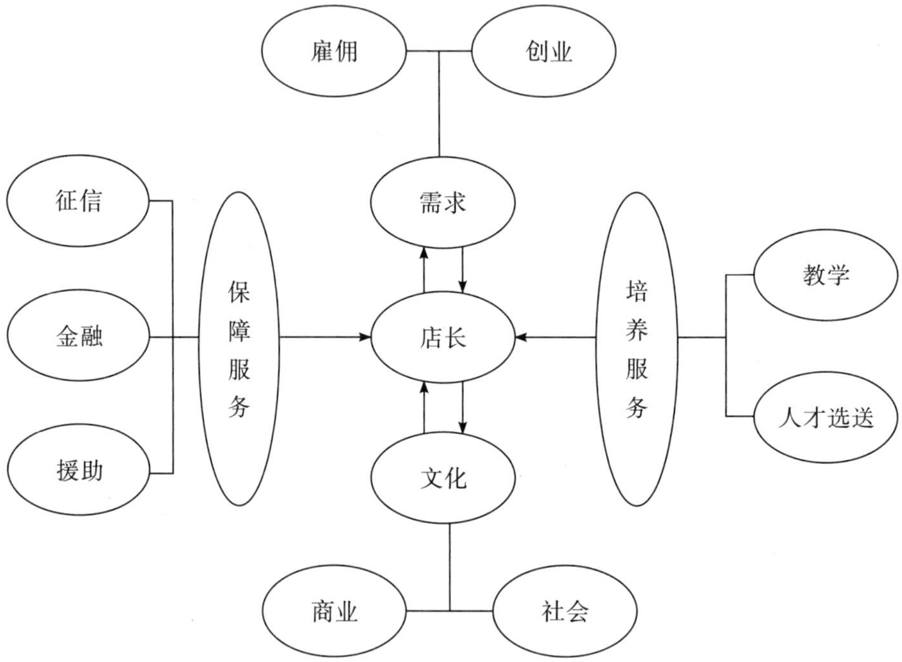

图 5－1　职业店长供求体系

单纯为企业输送店长储备人才，这是职业店长教育的初级阶段，距离职业院校应当承担的社会责任还有很大差距。变革中的零售连锁业不仅仅要解决临时用工问题，而且需要一个健康的职业店长教育供给体系，这个体系不仅要提供人才，而且要提供文化、规则与标准。改善店长的社会生态可以成为中国零售业革新的入口，高职院校参与这项事业是责任所在，同时也是高职院校相关专业发展的重要机遇。鉴于上述考虑，我校与深圳百果园公司联合发起，邀请境内外有志于从事职业店长培养事业的院校与行业协会一同参与，成立百果园职业教育联盟，走连锁发展的道路，职业店长现代学徒制培养连锁发展的目标定位概括如下。

1. 建立店长储备人才的选送机制

如前所述，企业尚未建立从外部培养店长储备人才的机制，而高职院校在店长储备人才培养方面也没有建立系统化的架构和运行机制。如何整合企业、院校及相关服务机构的力量，建立具有示范意义的店长储备人才选送机制是高职院校可以深入探索的课题。国家关于现代学徒制和职业教育集团的支持政策为在该领域的尝试提供了条件。

2. 完善店长职业标准体系

关于店长职业标准的探索，企业、院校、行业协会及相关政府部门已经积累了一定成果，但缺少系统性，现有职业标准因为没有充分体现行业特点，在适用性方面也比较差。在如何与国际零售业发展趋势对接、如何体现技术进步、如何发扬民族文化等方面没有针对性的设计。配套职业标准的宣传、教育、推广体系比较薄弱。而高职院校具备教学、研究与国际合作的优势，在店长职业标准体系建设上大有施展空间。

3. 推动建设店长人才从业规范与行业自律机制

国家和地方出台了具有指导意义的规范，如商务部的《零售药店服务规范》、青岛市的《连锁商业零售业服务规范》等，这些规范对指导行业、企业及从业人员提升自身服务质量具有重要意义。虽然企业有关于店长行为规范与岗位职责的规定，但目前还没有针对店长这一群体的专项从业规范，也没有建立适合该群体的自律机制，这是制约店长职业化发展的瓶颈。高职院校不是行业管理机构，但可以凭借高校在社会秩序建立中的独特地位，为建立店长人才从业规范与自律机制，在研究上做支持，在舆论上做引导。

4. 参与店长人才保障服务体系建设

征信、金融和援助是店长人才保障服务体系的基本内容，可以说，这三项内容在当前都近乎空白。征信服务缺失，会阻碍店长人才的社会流动，同时也会增加企业用人风险和成本；金融服务缺失，会阻碍企业与学校参与联合培养店长的积极性，在联合培养过程中，资金伴随人才流动而流动，金融服务有介入的机会与空间，但该类服务还处于探讨层面；面向店长的法律、救济、担保、继续教育等服务援助不到位，大大制约了店长群体可持续发展能力的提升，降低了店长从业岗位在就业市场的吸引力。高职院校向社会输送的店长储备人才是店长群体中的“潜力股”，在职业或创业方向上具有更好的前景。为毕业生提供相关服务是高职院校在促进终身教育体系建设中的基本责任，高职院校也有可能在店长人才保障服务体系建设方面探索出值得推广的经验模式。

5. 传播职业店长文化

文化传播是高校的历史使命，甚至可以说是终极使命。中国高职院校长期以来重技能训练而轻视文化传播，这是严重背离教育本位的。数以千万的店长，星罗棋布的门店，他们在社会文化形成与传播中的作用是巨大的、深远的。高职院校在培养店长人才技能的同时，不仅要使他们具有可雇佣能力，而且要引导他们成为文化的使者。为此，师资、课程、实训基地、校园环境等方面需要被赋予文化内涵，发挥文化育人的功能。

5.3.3　百果园学院连锁模式探索

1. 搭建连锁发展平台

我校管理学院自2010年开始与深圳市百果园公司联合举办店长培养订单班，2014年成立百果园学院，启动现代学徒制培养模式，2015 年被列入国家首批现代学徒制试点范围。基于百果园学院，我校与深圳市百果园公司牵头，联合金华职业技术学院等 7 家高职院校、台湾树德科技大学等 3 家本科院校和 2 家中职学校、1 家行业协会，共 15 家单位发起成立百果园职教联盟，人才培养定位是中职培养店员、高职培养店长、本科培养经理。联盟以现代学徒制“职业店长”培养为抓手，通过专业教学标准的研制、共同组建科研团队、教师的培训与交流、教学资源的建设与共享、现代学徒制招生的联合申报等方式初步形成了互利共生机制，凸显集群化与连锁化办学效应，如图 5 -2 所示。

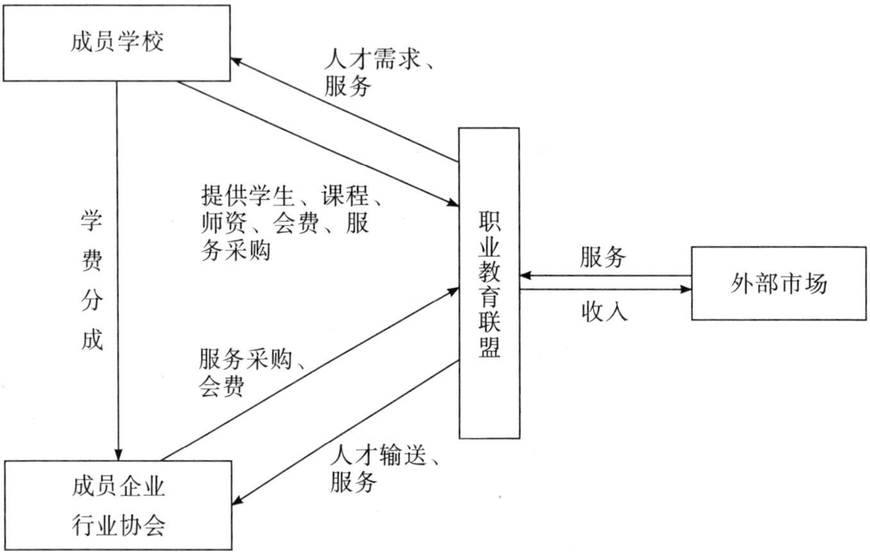

图 5 -2　百果园职业教育联盟运行机制图

2. 开发现代学徒制专业教学标准

专业教学标准是决定连锁发展模式能否顺利开展的关键。在广东省教育厅的支持下，校企双方联合开展“现代学徒制高职市场营销专业教学标准的研制”项目，店长职业资格标准、人才方案、课程标准、师傅标准、评价标准等陆续运用到教学与管理中。选派师资到英国考察零售业现代学徒制职业标准，引入英国零售业现代学徒制框架（Apprenticeship Frameworks）及运营管理方式，提升专业标准的国际化程度。

3. 提炼现代学徒制校企合作模式

连锁体系的运行质量依赖规范化、标准化、稳定的运行模式。自百果园学院成立以来，我校联合企业及协作院校完成了《校企深度合作升级人才培养目标和人才培养模式的实施方案》《订单班管理办法》《校企双主体共建店长特色学院的实施方案》《百果园学院现代学徒制试点建设任务书》等指导现代学徒制校企合作的操作方案。组织编写了《现代学徒制框架下职业店长培养模式探索与实践》，明确了现代学徒制集团化发展的路径与操作模式。《校企共建百果园学院　深度探索现代学徒制》被教育部选为典型案例，在现代学徒制国际研讨会上作为国内高职院校代表做经验介绍。

4．优化店长培养课程体系

课程是教学改革理念的载体，是校企合作的作业平台，也是校际合作的结合点。以“职业店长”为人才培养目标，校企深度合作开发融“高等性”“职业性”“教育性”于一体的课程体系。开发了适合线上学习的素质教育课程“职业规划与成功素质训练”，获国家精品视频公开课，开发了适合工学结合、工学交替的“销售型店长”“管理型店长”“经营型店长”以及“职业店长综合技能训练”课程。

5．建设店长人才培养连锁学院

2016 年 6 月 8 日，作为百果园职教联盟成员之一的马鞍山职业技术学院成立百果园学院，百果园职业教育联盟迈出了连锁发展的第一步。中山职业技术学院 2016 年获得广东省教育厅批准的现代学徒制百果园店长班的招生资格，与广州番禺职业技术学院以连锁的形式为企业和行业共同培养职业店长，30 人招生计划全面完成。联盟成员中的北京农学院、武汉商学院、金华职业技术学院、广东科贸职业学院、东莞职业技术学院、河源职业技术学院、成都工业学院等的订单班以及线上线下的学生都在有条不紊地进行培训，职教联盟连锁化、集群化办学效应不断显现。截止到 2016 年 5 月底，百果园职教联盟成员院校在百果园公司正式入职的学生有 519 名，升任店长、副店长和总部管理人员的有 150 余人。

5.3.4 职业店长现代学徒制培养连锁模式的后续探索

以积极参与建设职业店长社会生态为目标导向，“十三五”期间，百果园职业教育联盟拟通过连锁模式走集团化办学之路，在更大范围内推动现代学徒制职业店长培养方式，在体制机制创新、标准建设、群体自律机制建设等方面积极尝试。

1．健全治理机制

百果园职业教育联盟目前是非法人形式的职业教育联合体，随着连锁体系逐步深入开展，需要建立适应复杂利益关系的、具有法人身份的职业教育集团，并健全与之相匹配的治理机制。我校管理学院基于职业店长学院建设目标的二级管理改革，以及深圳百果园公司校企合作事业部由成本中心向利润中心的转制，为健全职业教育集团治理机制提供了机会和条件。

2．提升体系执行能力

连锁体系执行能力取决于两个关键因素：一是工作团队，二是技术支持系统。在借助先进技术手段提升管理效率的同时，也应着重解决工作团队建设问题。关于工作团队建设，目前的职业教育集团有四种方式：秘书处挂靠院校设置，组成以院校教师为主体的团队，教师以专职或兼职身份介入；秘书处挂靠企业设置，组成以企业员工为主体的团队，员工以专职或兼职身份介入；秘书处独立设置，聘用专职人员组成工作团队，企业员工与院校教师参与运营；由院校或企业的内设机构代行秘书处（或企业）职能。四种方式中，第一和第二种方式最为简单，但因为缺少独立性，运行的稳定性与效率容易受到干扰；第三种方式独立性最强，投入也比较高，对团队运营能力，特别是对维持资金收支平衡的能力有更高要求；第四种方式运用的前提是，院校或企业内设机构的运营目标同职业教育集团的运营目标有高度复合性，也就是说职业教育集团要做的事也是院校或企业的主要工作内容，这种一致性确保在不增加新机构的情况下，职业教育集团的功能才能得到实现。百果园职业教育联盟具备第四种策略的应用条件，我们将通过自身体制与机制的调整，将传统的教学团队转变适合现代学徒制模式的工作团队。

3. 完善职业标准

职业标准是店长职业化的基本条件，职业化程度高的领域一定要有与之匹配的职业标准。目前，店长职业标准在科学性、适用性、普及性及国际化方面都比较差，这不仅不利于企业选拔人才，也不利于店长群体自身的健康发展。对店长人才现代学徒制的连锁模式而言，职业标准是人才培养质量的尺度，也是成员单位相互沟通的媒介。百果园职业教育联盟已经在市场营销现代学徒制专业标准以及果品流通业店长职业标准建设方面取得了一定成绩，下一步将借鉴英国零售业现代学徒制职业框架的开发与运营范式，完善店长职业标准。

4. 推动建立群体自律机制

当前职业店长群体的社会组织化程度低，尚未建立群体自律机制，这会加大人才供需双方的交易成本，不利于健康社会生态的建立。在服务企业的同时，服务职业人才，保护职业人才也是职业教育的应有之义。我们将携手相关机构，促进成立职业店长社会组织，开展相关文化活动与服务项目，推动建设职业店长群体的自律机制。

5.3.5 政策建议

宏观政策对学徒制仍然缺少充分的重视。《国务院关于加快发展现代职业教育的决定》（国发〔2014〕19 号）在关于推进人才培养模式创新的表述中，提及要推进现代学徒制试点。《教育部关于开展现代学徒制试点工作的意见》（教职成〔2014〕9 号）虽然提出了系统的框架，但具体政策尚未出台。在此背景下，企业会因为高成本与高风险而不愿意参与现代学徒制，并由此造成职业教育界孤军奋战的局面。社会化服务机构的介入，能在院校和企业之间搭建沟通平台，有助于企业需求与院校需求的充分对接，并能通过引入更多院校和企业的参与分担成本、规避风险，对弥补政策缺失具有重要意义。百果园职业教育联盟或拟成立的职业店长教育集团实际上就是发挥社会化服务机构的功能。

财税政策是否有利于促进现代学徒制发展尚待实践证明，况且财税政策的出台需要漫长的周期。在此情况下，可以考虑通过构建现代学徒制公共服务平台的方式来突破当前的困境。在中小企业发展领域，公共服务平台服务内容大致包括科技创新支持服务、融资担保服务、信息服务、人才培训服务、管理咨询服务、创业辅导服务、市场开拓服务、质量管理服务、法律服务等内容；平台服务的种类是多样的，但都应具有创新主体多样性、集聚要素关联性、基础条件规模性、创新资源优质性和平台功能复合性等特征。公共服务平台在促进中小企业发展、技术创新、培育社会组织等领域都发挥了巨大作用，这对现代学徒制的发展是有借鉴意义的。

5.4　企业学院建设工作指导意见

店长职教集团通过多次召开研讨会，对以现代学徒制培养连锁模式促进店长职业教育集团化规模化办学达成共识，在此基础上制定了企业学院建设工作指导意见。

店长职业教育集团企业学院建设工作指导意见

鉴于百果园学院在促进校企合作与培养零售店长方面的意义，店长职教集团将建设企业学院列为重点业务，并在集团成立大会上启动了名创优品学院建设工作。前期试点证明企业学院建设对于促进店长职业教育的集团化、连锁式发展具有显著效果与推广价值。

为保证此项工作的顺利开展，明确操作规程，逐步建立科学、规范、高效的企业学院开发与运营体系，特此提出本工作指导意见。

一、建设流程

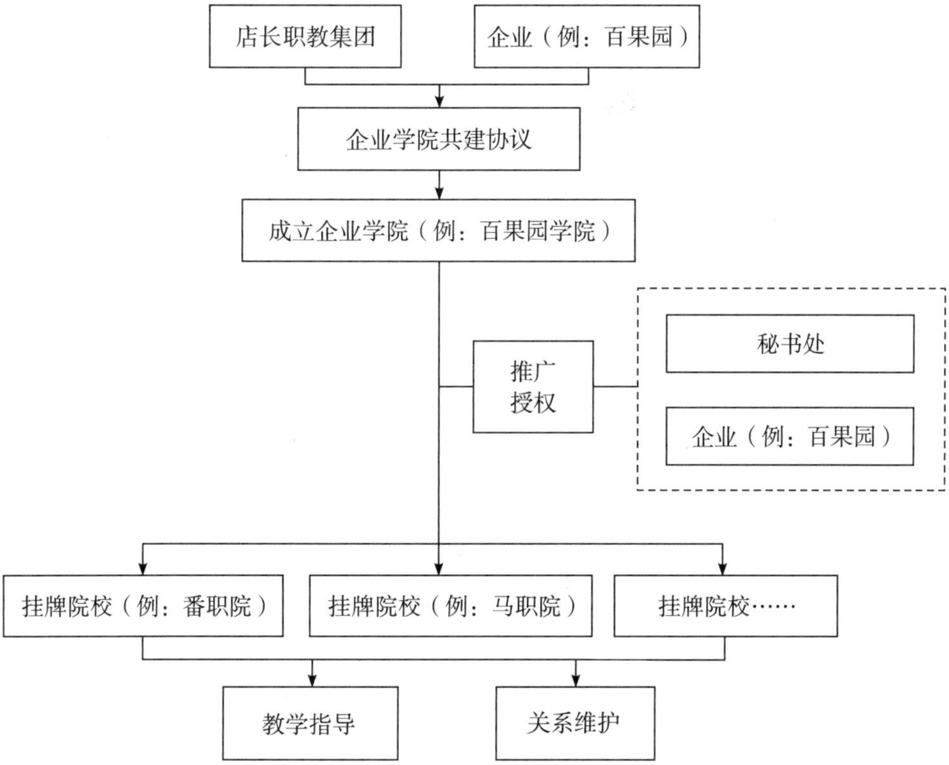

图5-3　企业学院建设流程

以百果园学院为例，店长职教集团与百果园公司签署共建百果园学院协议。

该学院是由百果园公司主导，与职教集团内相关院校实施“双主体”办学、“双元”培养的人才培养载体；符合条件的院校，经授权可以挂牌设立“百果园学院”，第一家挂牌的院校需与企业一同建立企业学院的相关工作标准、流程及教学方案和资源，并向以后挂牌成立的院校推广，发挥辐射带动作用；各院校设立的“百果园学院”成为百果园公司开展校企合作的网络节点，并以连锁的形式服务企业的店长人才培养。

二、建设意义

集团希望借助企业学院项目，通过集团化、连锁式发展，协助成员单位有针对性地解决校企合作在店长人才培养方面的主要问题。

表 5－1　企业学院针对性解决校企合作的问题

企　业	院　校
1. 与院校合作缺少稳定载体	1. 企业缺少持续、稳定的合作设计
2. 如何对一所学校进行“深耕”“广种”	2. 缺少与企业常态化沟通的渠道
3. 校企合作工作缺少品牌效应	3. 如何将老师和学生聚合在企业身边
4. 寻找合适的院校伙伴有难度	4. 寻找合适的企业伙伴不容易
5. 如何利用院校资源弥补企业不足	5. 如何整合提炼合作成果充实教育资源

三、企业学院功能

协助扩大店长人才培养规模，满足企业店长人才的规模化需求，协助院校提升店长职业教育质量，提升教师团队发展能力，是企业学院项目的基本功能。

（1）网络拓展：协助企业拓展合作院校，扩大企业学院建设覆盖面。

（2）资源开发：基于企业学院平台，开发课程、培训方案、课件、学生活动等。

（3）团队培育：逐步建设企业学院教学指导委员会，例如“百果园学院教学指导委员会”，以该委员会为工作载体，将分布于不同学校的百果园学院的专业教师及企业专家聚合起来，围绕企业学院运营需求，开展教学研修活动与协作项目。

（4）文化传播：传播企业品牌文化，为企业深耕校园创造条件，传播零售文化，践行职业教育社会责任。

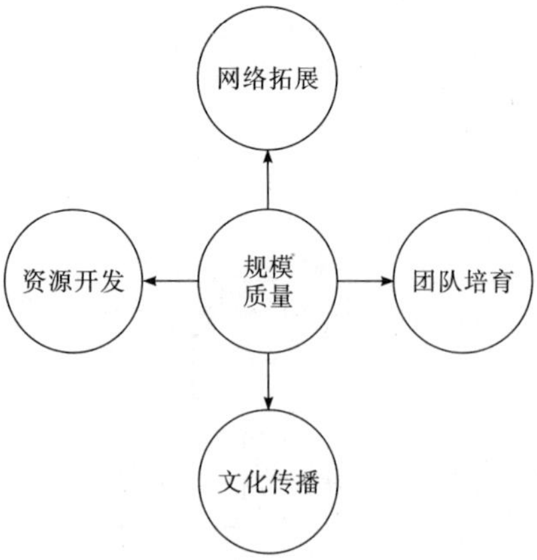

图 5－4　企业学院的功能

四、组织架构

企业学院采取理事会领导下的院长负责制，理事会由企业统一组建与管理。

企业学院理事长与院长由企方派人担任，副理事长由合作院校派人担任，理事由校企双方相关人员组成，校企双方各派一人担任院长助理。

理事会及日常机构根据合作院校的增减或校企人员的变动进行相应调整。

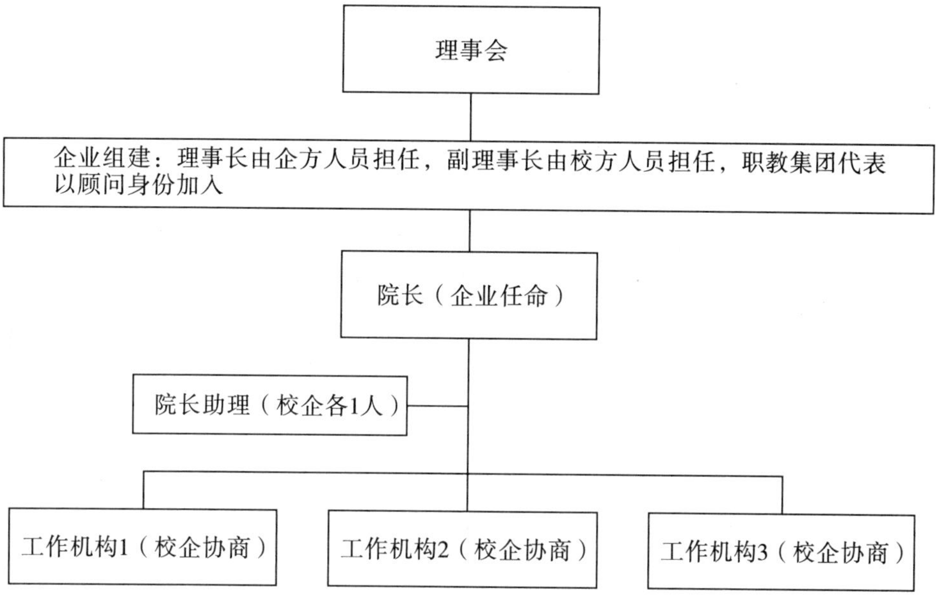

图5－5　企业学院组织架构

五、资格要求

（一）企业

共建企业需要具备如下资格条件：

（1）店长职业教育集团会员单位；

（2）具有良好的雇主形象；

（3）具有持续增长态势，对店长人才的需求具有一定规模；

（4）具有完善的内部训练体系及针对新入职人员的训练模块；

（5）具有规范的师傅指导学徒流程，师傅指导学徒被纳入绩效考核体系；

（6）企业高层重视校企合作，并设有校企合作部门或岗位；

（7）认同企业学院发展框架。

（二）院校

申请成为企业学院授牌单位的院校需具备如下资格条件：

（1）店长职业教育集团会员单位；

（2）具有良好的人才培养质量口碑；

（3）店长职业教育在本单位人才培养体系中处于重要位置；

（4）有与店长培养相关的课程及教学资源；

（5）能落实对接企业学院的专业教师团队；

（6）教学单位主要领导认同企业学院发展框架。

六、发文流程

在店长职教集团与企业签署共建协议后，企业发文成立企业学院，文件需明确企业组织架构、主要人员任命、首家挂牌单位、其他院校如何加入等事项。

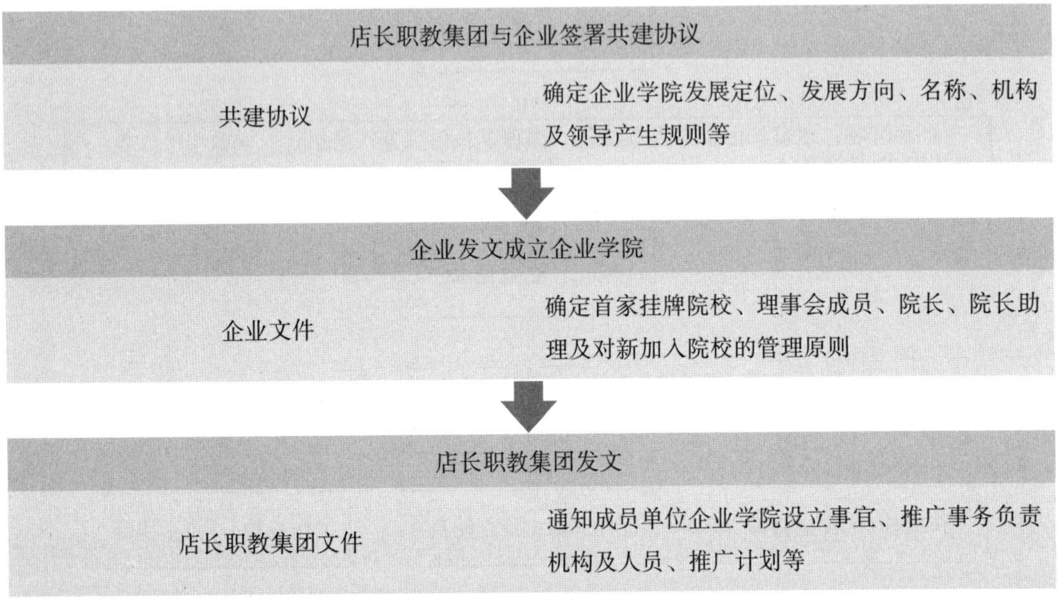

图5-6　企业学院成立发文流程

参考资料：企业文件示例。

根据公司发展战略对人才储备管理的要求以及公司校企合作渠道开拓的未来规划，公司决定在店长职教集团搭建的平台上与相关院校合作成立天虹学院，共同培养适应天虹未来发展的超市门店管理、便利店店铺管理等岗位紧缺人才。

天虹学院采取理事会领导下的院长负责制，理事会由天虹统一组建与管理。选择广州番禺职业技术学院作为首家合作及挂牌的院校，天虹学院理事长与院长由企方派人担任，副理事长由合作院校派人担任，理事由校企双方相关人员组成，校企双方各派一人担任院长助理。理事会及日常机构将根据合作院校的增减或校企人员的变动进行相应调整。理事会成员及主要管理人员名单如下：

（略）

七、企业学院授牌

职教集团协助推广企业学院，向企业推荐优质合作院校，由企业决定是否吸纳其进入企业学院体系。

企业需以适当方式告知职教集团企业学院授牌情况，并提供相关资料在集团秘书处存档。

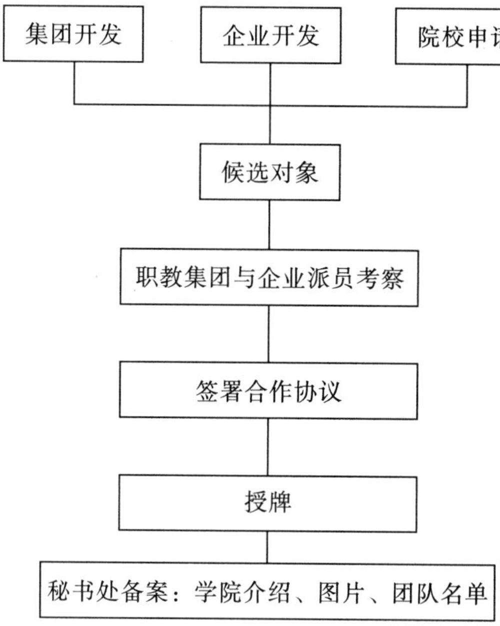

图5－7　企业学院授牌流程

八、名称规范

企业学院的具体名称由企方确定，参考命名方式如下：

（1）企业简称＋学院（或班），如“百果园学院”“名创优品学院”。

（2）企业简称＋人才类型＋学院（或班），如“百丽国际店长班”。

（3）标志物名称＋学院（或班），如“麦苗学院”“米饭学院”。

（4）企业简称＋工作范畴＋学院（或班），如“百度互联网营销学院”。

授予院校的牌匾之上需有“店长职业教育集团”字样。

九、工作机制

（1）企业学院联合培养人才的具体工作由企业相关部门与院校协同推进，职教集团根据双方需要提供协助。

（2）职教集团牵头组建“店长职业教育集团教学指导委员会”，并按照企业学院设立分委员会，名称为“学院名称＋教学指导委员会”，如“百果园学院教学指导委员会”。拥有2家以上授牌院校的企业学院均需成立教学指导委员会。

（3）集团层面教学指导委员会由理事会代行职责，不再单独设立。各学院教学指导委员会参照表5－2设置。

表 5－2　企业学院教学指导委员会设立参照

项目	内　容	备　注
工作目标	帮助企业校企合作负责人打造一支专业的、具有一定研究与服务水准的支持团队	
人员构成	企业代表、各企业学院校方代表	例：如有 5 所院校挂牌成立百果园学院，每所院校至少选 1 人进入教学指导委员会，具体人员有校企协商确定
负责人	企业学院院长兼任主任，配副主任 1 名，由校方代表担任，协助主任工作	
工作职责	组织教学研修，提高企业学院工作团队的教学能力与服务能力，持续改善企业学院的教学质量	
工作方式	在主任指导下，依据各企业学院工作计划，独立开展工作	
经费保障	企业需为企业学院教学指导委员会的教研活动提供经费支持及其他保障	例：名创优品和百果园公司各提供 10 万元课题经费，委托广州番禺职业技术学院组建团队，开发企业学院建设体系
集团参与	集团不定期举行研修活动，提供共享资源与培训，加强各企业学院教学指导委员会之间的沟通与分享	

十、评核与分享

职教集团牵头组织对企业学院进行评核，并将评核情况反馈给企业与院校，辅助成员单位持续改善校企合作工作质量。职教集团亦会通过研讨会、专题报告、考察参观等形式在成员间分享企业学院案例。

对企业学院的评核从以下三个层面进行：

（略）

十一、互助公约

店长职教集团是基于院校、企业、协会等在人才培养方面的共同利益形成的互助团体，企业学院项目是促进成员间集团化、连锁式发展的具体方式。事业荣衰有赖于各方的责任心和主动参与意识。在推进企业学院体系发展过程中，相关各方及相关人员需恪守如下约定：

（1）彼此尊重，取长补短；

（2）信守承诺，言出必行；

（3）成人达己，共担分享；

（4）传道授业，以人为本。

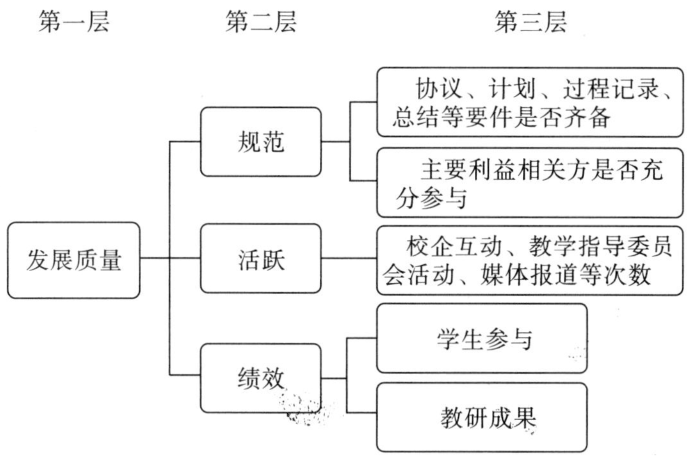

图5－8　企业学院运行情况评核框架

十二、操作要点

表5－3　企业学院操作要点

参与方	工作要点
企业	1. 与职教集团协商成立企业学院事宜 2. 与职教集团签署共建协议 3. 确定首家挂牌院校 4. 发文成立企业学院 5. 给首家合作院校授牌 6. 拓展合作院校，为符合条件的院校授牌 7. 授牌院校达到两家后，成立教学指导委员会 8. 提供专项经费，支持教学指导委员会开展教研活动 9. 管理企业学院体系 10. 接受职教集团对企业学院的评核 11. 支持职教集团工作
挂牌院校	1. 向企业或职教集团提出合作意向 2. 接受考察评估 3. 与企业签署合作协议 4. 配合企业开展人才选育工作 5. 参与教学指导委员会工作（如是牵头单位，需承担教学指导委员会的日常管理工作） 6. 配合企业接受职教集团对企业学院的评核 7. 支持职教集团工作

十三、附注

1. 本方案由店长职业教育集团秘书处组织编写，版权归属店长职业教育集团，由秘书处负责解释及进一步修订。

2. 未经授权，禁止传播。

5.5 各企业学院的成立

5.5.1 名创优品学院

关于实施名创优品学院建设计划的决定

集团各单位：

根据《店长职业教育集团章程》，为适应赛曼集团发展战略对人才储备的需要以及赛曼集团企业大学发展规划，经店长职教集团理事会研究决定，同意实施名创优品学院建设计划，共同培养适应名创优品未来发展的门店管理、商品管理、物流管理等岗位紧缺人才。

名创优品学院定位于由店长职教集团搭建平台，由赛曼集团主导，与职教集团内相关院校实施“双主体”办学、“双元”培养的特色企业学院，并以连锁的形式协同职教集团相关资源共同培养企业与行业所需要的店长及相关岗位人才。名创优品学院积极开展“招生即招工、入校即入厂、校企联合培养”的现代学徒制试点工作，全面提升技术技能型人才的专业能力、工匠精神和管理水平。

赛曼集团选择有良好合作基础的广州番禺职业技术学院作为第一家挂牌院校，校企双方共同制定人才培养的标准、方案并建设相关教学资源，为与后续挂牌的学校实现资源共享创造条件。赛曼集团将与全国各地其他优秀院校积极开展校企合作，条件成熟会进一步选择院校挂牌，开设名创优品学院的连锁学院，名称统一为“店长职业教育集团·名创优品学院”，为集团赛曼大学的建设与发展创造条件。

在店长职教集团连锁学院发展框架指导下，名创优品学院的机构设置与运行方式，由赛曼集团与各合作院校协商确定，并在集团秘书处备案。

店长职业教育集团
2016 年 12 月 17 日

5.5.2　天虹学院

关于成立天虹学院的决定

集团各单位：

根据《店长职业教育集团章程》，为适应天虹商场股份有限公司发展战略对人才储备的需要，拓展店长人才集团化培养体系，集团理事会同意成立天虹学院。

天虹学院是由天虹公司主导，实施“双主体”办学、“双元”培养的特色企业学院，基于店长职教平台探索以连锁的形式协同职教集团相关资源，培养店长及相关岗位人才。

天虹学院选择广州番禺职业技术学院作为第一家挂牌院校。天虹学院采取理事会领导下的院长负责制，理事会由天虹公司统一组建与管理。理事会及日常机构组织如下，未来将根据合作院校的增减或校企人员的变动进行相应调整。

理事长：徐×（天虹商场股份有限公司助理总经理/人力资源部总监）

副理事长：谭××（店长职业教育集团秘书长）

理　事：

尤××（天虹商学院执行院长）

张×（天虹商学院执行副院长）

胡××（广州番禺职业技术学院管理学院副院长）

占×（广州番禺职业技术学院工商企业管理教研室主任）

李×（天虹商场股份有限公司人力资源部副总监）

王×（天虹商场股份有限公司便利店事业部人才发展总监）

周××（天虹商场股份有限公司高级校企合作经理）

李×（天虹商学院高级培训经理）

院　长：

徐×（天虹商场股份有限公司助理总经理/人力资源部总监）

院长助理：

周××（天虹商场股份有限公司高级校企合作经理）

占×（广州番禺职业技术学院工商企业管理教研室主任）

店长职业教育集团
2018年9月19日

5.5.3 丝域学院

关于成立丝域学院的决定

集团各单位：

根据《店长职业教育集团章程》，为适应珠海市丝域连锁企业管理有限公司（以下简称“丝域公司”）发展战略对人才储备的需要，拓展店长人才集团化培养体系，集团理事会同意成立丝域学院。

丝域学院是由丝域公司主导，实施“双主体”办学、“双元”培养的特色企业学院，基于店长职教平台探索以连锁的形式协同职教集团相关资源，培养店长及相关岗位人才。

丝域学院选择广州番禺职业技术学院作为第一家挂牌院校。丝域学院采取理事会领导下的院长负责制，理事会由丝域公司统一组建与管理。理事会及日常机构组织如下，未来将根据合作院校的增减或校企人员的变动进行相应调整。

理事长：欧阳××（珠海市丝域连锁企业管理有限公司集团人力中心 CHO）

副理事长：谭××（店长职业教育集团秘书长）

理　事：

陈××（珠海市丝域连锁企业管理有限公司校企合作办经理）

胡××（广州番禺职业技术学院管理学院副院长）

袁××（珠海市丝域连锁企业管理有限公司教育部经理）

门××（广州番禺职业技术学院职业店长学院副院长、市场营销教研室主任）

张×（广州番禺职业技术学院市场营销专业带头人）

院　长：

欧阳××（珠海市丝域连锁企业管理有限公司集团人力中心 CHO）

院长助理：

陈××（珠海市丝域连锁企业管理有限公司校企合作办经理）

张×（广州番禺职业技术学院市场营销专业带头人）

店长职业教育集团
2018 年 9 月 19 日

5.5.4 绿叶居学院

关于成立绿叶居学院的决定

集团各单位：

根据《店长职业教育集团章程》，为适应广州市绿叶居食品有限公司发展战略对人才储备的需要，拓展店长人才集团化培养体系，集团理事会同意成立绿叶居学院。

绿叶居学院由绿叶居公司主导，实施“双主体”办学、“双元”培养的特色企业学院，基于店长职教平台探索以连锁的形式协同职教集团相关资源，培养店长及相关岗位人才。

绿叶居学院选择广州番禺职业技术学院作为第一家挂牌院校。绿叶居学院采取理事会领导下的院长负责制，理事会由绿叶居公司统一组建与管理。理事会及日常机构组织如下，未来将根据合作院校的增减或校企人员的变动进行相应调整。

理事长：罗××（广州市绿叶居食品有限公司总经理）

副理事长：谭××（店长职业教育集团秘书长）

理　事：

薛××（广州市绿叶居食品有限公司副总经理）

胡××（广州番禺职业技术学院管理学院副院长）

代×（广州市绿叶居食品有限公司人力资源经理）

门××（广州番禺职业技术学院职业店长学院副院长、市场营销教研室主任）

刘×（广州市绿叶居食品有限公司总经理助理）

李××（广州市绿叶居食品有限公司销售经理）

院　长：

罗××（广州市绿叶居食品有限公司总经理）

院长助理：

代×（广州市绿叶居食品有限公司人力资源经理）

门××（广州番禺职业技术学院职业店长学院副院长、市场营销教研室主任）

店长职业教育集团
2018年9月19日

5.6　店长职教集团入选典型案例

基于“分享体系”的共享型职教集团建设

店长职教集团　阚××　谭××

摘要：非法人实体型职教集团是职业教育集团化办学的主要组织形式，此类职教集团普遍面临“集而不团”的困境。以管制和激励为导向的治理结构对此类职教集团缺少适用性。店长职教集团将共享型组织体系作为职业教育集团化办学探索的新方向，选择具有职业教育价值和能力的企业伙伴、建设有内驱力和凝聚力的分享体系、推进标准化与信息化的行动方式，建立共享型职业教育集团建设的关键环节。

关键词：职教集团；集团化办学；分享体系；共享型集团

一、引言

历经20多年发展变革，职业教育集团化办学在促进教育链、人才链与产业链、创新链有机衔接方面的意义日益突出，已成为职业教育领域探索人力资源供给侧结构性改革的重要形式。但各类职教集团依然面临“集而不团”的尴尬，如何提高成员的参与度、贡献度与培育集团发展内驱力是职业教育集团化办学领域的重大课题。在呼吁完善职业教育集团化办学政策环境的同时，学界普遍认为应该借由内部治理结构的优化去改变职教集团“松散”的状态。组织具有法人实体身份是治理结构相关策略得以有效施展的具体情景。然而，截至2016年年底，全国1 406个职教集团中仅有53个法人实体型集团，也就是说96%的职教集团仅仅是非法人性质的职业教育联合体。虽然这些职教集团在成立之初都具有理事会、秘书处、章程等要素，但治理结构在形式上的完备性并不能跳出“集而不团”的困境，大多数成为牵头单位“一枝独秀”的表演。所以，以管制和激励为导向的治理结构理论是否适合职教集团发展是值得商榷的。据“战略联盟”理论，分享行为有助于增强伙伴之间的信任感与协作关系，因而使联盟更具有凝聚力及创造力。店长职教集团通过构建有助于分享的运行体系，赋予参与者以能力，培育集团发展内驱力，促进成员积极参与和分享，从广州番禺职业技术学院的“一枝独秀”转变为店长职教集团各成员的“美美与共”，对非法人型职教集团的发展提供了另辟蹊径之举。

二、店长职教集团概况

店长人才供给是决定零售连锁企业市场体系拓展节奏的关键因素，店长供给速度决定开店速度是业内的共识。而零售连锁企业普遍面临的问题是店长离职率高、门店从业人员学历层次偏低、企业培训资源相对不足。2017年，中国连锁百强企业销售规模达到2.2万亿元，同比增长8.0%，占社会消费品零售总额的6.0%，连锁门店总数为10.98万家，同比增长9.1%。例如店长职教集团中的核心企业深圳百果园公司目前有3 000余家门店，其开店目标是一万家，需要大量的店长人才；其他成员单位，如名创优品、永辉、天虹、丝域、华润等零售企业的门店发展速度也是非常迅猛。实现店长人才的规模化供给，并保有较高的岗位留存率与人员晋升率是企业对校企合作的期待。在零售业变革的背景下，如何构建适应行业发展需求的店长人才培养体系是零售连锁企业的重大关切。

2015年广州番禺职业技术学院与深圳百果园公司牵头成立百果园职教联盟，2016年百果园职业教育联盟转型升级为店长职业教育集团，目前集团由中国连锁经营协会指导，由10家行业领先企业及20所中高本院校和1家连锁经营协会构成。店长职业教育集团以现代学徒制“职业店长”培养为抓手，通过创新办学体制机制、构建连锁型企业学院、研制专业教学标准、组建跨界科研团队、培养校企师资队伍、建设与共享教学资源、联合申报现代学徒制招生等方式形成了互利共生机制，针对零售企业在店长人才需求方面规模大、跨区域用人突出、专业融合度高等特点，构建了“不同专业按类型、企业学院按行业、职教集团按区域”三维一体培养零售店长人才的新体系，探索职业教育集群化、连锁式办学道路。店长职业教育集团入选广东省示范职教集团建设项目。

三、店长职教集团分享体系

店长职教集团是非法人型职业教育联合体，理事会并不具备激励与约束成员单位的经济杠杆，集团主要是基于分享理念形成了集团化办学运行与发展体系。

1. 运行架构

在运行架构方面，集团建立了基于企业学院的校企合作网络，合作网络与企业招聘网络相对接，分享的动力得以建立和持续。企业需求是职教集团运行动力的源泉，能否聚集企业需求，以及为其实现搭建通道是分享体系建设的关键。集团将战略型企业伙伴作为分享网络的关键节点，选择行业领军企业共建企业学院，目前已建成百果园学院、名创优品学院、天虹学院、丝域学院和绿叶居学院等5个企业学院。企业学院由企业主导，是校企“双主体”办学、“双元”培养的特色学院，基于店长职教平台探索以连锁的形式由企业和各地的相关院校建设，协同职教集团相关资源，培养店长及相关岗位人才。这些企业普遍具有人才需求量大、市场跨区域、培训体系完善、职教能力很强、以管理干部为学校招生培养定位等特征。对校企合作的需求促使企业主动担负起分享枢纽的角色，从而在集团内部形成多个活跃的子群，为保障整体分享网络的畅通提供了基础。

2. 工作团队

在工作团队方面，集团依托职业店长学院组建秘书处，学院目标与集团目标实现高度契合，分享的效率得以保证。大多数非法人型职教集团选择某所院校作为秘书处常设地，个别院校会为秘书处配备专职人员，但大多数是以现职人员兼顾秘书处工作。因为集团工作目标与秘书处所在单位工作目标难以协同，工作团队投入又难以保证，因此，集团工作往往被搁置不顾，缺少秘书处平台服务的职教集团是没有分享能力的。店长职教集团秘书处设在广州番禺职业技术学院管理学院，管理学院的人才培养定位是职业店长，职业店长学院是由该单位承担的广州市职业教育特色学院，通过集团化办学，实现店长人才培养体系中教育链与产业链的对接是该学院的内在需求。因此，秘书处建设中的“两张皮”现象在店长职教集团并不存在，由此使得集团分享体系具备扎实的工作团队。在店长职教集团，核心成员单位的代表来自具体业务部门，企业方面一般是校企合作负责人，院校方面则是二级学院负责人，他们在集团理事会担任副理事长以上职务；单位高层领导挂名但不参与具体工作，一般人员担任联系人却没有条件工作，这种情况在店长职教集团组建之初即从制度设计上进行了杜绝。此类人员在职位、教育责任意识及自我效能感方面更具有适于分享的特性与条件，在态度、主观准则与感知行为控制方面表现得更加积极。

3. 行动准则

在行动准则方面，集团推动工作标准化，分享的成本得以降低。缺少标准是制约分享行为发生的重要因素之一。院校与企业之间，甚至是院校之间，因为话语方式不同、理解问题的角度有差异、判断事务的标准不一致等问题的影响，沟通尚且困难，分享更无从谈起。譬如关于现代学徒制的校企合作，在国家与地方教育管理机构尚无对现代学徒制精确定义的背景下，企业有企业的理解，院校有院校的认识，不同省份的院校对于现代学徒制的界定也有不同，相互之间沟通的成本就会提高，成功合作的概率就会下降。为使职教集团内各院校的店长培养有所遵循，为集团化办学扫除障碍，集团研制了企业学院建设指引、现代学徒制企业遴选标准、现代学徒制市场营销专业教学标准、课程标准、师傅工作标准、学徒管理办法、企业学院共建合同范本、校企现代学徒制合作协议等，并结合工作标准化组织了相关培训研讨活动。行动准则提供了一致化的对话口径，降低了分享活动的成本，从而提高了各方面参与分享的积极性。

4. 分享能力

是否具备能力和相关条件决定着分享意愿向分享行动的转化过程。在各类职业教育联盟中，对于小微企业以及自身发展存在诸多瓶颈的院校，经常出现有分享之意但无分享之力的情况。店长职教集团的牵头院校是国家首批高职28所示范校之一的广州番禺职业技术学院，其常务理事长是国家“万人计划”的教学名师阚雅玲，她拥有三项国家教学成果奖和3门国家级课程，带领管理学院在国内首创了职业店长学院，并首批实施现代学徒制试点。而集团中的企业均为所在领域的领军企业，譬如深圳天虹商场公司是引领零售变革的国有控股上市公司，深圳百果园公司是果品零售业的旗手，广东名创优品公司是时尚快消品界的先锋。而成为集团核心成员的院校需要满足两个条件：其一是店长人才职业教育在该校人才培养体系中占有重要位置，并具有相应的教学设计与教学条件；其二是该校为省级以上示范校或骨干校。通过产业链与教育链的深度融合实现店长人才的规模化培养，以及通过职业教育的集团化办学改善店长人才培养生态圈，对这些单位而言，不仅仅是责任，更是其战略发展的方向。无论是院校代表还是企业代表，均能从其所在组织中得到参与集团事务的支持，故而成为集团分享体系的促进因素。

5. 分享事项

以2018年度集团内部分享行为发生情况为例，店长职教集团主要分享事项包括公布计划与实施情况、推荐合作伙伴、发布招聘信息、交流现代学徒制经验和校企合作案例等13类，从各类事项发生次数看，对于知识与经验资源的分享占比最大，其次是对于院校与企业合作需求信息的分享。而这也正是集团成员最大的需求，也是增强集团成员的获得感的重要保障。

表5-4 店长职教集团分享事项列表

序号	资源分享方	分享事项	分享次数	分享途径	传递路线
1	秘书处	公布计划与实施情况	3	会议、网络	秘书处→全体成员
2	秘书处	推荐合作伙伴	12	会议、研讨、访问	秘书处→企业或院校
3	企业	发布招聘信息	46	网络	企业→院校伙伴
4	秘书处	发布联合培养信息	41	网络	秘书处→院校
5	企业、院校	交流现代学徒制经验和校企合作案例	22	会议、研讨	企业或院校→企业或院校
6	院校	公开研究成果	15	文件、会议、研讨	秘书处→全体成员
7	院校	公开人才方案	27	会议、研讨	秘书处→全体成员
8	企业	公开企业培训方案	11	会议、网络、访问	秘书处→全体成员 企业→合作院校
9	院校	项目共建机会	4	网络	秘书处→院校或企业
10	名师工作室	开放学习与培训项目	10	培训	院校→部分成员伙伴 企业→合作院校
11	校企	现代学徒制交流	25	校际、校企互访交流	院校→部分成员伙伴 企业→合作院校
12	秘书处	公开数据	3	会议、研讨、网络	秘书处→全体成员
13	院校	设施设备共用	2	研讨	院校→部分企业伙伴

四、店长职教集团建设成效

2018年，店长职教集团坚持以《国务院办公厅关于深化产教融合的若干意见》（国办发〔2017〕95号）为指导，深化产教融合，促进教育链、人才链与新零售产业链、创新链有机衔接，发挥店长职教集团平台作用，探索具有示范意义的店长人才规模化、集约化办学新模式，各项工作得到有效落实，成果突出。从绩效与声誉两个维度看，分享行为对于店长职教集团的发展及校企联合育人产生了显著的促进作用。

1. 绩效

店长职教集团自成立以来，为零售行业输送店长及储备人才近万人。以广州番禺职业技术学院和深圳百果园公司的合作为例，第一家百果园学院落户广州番禺职业技术学院，相关的体制、机制、标准、模式、资源等在建设完善后迅速向其他高职院校推广。近年来，百果园通过连锁模式开展校企合作的高职院校有13所，联合培养的人才目前在岗602人，其中362人晋升为店长助理以上岗位，晋升率高达60.13%。自2015年启动现代学徒制以来，百果园公司与广州番禺职业技术学院携手开设现代学徒制班8个，合计360人，截至目前已毕业3个班，毕业时的留存率高达97%，晋升率为95.7%；2018年百果园公司已确定与5所院校合作现代学徒制店长班，共计14个班。

名创优品、永辉超市、天虹商场、珠海丝域等公司也与集团内合作院校培养了大量店长人才。在拓展国内外市场中，集团内院校毕业生被委以重任，选派赴北京、上海、新加坡等地拓展市场，为公司战略发展发挥了重要作用。广州番禺职业技术学院与百果园公司成功实施现代学徒制试点后，广东农工商职院、中山职院、东莞职院等多所学院获批现代学徒制百果园店长班的招生资格，与番职院以连锁形式培养“零售店长”。马鞍山职院、湖北青年职院等以连锁形式开设百果园学院，专业教学标准、教学资源等得以广泛应用和推广。2018 年，店长职教集团新增现代学徒制项目圆满完成招生计划，集团核心企业现代学徒制项目招生近 500 人，订单班、冠名班、强化班、精英班等多种形式并举，企业学院体系进一步扩大，2018 年新增企业学院 3 家、订单班近 50 个、校园教学门店 2 个。人才培养的规模化为校企联合育人机制的持续优化提供了重要支撑。

2. 声誉

店长职教集团入选广东省示范性职教集团建设单位。集团内部有两个成果均获 2018 年国家教学成果奖（已经公示），分别是番职院牵头的“基于现代学徒制零售店长人才培养体系的构建与实践”获得广东省教育教学成果奖特等奖，中山职院牵头的“基于产业链的‘三维集成、校企协同’高职商贸类人才培养的探索与实践”获得广东省教育教学成果奖一等奖，在已公示的国家教学成果奖中均榜上有名。

为扫除因标准缺失给人才协同培养带来的障碍，在中国连锁经营协会的指导下，番职院、天虹、百果园等合作研制了《连锁经营行业推行现代学徒制指导意见》，并在今年 5 月 18 日的中国连锁企业人力资源峰会上发布，与成员单位进行分享；组织团队完成了《现代学徒制项目实施方法》的撰写工作；由番职院市场营销专业与珠海丝域联合开发《教学门店与学徒岗位建设方案》，形成了标志性成果；召开企业学院建设工作专题研讨会，分享了企业学院建设工作指导意见、职业店长现代学徒制校企合作工作内容指引、校企合作常见问题解答等多份成果，相关文件可在店长职教集团网站上查询。

集团副理事长、国家“万人计划”教学名师阚 × × 领衔的名师工作室入选广东省职业教育名师工作室。集团以名师工作室为基地、以院校与企业名师为引领、以骨干教师为主体、以教育服务型企业为支撑等现代学徒制培训与辅导组织体系基本形成。开展现代学徒制及职业教育骨干教师培训班 10 个，学员 300 余人，并积极辅导成员单位开展现代学徒制师资（师傅）队伍建设工作。

2018 年 6 月，集团秘书处编写了“校园大使计划操作框架”，并与百果园、永辉、丝域等单位合作探索。经过半年时间的实践，丝域集团在发挥校园大使促进校企合作绩效方面形成具有推广意义的做法，为完善校园大使计划提供了宝贵经验。

五、结语

阿里巴巴执行副总裁曾鸣在《重新定义公司》中提到：“未来组织最重要的职能是赋能，而不再是管理或激励。”赋能型组织的要义在于分享，而不是管控与激励。店长职教集团基于分享理念构建运行体系的目标就是增强成员单位的职业教育能力与内在驱动力，建立赋能型职业教育联盟。

参考文献

［1］聂伟，刘兰明．从必然性到过渡性：企业教育视角下的校企合作发展［J］．高等教育研究，2012（12）：72－76．

［2］肖凤翔，雷珊珊，肖艳婷．“学校主体式”校企合作职业教育的困境及原因［J］．职业技术教育，2013（21）：42－45．

［3］潘海生，王世斌，龙德毅．中国高职教育校企合作现状及影响因素分析［J］．高等工程教育研究，2013（3）：143－148．

［4］任聪敏．基于区域产业经济结构调整的高职高专专业群建设研究［J］．职教通讯，2015（1）：29－31．

［5］沈建根，石伟平．高职教育专业群建设：概念、内涵与机制［J］．中国高教研究，2011（11）：78－80．

［6］张新民，罗志．高职专业群建设的机理、理论、动力和机制［J］．职教论坛，2016（27）：5－9．

［7］陈林杰．高职院校专业群构建的路径研究与实践案例［J］．中国职业技术教育，2007（26）：34－35，43．

［8］袁洪志．高职院校专业群建设探析［J］．职教论坛，2007（4）：52－54．

［9］章建新．职业联系视角下高职专业群建设的效应分析与提升对策［J］．职教论坛，2016（12）：5－9．

［10］应智国．论专业群建设与高职院校的核心竞争力［J］．教育与职业，2006（14）：33－35．

［11］潘懋元，陈斌．论行业特色型院校的回归与发展［J］．重庆高教研究，2016（1）：3－6．

［12］刘霞．基于产业链的高职专业群建设研究［J］．中国职业技术教育，2012（3）：36－40．

［13］谭福河，阚雅玲，王书玮．从分割到创造：职业院校选择现代学徒制企业的导则研究［J］．高等职业教育探索，2018（1）：37－43．

[14] 蒋新革，李营，苏丹. 协同创新视域下的特色专业学院的研究与实践 [J]. 职教论坛，2015 (12)：76－80.

[15] 谭福河. 基于留岗率指标的校企合作人才培养优化策略研究 [J]. 高等职业教育探索，2017 (1)：34－39.

[16] 雷忠良. 政校行企共建高职特色专业的路径探析 [J]. 中国职业技术教育，2015 (13)：79－82.

[17] 谭福河，阚雅玲. 职业店长现代学徒制培养连锁模式探索 [J]. 中国职业技术教育，2016 (31)：137－141.

[18] 阚雅玲，丁雯. 现代学徒制的实践与探索：以百果园学院为例 [J]. 中国人力资源开发，2015 (24)：60－67.

[19] 谭福河，阚雅玲，门洪亮，等. 现代学徒制项目实施方法 [M]. 广州：广东高等教育出版社，2019.

[20] 阚雅玲，谭福河. 高职院校中层领导力与执行力 [M]. 广州：广东高等教育出版社，2018.